工业和信息化普通高等教育“十三五”规划教材立项项目

21世纪高等学校**会计学**系列教材

COST ACCOUNTING

成本会计

◆ 刘新芝 张维 主编

人民邮电出版社

北京

图书在版编目（CIP）数据

成本会计 / 刘新芝，张维主编. -- 北京 : 人民邮电出版社，2016.8（2019.1重印）
21世纪高等学校会计学系列教材
ISBN 978-7-115-42693-2

Ⅰ. ①成… Ⅱ. ①刘… ②张… Ⅲ. ①成本会计－高等学校－教材 Ⅳ. ①F234.2

中国版本图书馆CIP数据核字(2016)第120914号

内 容 提 要

本书介绍了成本核算的基本内容和基本方法，理论联系实际，并将会计与成本紧密结合，注重新颖性、实用性和可操作性。

本书共十四章，主要内容包括总论、产品成本概述、要素费用的归集与分配、部门费用的归集与分配、生产损失的核算、生产费用的分配、产品成本计算方法概述、品种法、分批法、分步法、分类法、定额法、成本报表的编制和作业成本法简介。

本书可作为应用型本科院校、高职和成人教育院校会计学、财务管理学专业相关课程的教材，也可作为企业会计人员的参考用书。

◆ 主　　编　刘新芝　张　维
　责任编辑　许金霞
　责任印制　杨林杰

◆ 人民邮电出版社出版发行　　北京市丰台区成寿寺路 11 号
　邮编　100164　　电子邮件　315@ptpress.com.cn
　网址　http://www.ptpress.com.cn
　北京九州迅驰传媒文化有限公司印刷

◆ 开本：787×1092　1/16
　印张：13.75　　2016 年 8 月第 1 版
　字数：356 千字　　2019 年 1 月北京第 3 次印刷

定价：35.00 元

读者服务热线：(010) 81055256　印装质量热线：(010) 81055316
反盗版热线：(010) 81055315

前 言 Preface

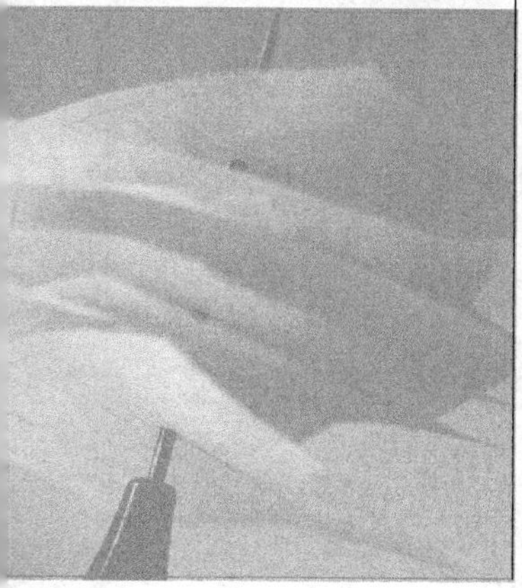

“成本会计”是会计学专业的一门专业必修课，其宗旨在于介绍成本会计的基本理论和基本方法。成本会计课程是继初级会计学、财务会计等课程之后，会计学专业的另外一门重要的专业课，理论性和实务性都比较强。本书详细阐述了成本会计的基本理论且贯穿于全书的各个章节，使全书形成一个较为完整的理论体系。本书结合我国企业的实际情况，对每部分内容都尽可能地通过例题来加以说明，使学生通过实例来学习成本会计的理论，便于学生更好地理解本门课程的内容。

本书结合普通高校会计学本科专业的特点和教学要求，以最新的《企业会计准则》《企业财务通则》和《企业财务报告条例》为依据，在介绍必要的基本理论的基础上，以制造企业为例，阐述其费用的归集及分配原理，着重介绍成本核算的品种法、分批法、分步法三种基本的成本核算方法。本书附之以大量的案例，使学生既能熟悉和掌握成本会计的一般原理和方法，又能解决企业成本核算中存在的具体问题，具有很强的实用性。

本书是编者结合长期成本会计实践和会计理论教学工作的经验编写而成的。全书充分考虑会计理论与具体实际工作的结合，繁简适宜。成本会计的基础工作是成本核算，按照各项法规制度正确开展成本核算，是保证其他计算准确的基础工作。因此，成本核算内容占了本书的很大篇幅。

本书具有以下特点。

第一，本书本着理论简洁够用、着重培养动手能力的目的，在内容安排上，力求做到理论和实践相结合，注重实践操作。本书引入大量案例，使抽象的理论阐述更生动具体，具有很强的实用性。

第二，本书在编写手法上，以通俗易懂的语言介绍成本会计的基本理论和方法，便于读者学习、掌握和记忆，增加了可读性。

本书由山东农业大学经济管理学院刘新芝、张维担任主编。第二、四、五、六、八、九、十一、十三章由刘新芝编写；第一、三、七、十、十二、十四章由张维编写。最后由刘新芝对全书进行了总纂。

本书在编写过程中得到了多方面的支持和帮助，编者在此表示诚挚的谢意。

编 者

2016 年 5 月

目 录 Contents

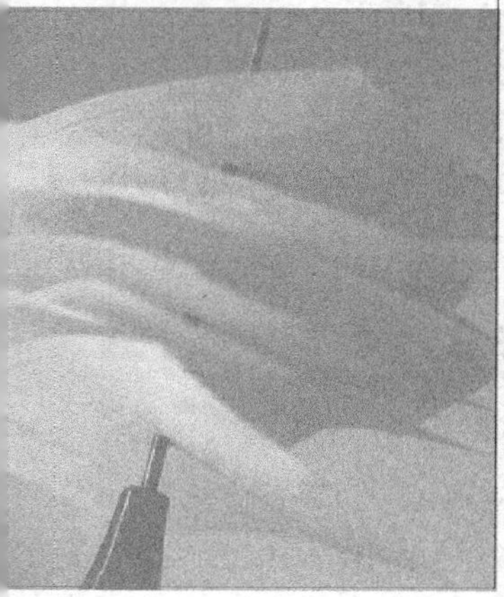

第三章 要素费用的归集与分配

第四章 部门费用的归集分配

第五章 生产损失的核算

第六章 生产费用的分配

第七章 产品成本计算方法概述

第十三章　成本报表的编制

第十四章　作业成本法简介

总论 第一章

学习目标：

1. 了解成本的含义和作用。
2. 理解理论成本与实际成本的联系，理解支出、费用和成本三者之间的关系。
3. 掌握成本会计的概念、内容、职能和主要任务。
4. 了解应该如何组织和做好成本会计工作，充分发挥成本会计应有的作用。

关键词：

成本　成本会计　理论成本

第一节 成本概述

一、成本的经济含义

成本作为一个价值范畴，在社会主义市场经济中是客观存在的。加强成本管理，不断降低成本，不仅有利于提高企业的经济效益，促进企业的发展壮大，而且还有利于改善整个国民经济的经济效益，推动国民经济又好又快地发展。那么怎样理解成本的含义呢？

我们知道，商品是价值和使用价值的统一，商品价值取决于生产该种商品的社会必要劳动量。马克思的劳动价值理论把商品的价值（W）分为生产中所消耗的物化劳动的转移价值（C）、劳动者为自己劳动创造的价值（V）和劳动者为社会创造的价值（M）三个部分构成，即 W＝C＋V＋M，其中：产品成本由 C＋V 构成，即“理论成本”。因此，从理论上讲，成本通常是指在正常生产、合理经营条件下的社会平均成本，是生产商品的价值中物化劳动价值和活劳动价值的货币表现。

美国会计学会（American Accounting Association，AAA）所属成本概念与美国财务会计标准委员会在 1951 年对成本的定义是：“成本是指为达到特定目的而发生或应发生的价值牺牲，它可用货币单位加以衡量。”

我国只对产品成本做出定义：企业为生产一定种类和一定数量产品所支出的各种生产费用总合。在一定期间内为生产产品所发生的各种耗费。

在实践中，成本是按照现行的会计法律法规规定的成本开支范围，以正常生产经营活动为前提，根据生产过程中实际消耗的物化劳动的转移价值和活劳动所创造价值中纳入成本范围的那部分价值的货币表现。

二、成本的实际内容

（一）计入产品成本的开支

在理论成本的基础上，为了使各企业成本核算口径一致，便于比较、分析，国家统一制定了成本的开支范围，明确规定哪些开支进成本。计入产品成本的开支如下。

（1）为制造产品而消耗的原材料、辅助材料、外购半成品和燃料的原价、运输、装卸、整理等费用。

（2）为制造产品而消耗的动力费（电力、蒸汽等）。

（3）支付给生产单位职工的工资、奖金、津贴、补贴和计提的福利费。

（4）生产单位固定资产折旧费、租赁费（不包括融资租赁费），修理费和低值易耗品的摊销。

（5）生产单位因生产原因发生的废品损失及季节性、修理期间的停工损失。

（6）企业生产单位为管理、组织生产而支付的办公费、取暖费、水电费、差旅费、保险费等。

以上耗费发生的地点为生产车间，因为生产车间就是为生产产品而建立的。因此，以上耗费也可归纳为在生产车间生产产品的过程中发生的各项开支，应该计入产品成本。

（二）不得列入产品成本的开支

以下不是在生产过程中发生的内容不得列入产品成本。

（1）购置和建造固定资产、无形资产和其他长期资产的支出。这些支出属于资本性支出，在财务上不能一次列入成本，只能按期逐月摊入。

（2）对外投资的支出以及分配给投资者的利润支出。

（3）被没收的财物，支付的滞纳金、罚款、违约金、赔偿金，以及企业赞助、捐赠等支出。

（4）在公积金、公益金中开支的支出。

实际上，产品成本除C+V外，还包括不形成产品价值的损失性支出，如废品损失和停工损失等。

理论成本和实际成本之间既有联系又有区别。二者的联系是：实际成本以理论成本为指导，或者说它的确是以理论成本为基础。二者的区别是：理论成本不考虑生产经营活动中偶然因素和异常情况的消耗，只对正常的物化劳动和活劳动消耗进行货币计量；而实际成本往往受客观条件，包括经济政策、财经法规、会计准则和当期生产经营条件变化的影响，实际成本在一定程度上脱离理论成本。

三、期间成本

期间成本也称期间费用，又称为非产品成本或非制造成本，是与产品生产活动没有直接联系的成本。它不计入成本，而是直接归入当期损益的本期费用。

（一）管理费用

管理费用是指企业为组织和管理企业生产经营所发生的费用，包括企业在筹建期间内发生的开办费、董事会和行政管理部门在企业的经营管理中发生的或者应由企业统一负担的公司经费（包括行政管理部门职工工资及福利费、物料消耗、低值易耗品摊销、办公费和差旅费等），工会经费，董事会费（包括董事会成员津贴、会议费和差旅费等）、聘请中介机构费、咨询费（包含顾问费）、诉讼费、业务招待费、房产税、车船税、土地使用税、印花税、技术转让费、矿产资源补偿费、研究费用、排污费以及企业生产车间（部门）和行政管理部门等发生的固定资产修理费用等。

（二）财务费用

财务费用是指企业为筹集生产经营所需资金等事项而发生的筹资费用，包括利息支出（减利息收入)、汇兑差额以及相关的手续费、企业发生的现金折扣或收到的现金折扣等。

(三)销售费用

销售费用是指在销售过程中发生的有关费用，是企业销售商品和材料、提供劳务过程中发生的各项耗费，以及专设销售机构的各项经费。销售费用包括：保险费、包装费、展览费和广告费、商品维修费、预计产品质量保证损失、运输费、装卸费等以及为销售本企业商品而专设的销售机构（包含销售网点、售后服务网点等）的职工薪酬、业务费、折旧费、固定资产修理费等费用。

在完全成本法和制造成本法两种不同的成本制度下，产品实际成本的构成是有差异的。在完全成本法的成本制度下，产品的实际成本不仅包括企业在生产产品中所发生的各种生产费用，还包括企业在经营管理期间所发生的各种期间费用，也就是说，这里的成本是一个“全部成本”的概念。实行制造成本法时，实际的产品成本仅包括企业在制造产品过程中所耗费的各种生产费用，而不包括管理费用、销售费用、财务费用等期间费用。我国自 1992 年企业会计制度进行重大改革后，工业企业采用制造成本法进行成本核算。在制造成本法下，产品的生产成本就是对象化了的生产费用。采用“制造成本法”使得产品成本的计算更加符合国际通行的成本核算标准，提高了会计信息的可比性，同时，也使产品成本的计算更加准确。

随着市场经济的深入发展，成本的内涵和外延也都发生了变化。现在，对于成本的定义不再仅仅局限于产品成本的范畴。例如，美国会计学会与标准委员会对成本的定义就表述为：成本是为了一定目的而付出的（或可能付出的）用货币测定的价值牺牲。从这一定义看，成本的外延除了产品成本的概念与内容，还包括劳务成本、工程成本、开发成本、资产成本、资金成本、质量成本、环保成本等。

综上所述，成本的含义可以理解为：

（1）成本是一个价值范畴，即成本是构成商品价值的重要组成部分，是商品生产中生产要素耗费的货币表现；

（2）成本具有补偿性，它是为了保证企业再生产而从销售收入中得到补偿的价值；

（3）成本的实质是一种价值牺牲，它作为实现一定的目的而付出资源的价值牺牲，这种牺牲既可以是某一方面资源的价值牺牲，也可以是多种资源的价值牺牲。

四、支出、费用和成本的关系

(一)支出

支出是指在企业生产经营活动的过程中，为达到特定的目的而由经济主体（企业）的支付行为而导致的资源减少。它包括资本性支出、收益性支出、所得税支出、偿债性支出、营业外支出和利润分配支出 6 大类。

(二)费用

我国《企业会计制度》和《企业会计准则—基本准则》规定，费用是指企业在日常活动中发生的、会导致所有者权益减少的、与向所有者分配利润无关的经济利益的总流出。费用只有在经济利益流出从而导致企业资产减少或者负债增加、且经济利益的流出能够可靠计量时才能予以确认。在工业企业里，费用按其同产品生产的关系可分为生产费用和期间费用。生产费用是指企业在生产过程中发生的各种耗费。生产费用是产品生产过程中发生的物化劳动和活劳动的货币表现，如直接材料、直接人工和制造费用等，它同产品生产有直接关系。期间费用是指与产品生产没有直接关系而与会计期密切相关的费用，包括管理费用、销售费用和财务费用等。期间费用在发生的当期与当期收入进行配比，直接冲减当期损益。

（三）成本

企业为生产产品、提供劳务等发生的可归属于产品成本、劳务成本等的费用，应当在确认产品销售收入、劳务收入等时，将已销售产品、已提供劳务的成本等计入当期损益。其中：产品成本是指企业为生产一定种类和数量的产品所发生的各种耗费的总和；劳务成本是指企业为提供一定种类和数量的劳务所发生的各种耗费的总和。

（四）支出和费用的关系

费用是企业支出的组成部分。支出与费用的关系可概括为 3 个方面：①有些支出发生可以转化为当期的费用，如企业领用本月购进的原材料，那么企业购买原材料的支出，就转化为当期的生产费用；②有些支出发生后当期不能转化或不能全部转化为费用，如企业购买固定资产的支出，要在固定资产投入使用后才能通过提取折旧的形式转化为费用；③有些支出不能形成或转化为费用，如企业偿还债务的支出等。

（五）生产费用和产品成本的关系

费用与成本是两个并行的概念，也是经常被混淆的两个概念，尽管它们之间有一定的联系，但实际上它们之间有着本质的区别。费用是企业支出的组成部分，成本是对象化了的费用。生产费用和产品成本的关系表现为：第一，生产费用是计算产品成本的基础，而产品成本则是对象化了的生产费用。生产费用反映的是企业某一时期生产产品发生的费用，而产品成本则是反映某一时期某种产品应承担的费用。第二，根据权责发生制原则，企业某一时期发生的生产费用与当期的产品成本并不相等。即本期发生的生产费用不一定全部计入本期的产品成本，归属于本期的产品成本的生产费用，有一部分是当期发生的，有一部分则可能是以前会计期发生的。

五、成本的作用

（一）成本是补偿企业生产消耗的尺度

企业生产过程也是生产耗费过程，成本是企业产品生产要素耗费的货币表现。通过成本指标，可以揭示企业为生产产品所实际耗费的资产的数量。按照这个标准补偿生产中的资产耗费，企业简单再生产才能顺利进行。同时，只有抵补了生产经营过程中发生的耗费后，企业才能获得盈利。

（二）成本是制定产品价格的基础

生产经营者在制定产品价格时，必须遵循价值规律的要求，使价格大体与产品价值相符。在产品价值无法直接计算的情况下，企业必须根据产品成本、市场供求关系和国家的价格政策等因素来制定产品的价格。市场经济条件下，企业是独立核算、自负盈亏的经济组织，在确定产品价格时必须考虑成本这一重要因素。因为，在一般情况下，只有销售价格大于销售成本，企业才能盈利，才能在激烈的市场竞争中生存、发展、壮大。

（三）成本是衡量企业经营管理水平的重要标志

劳动生产率的高低、原材料的耗费状况、机器设备等固定资产的利用率、产品质量的优劣、产品产量的大小以及劳动组织方面的情况是企业生产经营管理水平高低的重要标志，而这些方面与企业成本水平的高低有直接关系。在现代市场经济条件下，企业只有增强成本意识，强化成本管理，努力降低成本，才能在在激烈的市场竞争中占据优势。

（四）成本是企业制定生产经营决策的重要依据

在市场价格一定的情况下，成本的高低直接影响企业的盈利水平和市场竞争能力。企业在制定生产经营决策和投资决策时，都要运用有关历史成本数据，积极开展成本预测，并分析和比较各个备选方案的经济效益，以便选择最优方案。

第二节 成本的分类

一、按经济用途或职能分类

成本按其经济用途或职能可划分为制造成本和非制造成本两大类。

（一）制造成本

制造成本是指产品在制造过程中所发生的各项成本，一般包括直接材料、直接人工和制造费用等成本项目。

将前述的计入产品成本的六项开支按照经济用途进行分类，形成如下成本项目。

1. 直接材料

直接材料也称为原材料，直接材料是指加工后直接构成产品实体或主要部分的原料、主要材料与外购半成品，以及有助于产品形成的辅助材料等。不包括生产单位组织管理过程中间接消耗的原材料、辅助材料等。

2. 直接人工

直接人工指直接从事生产活动的人员的工资、职工福利费、社会保险费、住房公积金、工会经费、职工教育经费等，但不包括车间管理人员的上述薪酬。

3. 燃料动力

燃料动力指生产工艺过程中直接消耗的各种燃料和动力，不包括生产单位一般消耗的燃料和动力。该成本项目是否单独设置，取决于产品、劳务成本中燃料和动力所占比重的大小。

4. 废品损失

废品损失指生产原因形成废品所导致的、应由生产的合格品承担的净损失，不包括过失人赔偿的部分和废品报废所收回的残料价值。本项目是否单独设置，取决于废品率的高低及产品质量稳定程度等因素。生产过程中由于出现废品而产生的损失，包括可修复废品的修理费和不可修复废品的生产成本减残值。

5. 制造费用

制造费用指间接用于产品生产的耗费以及直接用于生产但不便于直接计入成本计算对象并且不必单独设置成本项目的耗费。制造费用是指在生产过程中所发生的那些除了直接材料及直接人工以外的各种费用，具体指企业各个生产单位（分厂、车间）为组织和管理生产所发生的费用，以及生产单位房屋、建筑物、机器设备等的折旧费、设备租赁费（不包括融资租赁费）、修理费、机物料消耗、低值易耗品摊销、设计制图费、试验检验费、劳动保护费，季节性和修理期间的停工损失等费用。从具体范围看，制造费用应是企业生产单位前述各成本项目之外的耗费。各企业设置的成本项目存在差异时，其制造费用的核算范围相应有所不同。

直接材料、直接人工、制造费用为三个基本的“成本项目”，根据情况还需要增设“燃料动力（或其他直接支出）”和“废品损失”成本项目。

在生产过程中，如果为生产产品耗费掉的燃料和动力占产品成本的比重不大，燃料归到“直接材料”成本项目，动力归到“制造费用”成本项目，不再单列“燃料与动力”成本项目。

（二）非制造成本

非制造成本是指与产品制造过程没有联系的非生产性成本耗费，包括销售费用、管理费用和财务费用三类。非制造成本在计算产品成本时不予考虑，直接计入当期损益。

二、按成本与特定产品关系分类

1. 直接成本

直接成本也称为可追溯成本，是指与某一特定产品之间具有直接联系、能够经济而又方便地直接计入该产品的成本，例如大部分的直接材料和直接人工成本。直接成本与特定产品有直接关系，是为生产某种产品而发生的成本，发生时可直接计入该种产品成本。如从材料库领出甲材料为生产A产品耗用，那么耗费掉的甲材料的成本就由A产品承担，计入A产品的生产成本。再如B产品生产线上生产工人的工资成本应该由B产品负担，计入B产品的生产成本。即为生产产品消耗用的材料、一线生产工人的工资均为直接成本，发生时直接计入相关产品成本。

2. 间接成本

间接成本是指与某一特定产品之间没有直接联系或者是虽有联系但不能经济而又方便地计入各种产品的成本。间接成本需要按适当的标准分配计入各种产品成本。例如，几种产品所消耗的直接材料和计时直接人工成本以及制造费用，通常是分配计入各有关产品的成本。总之，间接成本与特定产品无直接关系，一般不是为生产产品直接耗用，是车间一般耗用的成本。间接成本发生时先进行归集，月末再分配计入各种产品的生产成本。

按经济用途分类划分出来的直接材料、直接人工一般为直接成本，制造费用一般为间接成本。

区分直接成本与间接成本，并非单纯按成本项目或费用的性质来决定，还应考虑以下几点：

（1）该项成本占产品成本比重的大小。假若占产品成本比重很微小，即使同特定产品具有直接联系，也不值得花费很大精力将其追溯到各产品。

（2）计算技术水平。例如某些费用在手工操作状态下，很难直接计入特定产品，但是采用电算化技术后可以简便地作为直接成本处理。

（3）生产设备布局。如果一组生产设备专门用于生产某一特定产品，那么该组生产设备的相关费用均可作为直接成本。

（4）生产工人工资制度和原材料利用方式。生产工资可以采用计件工资和计时工资制度，假若是前者则属于直接成本，如果是后者就属于间接成本。原材料有一料一用和一料多用两种利用方式。用于生产某一特定产品的原材料，可以直接追溯计入该产品成本；几种产品共同耗用的原材料则需采用分配方式计入各产品成本。

（5）企业生产特点。在生产单一产品的企业，产品制造过程中所发生的各项成本都是直接成本；假若企业生产联产品，则制造过程中全部成本均属间接成本。

第三节 成本会计的产生和发展

成本会计先后经历了早期成本会计、近代成本会计、现代成本会计和战略成本会计四个阶段。成本会计的方式和理论体系，随着发展阶段的不同而有所不同。

（一）早期成本会计阶段（1880—1920 年）

19 世纪产业革命后企业数量剧增，生产经营规模扩大，出现了竞争，企业的生产成本受到了人们的重视。为了满足各方面对成本资料的需要，提高成本计算准确性，促使成本计算与会计核算结合起来，使成本记录与会计账簿一体化，从而产生了成本会计。当时的成本会计主要是将历史成本进行汇总，然后分配给各种产品，计算产品生产成本和销售成本，以便对存货进行计价和确定利润。这个阶段将成本会计定义为：成本会计就是应用普通会计的原理、原则，系统地记录某一工厂生产和销售产品时所发生的一切费用，并确定各种产品或劳务的单位成本和总成本，以供工厂管理当局决定经济的、有效的和有利的产销政策时参考。这里强调应用普通会计的原理、原则来计算成本，是针对过去应用统计方法计算成本而言。此时，成本会计刚刚形成，还是财务会计的一个组成部分，但是成本会计的核算职能已经得到完善。早期成本会计阶段取得的主要成果如下：

（1）建立了材料核算和管理办法。

（2）建立了工时记录和人工成本计算方法。

（3）确立了间接制造费用的分配方法。

（4）采用分批法或分步法计算产品成本。

（5）在理论研究方面，出版了许多成本会计著作。

（6）建立了成本会计组织。

（二）近代成本会计阶段（1921—1945 年）

19 世纪末、20 世纪初在制造业中发展起来的以泰勒为代表的科学管理，通过时间、动作研究，制定在一定条件下能够实现的最有效率的标准，作为评价和考核的依据。这不仅推动了生产的发展，也促使成本会计作出相应的变革。近代成本会计主要采用标准成本制度和成本预测，为生产过程的成本控制提供条件。如在会计工作中开始实行事先制定标准成本，据以进行日常的成本控制和定期的成本差异分析。成本会计的范围不仅是会计核算与成本相结合，还包括了成本预算、成本控制和成本分析。在这个阶段，人们将成本会计定义为：成本会计是用来详细地描述企业在预算和控制它的资源利用情况方面的原理、惯例、技术和制度的一种综合术语。标准成本会计制度的产生，使成本会计的理论和方法有了进一步的完善和发展，具有一定的独立性；它既是财务会计确定在产品成本、产成品成本、销售成本和利润的依据，又具有成本预测和控制相对独立的体系。

总之，标准成本法的出现使成本计算方法和成本管理方法发生了巨大的变化，成本会计进入了一个新的发展阶段。泰勒的科学管理理论问世，给成本会计以启示，此时，会计上推行标准成本制度和预算控制对成本控制（以前无控制），成本会计的职能扩大为计算成本、控制成本和分析成本。

（三）现代成本会计阶段（1945—1980年）

20世纪50年代起，西方国家的社会经济进入了新的发展时期：社会资本高度集中，跨国公司大量涌现，企业规模日益扩大；战争中发展起来的科学技术大量转移到民用产品上去，新产品层出不穷，产品更新换代频繁，生产经营日趋复杂，市场竞争日趋剧烈。企业为了避免在竞争中被淘汰，力求以价廉物美的产品立足于市场竞争之中。“物美”，依靠新技术的发展；而“价廉”则需降低成本。企业要大幅度地降低成本，必须在生产过程之前，对产品的设计、结构、工艺生产的组织安排等进行改革，制定各种不同的方案，通过预测，选取成本最低方案，作为经营决策的依据。为此，西方会计学家在原有的成本会计基础上，吸收了不少现代企业管理方法，形成了以管理为主的现代的成本会计。它要求不仅要做好生产过程中的成本控制以及事后的成本核算和分析工作，更为重要的是做好成本预测，进行成本决策，制定目标成本，加强事先的成本控制，并且制定责任成本，进行责任成本的核算和考核，以成本的最低化方案指导生产活动，取得最佳的经济效益。

总之，现代成本会计阶段取得的主要成果如下：

1. 开展成本的预测和决策

运用预测理论和方法，建立起数量化的管理技术，对未来成本发展趋势作出科学的估计和测算。运用决策理论和方法，依据各种成本数据，按照成本最优化的要求，研究各种方案的可行性，选取最优方案，谋取企业的最佳效益，从而使成本会计向预防性管理方向发展。

2. 实行目标成本计算

美国管理学家德鲁克提出的目标管理理论的广泛应用，使成本会计有了新的发展。在产品设计之前，按照客户能接受的价格确定产品售价和目标利润，然后确定目标成本；用目标成本控制产品设计，使产品设计方案达到技术适用、经济合理的要求。成本会计扩展到技术领域，从经济着眼，从技术入手，把技术与经济结合起来，有效地促使成本降低。

3. 实施责任成本核算

为了加强对企业内部各级单位的业绩考核，1952年，美国会计学家希琴斯（J·A·Higgins）倡导了责任会计，提出了建立成本中心、利润中心和投资中心相结合的会计制度，将成本目标进一步分解为各级责任单位的责任成本，进行责任成本核算，使成本控制更为有效。

4. 实行变动成本计算法

在变动成本计算模式下，只把变动成本计入产品成本，而把当期固定费用从销售收入中扣除，免去固定成本的分配计算程序。这种方法既减少了成本计算工作量，还为企业进行预测和决策创造了便利条件，是企业进行经营管理的重要方法之一。

5. 推行质量成本核算

质量成本是指为了保证和提高产品质量而支出的一些费用，以及因未达到质量要求而发生的损失成本。质量成本包括预防成本、鉴定成本、内部损失成本和外部损失成本。质量成本核算是质量成本管理的基础。

总之，随着管理现代化，运筹学、系统工程和电子计算机等各种科学技术成就在成本会计中的广泛应用，成本会计发展到一个新的阶段。此时的成本会计在事中控制（近代）、事后计算分析（早期）的基础上，增加了成本的预、决策功能，形成了新型的以管理为主的现代成本会计。

（四）战略成本会计阶段（1981 年以后）

20 世纪 80 年代以来，计算机技术的进步，生产方式的改变，产品生命周期的缩短，以及全球性竞争的加剧，大大改变了产品成本结构与市场竞争模式。成本管理的视角应由单纯的生产经营过程管理，扩展到与顾客需求及利益直接相关的、包括产品设计和产品使用环节的产品生命周期管理，更加关注产品的顾客可察觉价值，同时要求企业更加注重内部组织管理，尽可能地消除各种增加顾客价值的内耗，以获取市场竞争优势。此时，战略相关性成本管理信息已成为成本管理系统不可缺少的部分。该阶段的主要内容包括：适时生产制度（Just In Time System，JIT）、全面质量管理（Total Quality Management，TQM）、战略成本管理（Strategic Cost Management）、基准管理（Benchmarking Management）和持续改进（Continuous Improvement）、限制理论（Theory OF Constraints）。

1. 适时生产制度

适时生产制度（简称 JIT）是一种由需求带动生产的制度。其主要特点是：企业生产是以顾客需求（如订单）为起点，由后向前逐步推移来安排生产任务。适时生产制度的目的是使原材料、零部件、产成品等各类存货保持在最低水平，尽可能实现“零存货（zero Inventory）”，以降低存货成本。在存货水平很低的情况下，为简化存货计价方法，可以采用倒推成本法（Backflush Costing）。所谓倒推成本法，就是当产品完工或销售时，再倒推计算在产品、产成品的生产成本的方法。

2. 全面质量管理

全面质量管理是从事后的质量检验转向以事先预防为主；从只管理产品质量转向管理产品质量赖以形成的工作质量；从专职人员的检验转向广泛吸收全体职工参加，把管理重点放在操作工人自我质量监控上，自动纠正质量缺陷，不合格品不允许转移到下一环节，以保证企业整个生产过程实现“零缺陷”，使整个企业处于质量改善环境中，并由顾客最终界定质量。全面质量管理与会计工作结合，产生了质量成本会计这一学科。

3. 战略成本管理

战略成本管理是为了获得和保持企业持久竞争优势而进行的成本分析与管理。战略成本管理的内容包括价值链分析、战略定位分析、成本动因分析等。

4. 基准管理和持续改进

基准就是以公司外部或内部最优的业绩标准来衡量企业自身的生产活动；持续改进意味着管理人员确定基准不是一次性的，而是一个持续不断改进提高的过程。基准和持续改进被称为“永无终点的比赛”，降低成本是一个永无止境的过程。基准管理与持续改进可以促使管理人员认识到降低成本要向本行业最好的公司学习，以同质产品的最低成本作为基准，了解自身与最优者的差距，并分析其原因，从而实行企业再造工程（Reengineering the Corporation），以增强企业竞争力。

5. 限制理论

每个公司至少有 1 个瓶颈制约着它的发展。企业发展的限制因素通常可以分为资源、市场、政策、原材料和后勤 5 大类。限制理论把企业看成是一系列链状相连的过程，如果薄弱的联结处得到了加强，那么整个链也就得到了加强。限制理论要求在有些情况下不能一味强调降低成本和费用，要有逆向思维，要在企业链条中的薄弱环节加大投入量，做到“为了省钱而花钱”。

第四节 成本会计的概念、职能和分类

一、成本会计的概念

成本会计是运用会计的基本原理和一般原则，以货币为主要计量单位，采用一定的技术方法，对企业生产经营过程中的发生的各项耗费和产品（劳务）成本进行连续、系统、全面、综合地核算和监督的一种管理活动。

二、成本会计的对象

成本会计的对象是指成本会计核算和监督的内容。工业企业成本会计的对象是工业企业在产品生产过程中的生产成本和期间费用。商品流通企业、交通运输企业、施工企业等其他行业企业在生产经营过程中所发生的各种费用，其中有一部分形成该行业企业的生产经营业务成本，另一部分作为期间费用直接计入当期损益。因此，成本会计的对象可以概括为：各行业企业生产经营业务的成本和有关期间费用，从这个意义上说，成本会计实际上就是成本、费用会计。

成本会计有广义和狭义之分。狭义的成本会计是指进行成本核算与分析的会计；广义的成本会计则是指进行成本预测、成本决策、成本计划、成本控制、成本核算、成本分析、成本考核及成本检查等具体内容的会计。

三、成本会计的职能

（一）成本预测

成本预测是根据与成本有关的各种数据、可能发生的变化和将要采取的各种措施，运用一定的专门方法，对未来的成本水平及其发展趋势作出科学的估计。成本预测的目的在于寻找降低产品成本的途径，挖掘降低成本的潜力，提高成本管理的科学性与预见性。

（二）成本决策

成本决策是指在成本预测的基础上，运用决策理论，根据成本预测及有关成本资料，结合定性与定量的方法，对有关方案进行比较、分析、判断，从中选择最优成本方案的过程。成本决策是在成本预测的基础上，按照既定或要求的目标，运用专门的方法，在若干个与生产经营和成本有关的方案中，选择最优方案，据以制定目标成本。做出最优化的成本决策是编制成本计划的前提，也是提高企业经济效益的重要途径。

（三）成本计划

成本计划是根据成本决策所确定的成本目标和成本预测的资料，具体规定在计划期内完成生产经营任务所应支出的成本费用，并提出为达到规定的成本水平所应采取的措施方案。成本计划是根据成本决策所制定的目标成本，具体规定在计划期内为完成生产任务所需支出的成本、费用，确定各种产品的成本水平，并提出为达到目标成本水平所应采用的各种措施。成本计划是进行成本控制、成本分析和成本考核的依据。

（四）成本控制

成本控制是预先制定成本标准，对实际发生的各种耗费严格控制其限额标准，及时提示并纠正实际与标准的偏差，采取措施将其控制在计划或预算范围之内，以促进企业不断降低成本，实现成本目标。成本控制是指在生产经营过程中，根据成本计划具体制定原材料、燃料、动力和工时等消耗定额和各项费用定额，对各项实际发生的成本、费用进行审核、控制，并及时反馈实际费用与标准之间的差异及其原因，进而采取措施，以保证成本计划的执行。成本控制包括事前控制、事中控制和事后控制，通过成本控制可以保证成本目标的实现。

（五）成本核算

成本核算是指对生产经营过程中所发生的各种耗费进行审核，并按照一定的对象和标准进行归集和分配，计算出各成本计算对象的总成本和单位成本。成本核算是根据一定的成本计算对象，采用适当的成本计算方法，按规定的成本项目，通过各种要素费用的归集和分配，计算出各对象的总成本和单位成本。成本核算既是对生产经营过程中发生的生产耗费进行如实反映的过程，也是对生产中各种劳动耗费进行反馈和控制的过程。通过成本核算可以反映成本计划的执行情况，同时为编制下期成本计划、进行成本预测和决策提供可靠的资料，并为制定产品价格提供依据。

（六）成本分析

成本分析是指根据成本核算所提供的成本数据和其他有关资料，分析成本水平及其构成的变动情况，系统地研究成本变动的趋势和原因，查明成本超支或节约的责任，以便采取措施，改进生产经营管理，降低成本。成本分析是根据成本核算所提供的成本数据和其他有关资料，通过与本期计划成本、上年同期实际成本、本企业历史先进成本水平，以及国内外先进企业的成本等进行比较，分析成本水平与构成的变动情况，研究成本变动的因素和原因，并分清单位与个人的责任，提出合理建议，以便采取有效措施，达到降低成本的目的。

（七）成本考核

成本考核是指在成本分析的基础上，定期地对成本计划及其有关指标的实际完成情况进行总结和评价，以监督和促使企业加强成本管理责任制，履行经济责任，提高成本管理水平。成本考核是评价企业成本管理工作的成绩、检验成本管理目标是否实现的一项重要工作。成本考核一般是以责任部门、单位或个人为成本责任对象，以可控成本为前提，按照责任的归属来考察其成本指标的完成情况。成本考核一般与奖惩制度结合，以调动各责任人努力完成目标成本的积极性。

以上几个方面的内容相互联系、相互依存，构成企业成本会计工作的有机整体。成本预测是成本决策的前提，成本决策又是成本预测的结果。成本计划是成本决策所确定的成本目标的具体化，同时又是企业进行成本控制、成本分析和成本考核的重要依据。成本控制是对企业成本计划的执行情况进行监督，保证成本决策目标实现的手段。成本核算通过对企业发生的各项费用和形成的产品成本进行核算，可以反映成本计划的执行情况，检验成本决策目标是否实现。成本核算和成本计划资料是成本分析的依据，成本分析可以查明企业成本计划的完成情况和实际脱离计划的原因。成本考核依据企业成本计划、成本核算和成本分析的资料对相关责任者进行考核和评价，是实现成本决策目标、强化成本核算作用的重要手段。

成本核算是成本会计的基本职能，本书主要阐述成本会计的核算职能。

四、成本会计的任务

成本会计是会计的一个重要分支，是企业经营管理的重要组成部分，因此，成本会计的任务决定于企业经营管理的要求，并受制于成本管理的要求。按照社会主义市场经济的要求，成本会计的根本任务是促使企业产品成本不断降低，经济效益不断提高。具体地说，成本会计的任务为及时正确地进行成本核算、优化成本决策、确立成本目标、进行成本考核等 4 个方面。

1. 及时、正确地进行成本核算

企业要严格遵守成本开支范围规定，依据会计准则、企业会计制度和成本管理规定的有关要求，根据企业生产特点采用相应的成本计算方法，正确、及时地计算产品成本，这也是做好成本会计工作的最基本要求。

2. 优化成本决策，确立成本目标

做好成本预测和决策工作，是成本会计适应社会生产发展而承担的新任务。成本预测和成本决策有着密切联系，加强成本预测是优化成本决策的前提，而优化成本决策是加强成本预测的结果。把二者有机地结合起来，可为企业挖掘降低成本的潜力、提高经济效益指明方向。

3. 制定目标成本，加强成本控制

目标成本是企业在一定时期内为保证实现目标利润而制定的成本控制指标。目标成本的制定，必须以可靠的数据为依据，必须切实可行。成本控制是在目标成本分解的基础上进行的，是目标成本的实施过程。加强成本控制，必须对目标成本的指标进行归口分级控制。

4. 建立成本责任制度，加强成本考核

现代企业应建立成本责任制，把成本责任指标分解落实到各部门、各层次和各相关人员，实行责权利相结合。成本考核是成本责任制顺利进行的保证，通过考核，可以分清责任，正确评价各责任单位工作成绩，起到鼓励先进鞭策落后的作用。

五、成本会计的分类

（一）按成本会计制度分类

按成本会计制度可分为实际成本制度和标准成本制度。

1. 实际成本制度

实际成本制度是根据企业实际发生的各项支出计算成本的一种成本会计制度。产品成本是在实际费用的基础上进行计算的。实际成本制度可为企业正确计算存货成本及当期损益提供重要资料，满足存货估价和计算损益的要求，并可为编制财务会计报表提供资料依据。通过将本期产品实际成本与前期相同产品实际成本的对比，企业可以分析成本变动的情况。

2. 标准成本制度

标准成本制度是以预先制定的产品标准成本为基础、用实际产量的标准成本同其实际成本相比较并记录和分析成本差异的一种成本会计。在标准成本制度下，成本差异需按成本项目计算和分析差异原因，并将成本差异按原因计入特定的成本差异账户中。期末，一般是将成本差异全部记入销售成本或冲减损益账户，也有在产成品、在产品和已销售产品成本之间进行分配的。

（二）按成本计算模式分类

按成本计算模式可分为全额成本计算模式和变动成本计算模式。

1. 全额成本计算模式

全额成本计算模式是指在计算产品成本时，将包含变动成本和固定成本在内的所有制造成本都吸收到产品成本中，以此来对存货进行估价和确定已销商品成本的一种成本计算模式。

2. 变动成本计算模式

变动成本计算模式是指产品成本只按变动成本计算而不包括固定成本的一种成本计算模式。变动成本计算模式主要用于企业内部生产经营管理。

（三）按间接费用分配基础分类

1. 产量基础成本计算制度

在传统成本计算法下，各种间接费用的分配通常以产量为基础。间接成本的分配基础是产品产量，或与产品产量关联密切的直接材料成本或直接人工成本等。例如，车间发生的间接费制造费用的分配，一般以各种产品的实际产量定额工时（或实际工时）为基础进行分配。

产量基础成本计算制度适用于产量是成本主要驱动因素的传统加工企业。

2. 作业基础成本计算制度

在作业成本计算法下，一般以成本动因作为间接成本的分配基础。各成本集合的成本具有相同的成本动因，按不同的成本动因分配各项间接费用，可使费用分配更合理。

第五节 成本会计基础工作

一、建立定额管理制度，制定有关消耗定额

定额管理是企业生产管理和成本管理的一项重要的基础性工作。

（一）定额的概念及作用

1. 定额的概念

定额是指在一定的生产技术、组织条件下，对人力、物力、财力的配备、利用和消耗以及获得的成果等方面所应遵守的标准或应达到的水平的规定。

2. 定额的作用

各项定额是编制成本预算、成本计划，制定半成品和产成品定额成本的基础。各项定额可以使企业成本预算和成本计划的编制建立在科学的基础上，使成本核算有了可靠的依据，也为开展成本

控制和成本分析提供了客观标准。各项定额不仅是编制成本计划、进行成本分析和成本考核的重要依据，而且在许多情况下，还是进行费用分配的依据。

（二）定额制定的基本方法

1．经验统计法

经验统计法是根据经验和统计资料而制定的。经验统计法简便易行，但对构成定额的各种因素缺乏仔细的分析和计算，容易受主观因素影响。

2．技术分析法

技术分析法是在研究和分析生产技术条件和生产组织，以及可能采取技术组织措施基础上，通过技术计算或者测定而制定的。这种方法的优点是比较准确，但要投入大量的人力进行测定。

总之，产品消耗定额是由企业技术部门的有关人员结合企业现有的技术条件，采用一定的方法，就单位产品分别制定直接材料、直接人工和制造费用的用量标准和价格标准。制造企业的消耗定额一般包括：

（1）直接材料消耗定额。

单位产品定额耗料量：千克/件；计划单价：元/千克

（2）直接人工消耗定额。

单位产品定额耗用工时：工时/件；计划小时工资率：元/工时

（3）制造费用消耗定额。

单位产品定额耗用工时：工时/件；计划小时制造费用分配率：元/工时

二、加强物资计量、验收、领发和清查工作

企业一切物资的收发都要经过计量、验收和办理必要的凭证手续。领发材料、半成品、工具等物资，都要有严格的手续和制度。库存物资应定期进行清查、盘点，做到账物相符。

为保证成本核算资料的准确性，生产单位应该加强物资的计量、验收、领发和清查工作。

（1）计量：配备良好的计量器具。

（2）验收：设立专职质量检验机构，不合格材料物资不入库。

（3）领发：严格领用手续，按定额发料。

（4）清查：保证财产物资的安全，防止霉烂变质、积压浪费和贪污盗窃。

三、建立原始记录制度，制定合理的凭证传递流程

（一）建立原始记录制度

各单位应根据生产和管理的实际情况，建立、健全下列各项原始记录：

（1）材料物资方面的原始记录，应能反映材料的收、发、领、退等物流过程，包括：材料物资的分类编码、验收入库单、领料单、定额领料单、超定额领料单、退料单、材料切割单、工具请领单、委托加工材料单、委托加工入库单、材料物资盘点报告单等，并做好工具交接登记簿和材料仓库台账的记账工作。

（2）劳动工资方面的原始记录，应能反映职工人数、调动、考勤、工资、工时利用、停工情况、有关津贴等项记录。

（3）设计及工艺改动方面的原始记录，应能反映产品设计改动、工艺路线变化、工时材料定额变动等项的记录，如产品设计修改通知单、工艺路线变动通知单、定额变动通知单等。

（4）生产方面的原始记录，应能反映产品从材料投入至验收入库的过程，如产品代码、制造单号、路线单、投料单、半成品领用单、转工单、废品通知单、零件短缺报告单以及零部件和产成品交库单等，并做好产品投入产出数量管理和工时统计工作。

（5）设备使用方面的原始记录，应能反映设备验收、交付使用、维修、封存、调拨、报废的情况，如固定资产验收单、固定资产调拨单、在建工程转固定资产验收单等，并做好固定资产卡片和固定资产台账的登记工作。

（6）动力消耗方面的原始记录，应能反映根据动力电的实际耗用量，并做好动力电消耗统计报表。

（二）制定合理凭证传递流程

凭证可采用一式一份或一式多份的传递方式。各单位应指定专职管理原始记录的机构和人员，统一规定各类原始记录的格式、内容、填写、审核、签署、传递、存档等要求，保证原始记录管理的规范化和标准化，使得成本核算的原始凭证能够及时的传递到成本会计核算部门，以便成本核算人员及时地进行成本核算工作。

四、适应生产特点和管理要求，采用适当的成本计算方法

（1）生产特点。主要包括生产工艺特点和生产组织特点。

（2）管理要求。主要包括成本计算对象、成本计算期、生产费用分配。

（3）成本核算方法。主要包括基本的核算方法：品种法、分步法、分批法；辅助核算方法：定额法、分类法。在西方还运用标准成本法、变动成本法、作业成本法等。

第六节 成本会计工作组织

成本会计工作的组织在企业中是一项非常重要的工作。这项工作包括成本会计工作应遵守的法规制度、机构的设置、人员的配备及其职责、权限，以及成本会计工作的组织形式等。

一、成本会计的组织机构

成本会计的组织机构是指在企业中直接从事成本会计工作的机构，是处理成本会计工作的职能部门。

企业在设置成本会计机构时应全面考虑以下几个因素：企业生产经营的特点、规模大小；成本管理的要求和成本管理任务的大小；企业的组织结构和企业整个会计系统的结构；企业会计人员数量的多少和素质的高低；企业成本会计工作条件的现代化程度。

一般而言，在大中型企业，需要单独设置成本科、成本处从事成本会计核算工作。在规模较小、成本核算工作量不大、会计人员不多的小型企业，在企业财务科指定专人从事成本核算工作即可。

二、成本核算体制

一般而言，在大中型企业，采用两级核算体制或分散核算体制。在厂部的会计部门设置成本会计科负责企业的成本会计核算工作，在分厂或车间等二级单位配备专职成本会计人员，负责分厂或车间的成本会计工作。在小型企业，一般采用一级核算体制或集中核算体制。所有的成本核算工作集中在厂部财务部门统一进行。

（一）一级核算体制或集中核算体制

一级核算体制或集中核算体制是指企业成本会计中的成本核算和分析等方面的工作，主要在厂部成本会计机构集中处理。采用这种方式，分厂、车间等生产单位一般不设置专门的成本会计机构，只配备专职或兼职的成本核算人员，负责有关原始凭证的填写、审核、整理和汇总，为厂部的成本核算和成本分析提供资料。采用集中工作方式的优点是：可以减少成本会计机构的层次和成本会计人员的数量，有利于企业厂部集中使用计算机对成本数据进行处理，及时、全面掌握企业的成本信息。但在大中型企业，采用这种方式不利于基层生产单位及时了解成本信息，不利于贯彻成本管理经济责任制，不利于调动全体职工降低成本的积极性。

（二）两级核算体制或分散核算体制

两级核算体制或分散核算体制指企业成本核算和分析工作，由各分厂、车间等生产单位、其他有关部门和厂部的成本会计机构或人员分别进行。厂部成本会计机构除负责对各生产单位和有关部门的成本会计机构和人员进行指导和监督外，还负责成本数据的汇总和成本预测、成本决策等工作。采用分散工作方式的优点是：有利于分厂或车间等基层生产单位及时了解成本信息，有利于成本费用的分级管理和责任成本的核算，有利于调动企业上下各方面和全体职工增产节约、降低成本的积极性。

就我国目前工业企业的情况看，大中型企业一般都实行两级核算体制，即一般都采用厂部和车间两级成本核算和成本管理制度；小型企业以及内部经济责任制不要求单独考核车间成本的企业，一般实行一级核算体制。

在实际工作中，企业可以根据自己的实际情况和工作需要把两种分工方式有机地结合起来。

三、成本会计人员配备

成本会计人员是指在会计机构或专设成本会计机构中所配备的成本工作人员。成本会计人员应根据成本会计的要求，做好成本核算、成本预测、成本决策、成本计划、成本控制、成本分析和成本考核等工作。企业的成本会计机构中，配备足够数量、能够胜任工作的成本会计人员，是做好成本会计工作的关键。成本核算是企业核算工作的中心内容，成本指标是企业各项工作质量的综合表现。为保证成本信息质量，成本会计人员在工作中要做到以下几点：一是要认真履行职责、遵守职业道德，坚持原则，遵纪守法，正确行使自己的职权；二是努力学习会计专业知识，掌握成本会计理论，提高自身业务素质，练就扎实的成本会计基本功；三是深入实际，调查研究，熟悉企业生产经营的流程和工艺过程，为降低消耗、节约开支出谋划策，为企业管理当局决策服务。

总之，企业应该任命那些业务熟练，并熟知管理的会计人员负责成本核算工作，并且严格规范成本会计人员的职责、权限、任免和奖惩。

四、成本会计的法规和制度

成本会计的法规和制度是组织和从事成本会计工作必须遵守的规范，是会计法规和制度的重要组成部分。企业成本会计机构和会计人员应该严格按照有关法律、行政法规和规章制度的规定组织成本核算，实施会计监督。与成本会计工作有关的法律、行政法规和规章制度可以分为以下三个层次：

（一）中华人民共和国会计法

《中华人民共和国会计法》（以下简称《会计法》）是我国会计工作的根本大法，是会计工作应遵循的基本法律，是会计人员工作的规范，是制定会计其他法律、行政法规和规章制度等的依据。

企业成本会计机构和人员，必须依据《会计法》办理会计事务。例如，《会计法》第二十五条规定，“公司、企业必须根据实际发生的经济业务事项，按照国家规定确认、计量和记录资产、负债所有者权益、收入、费用和利润”；第二十六条规定，“公司、企业不得随意改变费用、成本的确认标准或者计量方法，虚列、多列、不列或者少列费用、成本”。所有这些，都是企业在开展成本核算时应当严格遵守的。

（二）企业会计准则、企业财务通则、企业会计制度

2006 年 2 月 15 日，财政部发布了 39 项会计准则，包括修订的 1992 年发布的基本准则和 38 项具体准则。新准则自 2007 年 1 月 1 日起在上市公司中实施，同时鼓励其他企业执行。新的企业会计准则体系，既有居于第一层次、统领驾驭的基本准则，又有位于第二层次、针对性强的具体准则，还有处于第三层次、操作性强的应用指南。

2006 年 12 月 4 日，财政部颁发了新的《企业财务通则》，并于 2007 年 1 月 1 日起正式实施。该通则第五章《成本控制》明确了成本控制的政策和方法、项目经费控制和薪酬控制等内容。

企业会计制度主要指以营利为目的进行生产、经营、服务业务的企业法人进行的会计核算规范。为贯彻《中华人民共和国会计法》和《企业财务会计报告条例》，2000 年 12 月 29 日财政部发布了适用于不同行业和不同经济成分的《企业会计制度》，自 2001 年 1 月 1 日起暂在股份有限公司范围内执行；2001 年 11 月 27 日，颁布了《金融企业会计制度》，自 2002 年 1 月 1 日起暂在上市的金融企业范围内实施；2004 年 4 月 27 日颁布了《小企业会计制度》，自 2005 年 1 月 1 日起在小企业范围内执行。除此之外，2004 年，财政部还发布了《民间非营利组织会计制度》、《村集体经济组织会计制度》等。随着会计准则体系的不断完善，会计准则可操作性不断增强，我国的会计制度将逐渐被具体会计准则所取代。

《企业会计准则》、《企业财务通则》和《企业会计制度》是指导企业会计核算的统一规范，企业开展成本核算、成本控制、成本监督、成本会计机构设置和成本会计人员配备等工作，均应当遵循《企业会计准则》、《企业财务通则》和《企业会计制度》等法律法规的相关规定。

（三）企业内部的成本会计制度

尽管《会计法》、《企业会计准则》、《企业财务通则》和《企业会计制度》等财务会计法规中涉及企业成本核算、成本控制、成本监督等方面的规定，但这些规定一般具有概括性、指导性、原则性等特征，系统性和可操作性不强。为加强成本管理，保证企业成本会计工作的顺利开展，企业应根据国家的指导性规定，结合企业生产经营特点和管理要求，来设计一套适合企业具体情况的企业内部成本会计制度。从广义的角度说，企业内部的成本会计制度主要包括成本预测、决策制度，计划成本编制制度，成本核算制度，成本控制制度，成本分析、考核制度；从狭义的角度说，企业内部与成本会计有关的规章制度主要包括：计量验收制度、定额管理制度、考勤制度、质量检查制度、设备管理与维修制度、材料收发与物资盘存制度、费用审批制度等。

应当指出，企业制定的成本会计制度，必须符合《会计法》和《企业会计准则》等法律法规的要求；必须适应企业生产经营的特点和管理要求；必须满足企业加强成本管理和成本监督的要求。成本会计制度是成本会计机构和成本会计人员进行工作的规范，是企业做好成本会计工作的制度保证。因此，企业要制定本企业的成本会计制度，并且一旦制定，应严格遵守。

课后练习

一、名词解释

1. 理论成本
2. 成本会计
3. 产品成本
4. 生产费用

二、单项选择题

1. 成本会计是会计的一个分支，是一种专业会计，其对象是（　　）。
   A. 企业　　B. 成本　　C. 资金　　D. 会计主体
2. 成本会计最基本的职能是（　　）。
   A. 成本预测　　B. 成本决策　　C. 成本核算　　D. 成本考核
3. 实际工作中的产品成本是指（　　）。
   A. 产品的生产成本　　B. 产品生产的变动成本
   C. 产品所耗费的全部成本　　D. 生产中耗费的用货币额表现的生产资料价值
4. 所谓理论成本，就是按照马克思的价值学说计算的成本，它主要包括（　　）。
   A. 已耗费的生产资料转移的价值
   B. 劳动者为自己劳动所创造的价值
   C. 劳动者为社会劳动所创造的价值
   D. 已耗费的生产资料转移的价值和劳动者为自己劳动所创造的价值
5. 正确计算产品成本，应该做好的基础工作是（　　）。
   A. 各种费用的分配　　B. 正确划分各种费用界限
   C. 建立和健全原始记录工作　　D. 确定成本计算对象

6．集中核算方式和分散核算方式是指（　　）的分工方式。

A．企业内部各级成本会计机构　　B．企业内部成本会计职能

C．企业内部成本会计对象　　D．企业内部成本会计任务

7．成本的经济实质是（　　）。

A．生产经营过程中所耗费生产资料转移价值的货币表现

B．劳动者为自己劳动所创造价值的货币表现

C．劳动者为社会劳动所创造价值的货币表现

D．企业在生产经营过程中所耗费的资金总和

8．产品成本是指企业生产一定种类、一定数量的产品所支出的各项（　　）。

A．生产费用之和　　B．生产经营管理费用总和

C．经营管理费用总和　　D．料、工、费及经营费用总和

9．大中型企业的成本会计工作一般采取（　　）。

A．集中工作方式　　B．统一领导方式

C．分散工作方式　　D．会计岗位责任制

10．成本会计最基本的任务和中心环节是（　　）。

A．进行成本预测，编制成本计划

B．审核和控制各项费用的支出

C．进行成本核算，提供实际成本的核算资料

D．参与企业的生产经营决策

三、简答题

1．成本的含义是什么？

2．成本会计的任务是什么？

3．计入产品成本的开支有哪些？

4．产品成本如何按经济用途分类？

第二章 产品成本概述

学习目标：

1．理解成本核算的要求、成本核算的原则。

2．掌握进行成本核算应设置主要账户的用途和结构。

3．掌握一级和两级成本核算体制下成本明细账的设置。

4．掌握成本核算的基本程序。

关键词：

成本核算要求　成本核算原则　成本核算程序

第一节 产品成本核算的原则

一、实际成本计价原则

（一）对生产所耗材料、燃料、动力等的计价

生产所耗用的原材料、燃料和动力等费用按实际成本计价。具体说，原材料、燃料和动力在数量方面要按其实际耗用数量计算；其价格方面，不一定必须采用实际价格，也可采用计划价格计价。但是在计入产品成本时，对计划价格同实际价格的差异要作调整，将其调整为实际成本。

（二）对固定资产折旧的计价

固定资产的折旧按原始价值和规定使用年限进行计算，保证了按实际成本计价。

（三）对完工产品的计价

完工产品要按实际成本计价，并不排除“库存商品”账户及其明细账也可按计划成本计价。对于实际成本与计划成本之间的差额，另设“产品成本差异”账户登记。按实际成本计价，能正确地计算企业当期的盈利水平，但是它也有局限性。当物价变动较大时，历史成本不能确切地反映资产的现值。为此企业应按国家的规定，根据物价变动的情况，对资产账面价值及损益进行适当的调整。

二、成本分期原则

与会计分期一致，成本核算中费用的归集、汇总和分配按月进行。

企业生产经营活动是连续不断进行的，为了计算一定期间所生产产品的成本，企业就必须将其生产经营活动划分为若干个相等的成本会计期间，分别计算各期产品的成本。

成本核算的分期，必须与会计年度的分月、分季、分年相一致。这样有利于各项工作的开展。

不论企业生产类型如何，成本核算中的费用归集、汇总和分配，都必须按月进行。但是完工产

品的成本计算与生产类型有关，可以是定期的，也可以是不定期的。

三、合法性原则

按国家规定的开支范围，哪些开支列入产品成本，哪些开支不列入产品成本。

合法性原则是指计入成本的费用，必须符合国家法律、法令和制度等的规定；不符合规定的费用就不能计入成本。如：目前制度规定，凡属于增加固定资产而发生的各项资本性支出，不能直接计入成本；购入无形资产的支出、对外投资支出、被没收的财物、各项罚款性质的支出等不能列入成本开支。又如，管理费用、财务费用和销售费用等作为期间费用处理，不能计入产品成本。

四、重要性原则

对主要产品采用准确、复杂的方法核算，对次要产品采用简单的方法。因为费用分配、成本计算方法繁简不一，企业在进行成本核算时，所采用的成本计算步骤、费用分配方法、成本计算方法等，都是根据每一企业的具体情况进行选择的。对于一些主要产品、主要费用，企业应采用比较复杂、详细的方法进行分配和计算。而对于一些次要的产品、费用，企业则可采用简化的方法，进行合并计算和分配。按照重要性原则进行成本核算，既减轻了成本计算的工作量，也加快了成本核算的速度。

五、一贯性原则

费用分配、成本核算的方法一旦确定不要随意变动，如必须变动，需要将变动的影响在财务报告中进行说明。企业在进行成本计算时，一般应根据企业生产的特点和管理的要求，选择不同的成本计算方法进行成本计算。产品成本计算方法一经确定，没有特殊的情况，一般不应经常变动，以使计算出来的成本资料便于进行比较。如果因情况特殊确需改变原有的成本计算方法，应在有关的会计报告中加以说明，并对原成本计算单中的有关数字进行必要的调整。

六、权责发生制原则

成本核算中会出现的一些待摊和预提费用。在费用归属期的确认上通常采用权责发生制原则。权责发生制原则是以收入和支出是否在本期已经发生作为确认其是否应算作本期的收入和支出的一种方法。权责发生制原则的基本内容是：凡是应计入本期的收入和支出，不论款项是否收到或已付出，都算作本期的收入或支出；凡是不应计入本期的收入和支出，即使款项已经收到或付出，也不算作本期的收入或支出。

第二节 产品成本核算要求

在进行产品成本核算时，应做到：一是要严格执行国家规定的成本开支范围和费用开支标准；二是要正确划分各种产品成本的界线，包括分清本期成本费用和下期成本费用的界线、分清各种产品成本的界线、分清在产品和产成品成本的界线、分清计入产品成本和不应计入产品成本的费用界线等；三要完善成本责任制，包括建立健全责任成本制度、内部成本管理体系、成本考核制度和成本责任奖惩制度等；四是做好成本核算的各项基础工作；五是选择适当的成本计算方法。在学习这部分内容时，应特别注意正确划分各种产品成本的界线，这是进行成本核算的主要工作。

一、严格执行国家规定的成本开支范围和费用开支标准

（一）严格成本开支范围

成本开支范围是国家为了加强成本管理，正确计算成本，防止滥挤成本、乱摊费用，对计入产品成本的各项费用所作的统一规定。按现行制度规定，应该计入成本的包括下列各项。

（1）生产经营过程中实际消耗的原材料、辅助材料、备品配件、外购半成品、燃料、动力、包装物的原价和运输、装卸、整理等费用。

（2）企业直接从事产品生产人员的工资和提取的福利费。

（3）车间房屋建筑物和机器设备的折旧费、租赁费、修理费及低值易耗品的摊销费等。

（4）废品损失和停工损失。

（5）其他为组织、管理生产活动所发生的制造费用。

应该注意的是，企业发生的各种费用支出，不是全部都计入成本的。对于企业在生产经营过程中发生的一些资本性支出，如购建固定资产、构成无形资产的支出，不应列入产品成本，而应计入购入资产的价值中。对于与生产经营无关的营业外支出，也不能计入企业成本。而对于收益性支出，则应根据其发生的地点和用途，计入各产品成本或期间费用中。

成本开支范围是国家根据成本的客观经济内含、国家的分配方针和企业实行独立经济核算要求而规定的。各企业必须严格遵守国家规定的成本开支范围，以保证成本计算的正确性、可比性。

（二）严格控制费用开支标准

严格控制应该计入产品成本的费用开支。例如，企业职工福利费及各种津贴和补贴等费用应该按照国家和企业的有关规定严格控制。企业职工福利费是指企业为职工提供的除职工工资、奖金、津贴、纳入工资总额管理的补贴、职工教育经费、社会保险费和补充养老保险费（年金）、补充医疗保险费及住房公积金以外的福利待遇支出，包括发放给职工或为职工支付的各项现金补贴和非货币性集体福利；制定差旅费开支标准，包括企业职工出差乘坐车、船、飞机和住宿、伙食、市内交通费等，各部门负责人应严格控制外出人员，并考虑完成任务的期限，确定出差日期；制定夜班、加班、值班和误餐费的开支标准；制定企业从事露天、高空的外勤作业津贴规定等。

二、正确划分各种费用界限

正确划分各种费用界限，既是对成本核算的具体要求，也是企业进行成本控制的重要内容。主要包括以下五个方面费用界限的划分。

（一）正确划分是否计入产品成本、期间费用的界限

凡不属于企业日常生产经营方面的支出，均不得计入产品成本或期间费用。

凡属于企业日常生产经营方面的支出，均应全部计入产品或期间费用，不得遗漏。少计成本会虚增利润，使企业成本得不到应有的补偿，从而影响企业生产经营活动的顺利进行。

不能计入生产过程、销售过程、管理过程中的各种费用如下：

（1）存货采购支出：包括购买价款、进口关税和其他税费、运输费、装卸费、保险费以及其他可归属于存货采购成本的支出。

（2）固定资产购建支出：包括购买价款、进口关税和其他税费，使固定资产达到预定可使用状态前所发生的可归属于该项资产的场地整理费、运输费、装卸费、安装费和专业人员服务费等必要支出、资本化利息。

（3）对外投资支出：包括企业对外进行的交易性金融资产、可出售金融资产、持有至到期投资、投资性房地产、长期股权投资等的资产转移或货币支出。

（4）股利分配支出：主要指股份公司以现金向股东分配的优先股利、普通股利和其他企业向投资者分配的利润等。

（5）其他专项支出：如应由工会经费列支的支出，应由职工教育经费列支的支出，应由税前利润、税后利润、盈余公积等弥补的亏损，应由其他专项渠道列支的支出等。

（6）外购无形资产和开发支出：外购无形资产的成本，包括购买价款、进口关税和其他税费以及直接归属于使该项资产达到预定用途所发生的其他支出。自行研究开发的成本，是在进入开发阶段后发生的符合作为无形资产开发成本的支出总额。

（二）正确划分生产费用和期间费用的界限

工业企业日常生产经营中所发生的各项耗费，其用途和计入损益的时间是有所不同的。用于产品生产的费用形成产品成本，并在产品销售后作为产品销售成本计入企业损益。由于当月投产的产品不一定当月产成，当月产成的产品也不一定当月销售，因而当月的生产费用往往不是计入当月损益的产品销售成本。本月发生的销售费用、管理费用和财务费用，作为期间费用，直接计入当月损益。应当防止混淆产品生产费用与期间费用的界限，借以调节各月产品成本和各月损益的错误做法。

（三）正确划分本期与非本期生产费用的界限

本月发生的生产费用，都应在本月全部入账，不能将其一部分延至下月入账。应当贯彻权责发生制原则，正确地核算待摊费用和预提费用。应当防止利用待摊和预提人为地调节各月成本，人为地调节各月损益的错误做法。在正确划分了以上 3 个方面的费用界限以后，应该说，已将应由本期产品成本负担的生产费用与应由本期负担的期间费用计算正确了。在企业生产多种产品的情况下，还应当将应由本期负担的生产费用在各种产品之间进行正确地划分，从而正确计算各种产品的生产成本。

（四）正确划分各种产品成本的费用界限

如果企业生产的产品不止一种，必须将应计入本月产品成本的生产费用在各种产品之间正确地进行划分。凡属于某种产品单独发生，能够直接计入该种产品的费用，均应直接计入该种产品成本。

凡属于几种产品共同发生，不能直接计入某种产品的费用，则应采用适当的分配方法，分配计入这几种产品的成本。应该防止在盈利产品与亏损产品之间，可比产品与不可比产品之间任意转移生产费用，借以掩盖成本超支或以盈补亏的错误做法。

（五）正确划分完工产品和在产品费用的界限

当月的产品如果全部完工，当月的生产费用之和就是完工产品的成本；当月的产品如果全部未完工，当月的生产费用之和就是在产品的成本；如果某种产品既有完工产品，又有在产品，应将这种产品的各项生产费用合计，采用适当的分配方法在完工产品与月末在产品之间进行分配，分别计算完工产品成本和月末在产品成本。应当防止任意提高或降低月末在产品成本，人为地调节完工产品成本的错误做法。

第三节 产品成本核算程序

制造业的生产车间分为基本生产车间和辅助生产车间两类。基本生产车间、辅助生产车间在生产产品的过程中都会发生各种各样的耗费，即生产费用，也是前述的 6 项开支。生产费用包括：直接费用（一般是直接材料和直接人工）和间接费用（制造费用）。辅助生产车间生产的产品一般不外销，基本上是为基本生产车间和企业管理部门等提供产品和服务，发生费用按受益对象进行分配；基本生产车间的产品直接对外销售。以上这两类车间所产生的生产费用，都需要按照一定的程序进行成本核算工作。

一、成本的总分类核算程序

（一）设置的总分类账户

成本总分类核算使用的会计账户包括“生产成本”“制造费用”等。在“生产成本”账户下，应设置“基本生产成本”和“辅助生产成本”两个明细账户进行核算；在“制造费用”账户下，应按不同车间名称设置明细账进行明细核算。

1. “生产成本”账户

“生产成本”账户属于成本类账户。该账户核算企业进行工业性生产发生的各项生产费用，包括生产各种产品（包括产成品、自制半成品等）、自制材料、自制工具、自制设备等。其具体核算内容包括：生产单位为生产产品或提供劳务而发生的各项生产费用，即前述的列入产品成本六项开支的内容。“生产成本”账户结构：该账户的借方登记生产过程中发生的直接材料、直接工资等直接费用以及分配转入的制造费用。该账户的贷方登记完工入库的产成品、自制半成品的实际成本以及分配转出的辅助生产费用。该账户的期末余额在借方，为尚未完工的各项在产品成本。

直接费用包括直接材料（原材料、辅助材料、备品备件等）、直接人工（生产人员的工资、福利费）、其他直接支出（如生产产品所耗用的燃料、动力等）。制造费用是指企业内的车间为组织和管理生产所发生的各项费用，包括车间管理人员工资、折旧费、维修费、修理费及其他制造费用（办公费、差旅费、劳保费等）。直接费用和制造费用计入“生产成本”账户的形式不同。直接费用发生时直接计入“生产成本”账户的借方，间接费用发生时不能计入“生产成本”账户的借方，因为搞不清为哪种产品发生的，只能计入“制造费用”账户的借方，在制造费用分配时才计入“生产成本”账户的借方。即“生产成本”账户的借方登记直接费用的发生和间接费用的分配，贷方登记结转的完工产品成本，余额在借方，一般为月末未完工产品成本。其二级账户分为“基本生产成本”和“辅助生产成本”。

（1）“生产成本—基本生产成本”账户。该明细账户的借方用于归集基本生产车间发生的费用数，贷方用于结转基本生产车间完工产品成本的费用数，期末余额在借方，表示在产品的成本数。该明细账的账页格式为多栏式，账内按照“直接材料”“直接人工”“燃料动力”“制造费用”和“废品损失”成本项目设置专栏。“生产成本—基本生产成本”账户可以按基本生产车间的成本核算对象设置明细账进行三级明细分类核算。即在“基本生产成本”二级账户下又可划分三级账户，如“生产成本—基本生产成本—甲产品”“生产成本—基本生产成本—乙产品”等。

（2）“生产成本—辅助生产成本”账户。该账户的借方用于归集辅助生产车间发生的费用数，贷方用于分配和结转辅助生产车间的费用数，月末分配后该账户无期末余额。该明细账的账页格式为多栏式，账内一般按照“材料费”“人工费”“动力费”等费用项目设置专栏。该账户可以按辅助生产车间的成本核算对象（如机修、供电等）或辅助生产车间设置明细账（只生产一种辅助产品）进行三级明细分类核算，如“生产成本—辅助生产成本—机修”等。

总之，“生产成本”账户应设置“基本生产成本”和“辅助生产成本”两个明细账户进行明细核算。在发生各项生产费用时，应按成本核算对象和成本项目分别归集。属于直接材料、直接人工等的直接费用，直接计入“基本生产成本明细账”和“辅助生产成本明细账”中。属于间接费用，先在“制造费用”账户进行归集，月末再按一定的分配方法，分配计入各有关的产品成本。属于企业辅助生产车间为生产产品提供的动力等费用，应在“辅助生产成本明细账”中先行归集，然后再分配转入“基本生产明细账”中，企业的辅助生产车间为基本生产车间和行政管理等部门提供的产品和劳务，应于月末，按一定的标准分配给各受益对象，并从“辅助生产成本明细账”中转出。

2.“制造费用”账户

“制造费用”账户属于成本类账户，本账户核算企业生产车间为生产产品和提供劳务而发生的各项间接费用。企业行政管理部门为组织和管理生产经营活动而发生的管理费用，在“管理费用”账户核算。

（1）“制造费用”账户的结构。该账户应当按照不同的生产车间、部门和费用项目进行明细核算。企业在发生制造费用时，应计入该账户的借方；制造费用应按企业成本核算办法的规定，分配计入有关的成本核算对象，计入该账户的贷方。除季节性生产或采用累计分配率法分配制造费用的企业外，本账户月末应无余额。

（2）“制造费用”账户的使用。在大中型企业中，根据管理需要，可将“生产成本”账户分为“基本生产成本”和“辅助生产成本”两个明细账户。对于属于辅助生产车间的制造费用，可直接计入“生产成本一辅助生产成本”账户的借方，也可以仍然通过“制造费用”账户，再转入“生产成本一辅助生产成本”账户的借方。

另外，在中小型企业中，如果业务比较简单，也可以将“生产成本”和“制造费用”两个账户合并为“生产费用”账户。

具体应用，“制造费用”账户借方登记制造费用的增加数，即用于归集本月生产车间发生不能直接计入产品成本的费用数，贷方用于分配和结转计入产品成本的费用数，期末分配后一般没有余额。该账户可按生产车间设置明细账进行明细分类核算，即“制造费用”账户按照车间的名称进行二级核算，如“制造费用—机加工车间”。“制造费用”明细账的账页格式为多栏式，账内一般按照“材料费”“人工费”“动力费”等费用项目设置专栏。“制造费用”账户核算内容为产品生产成本中除直接材料、直接人工和其他直接支出以外的其余一切生产费用。主要包括以下内容。

（1）车间管理人员工资：是指生产车间管理人员、辅助后勤人员等非一线直接从事生产的人员工资；一线直接生产人员非生产期间的工资也计入本项目，非一线生产员工提供直接生产时，其相应的工资应从本项目转入生产成本中的直接工资项目。

（2）职工福利费：按第（1）项所定义的生产管理人员工资的14%提取。

（3）交通费：是指企业为车间职工上下班而发生的交通车辆费用，主要指汽油费、养路费等。

（4）劳动保护费：指按照规定标准和范围支付给车间职工的劳动保护用品，防暑降温、保健饮食品（含外购矿泉水）的费用和劳动保护宣传费用。

（5）折旧费：是指车间所使用固定资产按规定计提的折旧费。

（6）修理费：指生产车间所用固定资产的修理费用，包括大修理费用支出。

（7）租赁费：是指车间使用的从外部租入的各种固定资产和用具等按规定列支的租金。

（8）物料消耗：指车间管理部门耗用的一般消耗材料，不包括固定资产修理和劳动保护用材料。

（9）低值易耗品摊销：是指车间所使用的低值易耗品的摊销。

（10）生产用工具费：是指车间生产耗用的生产用工具费用。

（11）试验检验费：是指车间发生的对材料、半成品、成品、仪器仪表等试验、检验费。

（12）季节性修理期间的停工损失：是指因生产的季节性需要而必须停工，生产车间停工期间所发生的各项费用。

（13）取暖费：是指车间管理部门所支付的取暖费，包括取暖用燃料、蒸汽、热水、炉具等支出。

（14）水电费：是指车间管理部门由于消耗水、电和照明用材料等而支付的非直接生产费用。

（15）办公费：是指车间生产管理部门的通信费用以及文具、印刷、办公用品等办公费用；政府部门的宣传经费，包括学习资料、照相洗印费以及按规定开支的报刊订阅费等。

（16）差旅费：是指按照规定报销生产车间职工因公外出的各种差旅费，包括住宿费、市内交通费和午餐补贴；按规定支付职工及其家属的调转、搬家费；按规定支付患职业病的职工去外地就医的交通费、住宿费、伙食补贴等。

（17）运输费：是指生产应负担的厂内运输部门和厂外运输机构所提供的运输费用，包括其办公用车辆的养路费、管理费、耗用燃料及其他材料等费用。

（18）保险费：是指应由车间负担的财产保险费用。

（19）技术组织措施费：是指生产工艺布局调整等原因发生的费用。

（20）其他制造费用：除前述1～19项所列的，零星发生的其他应由车间负担的费用。

制造费用一般是生产车间发生的间接费用，需要间接计入成本。当制造费用发生时一般无法直接判定它所归属的成本计算对象，因而不能直接计入所生产的产品成本中去，而须按费用发生的地点先行归集，月终时再采用一定的方法在各成本计算对象间进行分配，计入各成本计算对象的成本中。

（二）总分类核算程序

成本核算的一般程序是指对企业在生产经营过程中发生的各项生产费用和期间费用，按照成本核算的要求，逐步进行归集和分配，最后计算出各种产品的生产成本和各项期间费用的基本过程。根据前述的成本核算要求和生产费用、期间费用的分类，可将成本核算的一般程序归纳如下。

产品成本总分类核算的过程，实际上是完工产品和月末在产品成本的形成过程。通过产品成本的总分类核算，可以反映企业生产过程中发生的各种费用，以及这些费用的归集和分配的程序，最终计算出完工产品和在产品的成本。产品成本的总分类核算程序包括：要素费用的分配、分配辅助生产车间的制造费用、分配辅助生产费用、分配基本生产车间的制造费用、计算完工产品和月末在产品成本。具体内容如下。

（1）编制“要素费用分配表”，分配各要素费用进各有关成本费用账户。生产过程中发生的各种要素费用，要根据其具体的发生地点和用途，编制各种要素费用分配表，据以编制记账凭证，计入有关成本、费用账户中。

（2）编制辅助生产车间“制造费用分配表”，分配辅助生产车间制造费用进各辅助生产成本账户。若辅助生产车间生产多种产品或提供多种劳务，月末时，应将辅助生产车间归集于“制造费用明细账”中的费用，采用一定的方法，在辅助生产车间各种产品或劳务中进行分配。若辅助生产车间生产 1 种产品或提供 1 种劳务，该步骤可以省略。

（3）编制“辅助生产费用分配表”，分配辅助生产费用计入有关成本费用账户。由于辅助生产车间是为基本生产车间和行政管理等部门提供产品或劳务的，所以，辅助生产车间所发生的费用，应根据其提供的劳务数量、发生的费用和各部门耗用产品或劳务的数量，通过编制“辅助生产费用分配表”的方式分配。

（4）编制基本生产车间“制造费用分配表”，分配基本生产车间制造费用计入基本生产成本账户。基本生产车间若生产多种产品，则应将归集于基本生产车间“制造费用明细账”的金额，采用适当的分配方法，在该车间生产的各种产品当中通过编制“制造费用分配表”的方式进行分配。

（5）计算完工产品和月末在产品成本，编制“完工产品成本计算表”。通过上述步骤计算和分配之后，企业所发生的用于产品生产的各种费用，都集中于“生产成本－基本生产成本”账户和各种“产品成本计算单”中。这时，应根据企业的具体情况，采用一定的生产费用分配办法，如约当产量法、定额比例法、定额成本法等进行生产费用的分配，计算出完工产品成本和月末在产品成本，并编制“完工产品成本计算表”。

二、成本的明细分类核算程序

（一）一级成本核算体制

一级成本核算体制是指企业成本核算工作集中在厂部财会部门统一进行的核算方式。

1. 成本明细账的设置

一级成本核算体制下应设置的明细账包括“基本生产成本明细账”“产品成本计算单”“辅助生产成本明细账”“制造费用明细账”等，以上明细账一般采用多栏式账页进行登记。

（1）“基本生产成本明细账”核算的是某一基本生产车间生产各种产品发生的成本费用。为了反映企业为生产产品所消耗的直接材料、直接人工和其他各项费用，应在“生产成本”账户目下设置“基本生产成本明细账”。“基本生产成本明细账”一般按成本项目设置专栏，格式见表 2.1。

表 2.1　　基本生产成本明细账

车间：基本车间　　2015 年 5 月　　单位：元

年		凭证	摘要	直接材料	直接人工	其他直接支出	制造费用	合计
月	日							
5	1		月初在产品成本	3 200	2 100	7 600	3 100	16 000
5	31	转 1	分配材料费用	95 238				95 238
5	31	转 2	分配的人工费		17 104			17 104
5	31	转 3	分配的动力费			5 760		5 760
5	31	转 6	分配的蒸汽费			7 803		7 803
5	31	转 7	分配的制造费				24 270	24 270
5	31		本月合计	95 238	17 104	13 563	24 270	150 175
5	31		合计	98 438	19 204	21 163	27 370	166 175
5	31	转 8	结转完工成本	61 500	9 195	10 305	12 150	93 150
5	31		月末在产品成本	36 938	10 009	10 858	15 220	73 025

（2）“产品成本计算单”核算的是某基本车间生产某一种产品发生的成本费用。如果企业生产两种以上的产品，为了计算各种产品的实际成本，还要在“基本生产成本明细账”下，按产品品种设置“产品成本明细账”，通常称为“产品成本计算单”。其格式要根据成本核算要求和所采用的成本核算方法来确定，基本格式见表 2.2（以甲产品为例）。

表 2.2　　产品成本计算单

产品：甲产品　　2015 年 5 月　　单位：元

年		凭证	摘要	直接材料	直接人工	其他直接支出	制造费用	合计
月	日							
5	1		月初在产品	2 000	1 625	4 275	1 250	9 150
5	31	转 1	分配材料费	80 000				80 000
5	31	转 2	分配人工费		9 104			9 104
5	31	转 3	分配动力费			3 600		3 600
5	31	转 6	分配蒸汽费			4 151		4 151
5	31	转 7	分制造费				12 928	12 928
5	31		本月发生额	80 000	9 104	7 751	12 928	109 783
5	31		生产费用合计	82 000	10 729	12 026	14 178	118 933
5	31		完工	150	150	150	150	
5	31		在产约当量	50	25	25	25	
5	31		产量合计	200	175	175	175	
5	31		单位成本	410	61.3	68.7	81	621
5	31	转 8	结转完工产品	61 500	9 195	10 305	12 150	93 150
5	31		月末在产品成本	20 500	1 534	1 721	2 028	25 783

（3）“辅助生产成本明细账”核算的是某辅助车间本月生产某一种辅助产品发生的成本费用。企业辅助生产车间所发生的各项费用，一般应在“生产成本”账户下分别按照辅助生产车间和成本核算对象设置“辅助生产成本明细账”，并按规定的成本项目设置专栏，登记所发生的费用，格式见表 2.3。

表 2.3　　辅助生产成本明细账

车间：机修　　2015 年 5 月　　单位：元

年		凭证	摘要	材料费	人工费	折旧费	水电费	其他费	合计
月	日								
5	31	转 1	分配材料费	1 000					1 000
5	31	转 2	分配工资		1 596				1 596
5	31	转 3	折旧费			3 600			3 600
5	31	转 4	分配动力费				1 029.6		1 029.6
5	31	转 5	分配其他					1 040	1 040
			合计	1 000	1 596	3 600	1 029.6	1 040	8 265.6
5	31	转 6	本月转出	1 000	1 596	3 600	1 029.6	1 040	8 265.6

注：此表为辅助车间只提供一种辅助产品的格式。

（4）“制造费用明细账”核算的是本月某一车间生产过程中发生的间接费用。企业为生产产品和提供劳务而发生的制造费用，应设置“制造费用明细账”。“制造费用明细账”通常采用按费用项目分栏的多栏式明细账，格式见表 2.4。

表 2.4　　制造费用明细账

车间：基本车间　　2015 年 5 月　　单位：元

年		凭证	摘要	材料费	人工费	折旧费	水电费	其他费	合计
月	日								
5	31	转 1	分配材料费	3 200					3 200
5	31	转 2	分配工资		2 280				2 280
5	31	转 3	折旧及修理			8 400			8 400
5	31	转 4	分配动力费				1 080		1 080
5	31	转 5	分配其他					1 780	1 780
5	31	转 6	分配辅助生产费					7 530	7 530
			合计	3 200	2 280	8 400	1 080	9 310	24 270
5	31	转 7	本月转出	3 200	2 280	8 400	1 080	9 310	24 270

（5）月终，根据各种“产品成本计算单”的完工产品成本，汇总编制“完工产品成本汇总计算表”，基本格式见表 2.5。

表 2.5　　完工产品成本汇总计算表

2015 年 5 月　　单位：元

产品		直接材料	直接人工	其他直接支出	制造费用	合计
甲产品	总成本（150 件）	61 500	9 195	10 305	12 150	93 105
	单位成本	410	61.3	68.7	81	621
乙产品	总成本					
	单位成本					
合计						

2. 成本的明细分类核算程序

成本的明细分类核算程序是：登记用于产品生产的直接材料、燃料及动力、直接人工等费用；分配辅助生产车间的制造费用；分配辅助生产费用；分配基本生产车间的制造费用；结转完工产品成本。具体分配程序如下。

（1）编制“要素费用分配表”

编制“要素费用分配表”分配各要素费用进入有关成本费用账户。凡是用于生产产品的直接材料、直接工资等直接费用，应根据有关凭证或费用分配表记入“基本生产成本明细账”和所属的各种“产品成本计算单”。辅助生产车间所发生的费用，应根据有关凭证或费用分配表登记在“辅助生产成本明细账”上。至于企业为生产产品和提供劳务而发生的各种制造费用，则应根据有关凭证或费用分配表登记在“制造费用明细账”上。

以材料费用为例，根据费用发生的地点和用途不同，月末编制“材料耗用汇总表”。根据“材料耗用汇总表”，登记有关明细账。

如果领料的地点为基本车间，还要分别领料的用途进一步进行判断，如果是为生产产品耗用的材料费用，登记“产品成本计算单”和“基本生产成本明细账”；如果是基本车间一般耗用的材料，登记基本车间的“制造费用明细账”。如果领料的地点为辅助车间，且该辅助车间只提供一种辅助产品，登记“辅助生产成本明细账”。

（2）编制辅助生产车间“制造费用分配表”

编制辅助生产车间“制造费用分配表”，分配辅助生产车间制造费用计入辅助生产成本账户。若辅助生产车间生产多种产品或提供多种劳务，月末时，应将辅助生产车间归集于“制造费用明细账”中的费用，采用一定的方法，在辅助生产车间各种产品或劳务中进行分配。若辅助生产车间生产一种产品或提供一种劳务，该步骤可以省略。

（3）编制“辅助生产费用分配表”

编制“辅助生产费用分配表”，按照谁受益，谁承担的原则，分配辅助生产费用计入有关成本费用账户。月末时，将“辅助生产成本明细账”上所登记的费用进行汇总，按提供劳务（或产品）的数量分配记入“基本生产成本明细账”、基本生产车间“制造费用明细账”和所设置的“管理费用明细账”中。对于分配给基本生产车间用于生产产品的动力等费用，还应采用一定的标准，在各种产品之间进行分配，计入各种“产品成本计算单”中。如果受益的地点为基本车间，还要分别用途进一步进行判断，如果是为生产产品耗用的费用，登记“产品成本计算单”和“基本生产成本明细账”；如果是基本车间一般耗用的，登记基本车间的“制造费用明细账”。如果受益的地点为企业管理部门，登记“管理费用明细账”。同时在该“辅助生产成本明细账”登记费用减少。

（4）编制基本生产车间“制造费用分配表”

编制基本生产车间“制造费用分配表”，分配基本生产车间制造费用计入基本生产成本账户。月末汇总基本生产车间“制造费用明细账”所登记的费用金额，采用适当的分配标准，编制“制造费用分配表”，分别计入“基本生产成本明细账”和各种“产品成本计算单”中。同时在该基本车间的“制造费用明细账”登记费用减少。

（5）编制“完工产品成本计算表”

计算完工产品和月末在产品成本。根据各种“产品成本计算单”中完工产品成本数据资料，编制“完工产品成本计算表”。月末，将各种“产品成本计算单”上所归集的费用进行汇总，对于既有完工产品，又有月末在产品的成本计算单，要采用适当的方法，计算完工产品和在产品的成本，并将完工产品的成本进行汇总，计入“基本生产成本明细账”中，结转完工产品成本。根据各种“产品成本计算单”中所归集的完工产品成本资料，汇总编制“完工产品成本汇总计算表”，并据此编制记账凭证，作为产成品入库账务处理的依据。

成本的明细分类核算程序如图 2.1 所示。

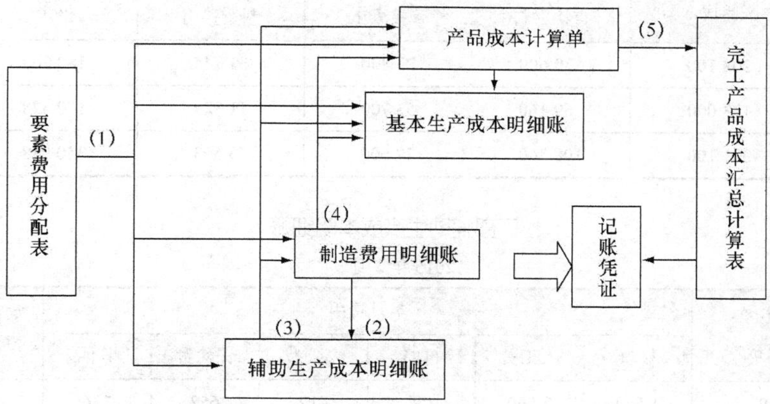

图 2.1　成本的明细分类核算程序

注：（1）编制“要素费用分配表”分配各要素费用计入有关成本费用账户。

（2）编制辅助生产车间“制造费用分配表”，分配制造费用计入辅助生产成本账户。

（3）编制“辅助生产费用分配表”，分配辅助生产费用计入有关成本费用账户。

（4）编制基本生产车间“制造费用分配表”，分配制造费用计入基本生产成本账户。

（5）编制“完工产品成本计算表”，计算完工产品和在产品成本。

（二）两级成本核算体制

两级成本核算体制适合规模比较大的企业。由于大中型企业规模比较大，一般分车间、部门进行成本核算。同时，成本管理上也要求提供各车间的成本资料。因此，这样的企业，应采取两级成本核算体制。所谓两级成本核算体制是指生产费用的核算由厂部和车间两级财会部门分别进行核算的方式。在实行两级成本核算的企业里，主要车间应配备专职成本核算员，计算各车间产品的制造成本，然后，由厂部财会部门进行汇总，计算全厂各种产品的总成本和单位成本。两级成本核算体制下成本明细账应分别车间和厂部分别设置。

1. 生产车间成本费用明细账的设置

各基本生产车间应设置“基本生产成本明细账”和“制造费用明细账”。为了计算车间每种产品的成本，还应在“基本生产成本明细账”下，按产品品种设置“产品成本计算单”；各辅助生产车间应设置“辅助生产成本明细账”。各种明细账的格式同一级成本核算体制下有关明细账的格式基本相同。即在两级成本核算体制下，各基本生产车间应设置“基本生产成本明细账”“产品成本计算单”和“制造费用明细账”，辅助生产车间应设置“辅助生产成本明细账”

2. 厂部成本费用明细账的设置

厂部财会部门应设置“厂部基本生产成本明细账”“厂部辅助生产成本明细账”“厂部制造费用明细账”“厂部完工产品成本汇总计算单”等。在账中按车间分设专栏，用以控制生产车间生产费用的发生、内部结转和结余情况。为了汇总全厂完工产品的成本还应设置“完工产品成本汇总计算表”。

“厂部基本生产成本明细账”的格式见表 2.6；“厂部辅助生产成本明细账”的格式见表 2.7；“厂部制造费用明细账”的格式见表 2.8；“厂部完工产品成本汇总计算表”的格式见表 2.9。

表 2.6　　厂部基本生产成本明细账

2015 年 5 月　　单位：元

车间	月初在产品成本	本月费用			转出完工产品成本	月末在产品成本
		直接材料	直接人工	制造费用		
一车间	208 100	39 600	23 800	31 744	180 360	122 884
二车间	123 000	69 160	53 700	11 829	170 578	87 111
合计	331 100	108 760	77 500	43 573	350 938	209 995

表 2.7　　厂部辅助生产成本明细账

2015 年 5 月　　单位：元

车间	月初在产品成本	本月费用						转出完工产品成本	月末在产品成本
		材料	人工费	折旧	办公费	保险费	其他		
机修	0	1 540	2 540	854	412	652	236	6 234	0
合计	0	1 540	2 540	854	412	652	236	6 234	0

表 2.8　　厂部制造费用明细账

2015 年 5 月　　单位：元

车间	月初在产品成本	本月费用						转出完工产品成本	月末在产品成本
		材料	人工费	折旧	办公费	保险费	其他		
一车间	0	2 540	2 540	1 854	452	852	436	8 674	0
二车间	0	1 510	1 060	1 224	420	621	324	5 159	0
合计	0	4 050	3 600	3 078	872	1 473	760	13 833	0

表 2.9　　厂部完工产品成本汇总计算表

2015 年 5 月　　单位：元

项目		直接材料	直接人工	制造费用	合计
甲产品	总成本				
	单位成本				
乙产品	总成本				
	单位成本				
丙产品	总成本				
	单位成本				
合计					

两级成本核算体制下厂部成本核算的程序包括登记和分配材料、工资等要素费用；分配辅助生产车间的制造费用；分配辅助生产费用；分配基本生产车间的制造费用；结转完工产品成本；厂部

财会部门汇总完工产品成本。需要注意的是，在两级成本核算体制下，费用的汇集和分配需要在厂部和车间分别进行。

三、成本核算概括

产品生产成本核算一般通过设置“生产成本”和“制造费用”账户进行。

（一）“生产成本”账户

1. 核算内容

“生产成本”账户核算范围为企业进行工业性生产各种产品（包括产成品、自制半成品、提供劳务等）、自制材料、自制工具、自制设备等发生的各项生产费用。

2. 二级明细核算

“生产成本”账户需要设置“基本生产成本”和“辅助生产成本”两个二级明细账户。“基本生产成本”账户用以核算生产产品的基本生产车间发生的费用，“辅助生产成本”账户用以核算动力、修理、运输等为生产服务的辅助生产车间发生的费用。生产成本明细账一般采用多栏式账页进行登记。

3. 三级明细核算

“基本生产成本”二级账户按照基本生产车间和成本核算对象（例如：产品的品种、类别、订单、批别、生产阶段等）设立三级明细账，并按规定的成本项目（直接人工、直接材料、制造费用）在各三级明细账中设立专栏核算。“辅助生产成本”明细科目应按辅助生产提供的劳务和产品（例如：动力、修理、运输、自制工具、自制材料等）为成本计算对象，设立三级明细账，并按规定的费用项目（人工费、材料费、折旧费等）在各三级明细账中设立专栏核算。

企业也可以根据实际工作需要，将“生产成本”账户分设为“基本生产成本”和“辅助生产成本”两个总分类账户（一级账户），分别核算基本生产成本和辅助生产成本。这样设置生产成本二级以下账户的设置比较灵活，可以依企业自身情况决定。

4. 账户框架

一种账户框架为，设置生产成本总账，在生产成本总账账户下设置二级、三级明细账户，如下所示：

生产成本—基本生产成本—产品 1—直接材料
—直接人工
—制造费用
—基本生产成本—产品 2—直接材料
—直接人工
—制造费用
生产成本—辅助生产成本—（动力或运输等）—材料
—人工
—折旧等

另一种账户框架为，设置基本生产成本总账和辅助生产成本总账，在此总账账户下设置二级明细账户，如下所示：

基本生产成本—产品 1—直接材料
　　　　　　　　　　—直接人工
　　　　　　　　　　—制造费用
　　　　　　—产品 2—直接材料
　　　　　　　　　　—直接人工
　　　　　　　　　　—制造费用

辅助生产成本—（动力或运输等）—材料
　　　　　　　　　　　　　　　—人工
　　　　　　　　　　　　　　　—折旧等

月末，将辅助生产成本，按照谁受益谁承担的原则，分配至基本生产成本各产品、管理费用、销售费用中。

（二）“制造费用”账户

1. 核算内容

“制造费用”账户的核算内容为产品生产成本中除直接材料和直接工资和其他直接支出以外的其余一切生产成本。即车间生产过程中发生的间接费用。

2. 二级明细核算

“制造费用”账户按照“××车间”为成本计算对象，设立二级明细账户。“××车间”账户用以核算某车间在生产过程中发生的间接费用。“制造费用”明细账一般采用多栏式账页进行登记。例如，铸造车间的“制造费用”明细账用来核算铸造车间在生产过程中发生的间接费用，并按规定的费用项目（人工费、材料费、折旧费等）在各二级明细中设立专栏核算。

3. 账户框架

制造费用按照车间的名称进行明细核算，账户框架如下所示：

制造费用—（铸造车间、机加工车间等）—材料费
　　　　　　　　　　　　　　　　　　—人工费
　　　　　　　　　　　　　　　　　　—折旧费等

课后练习

一、单项选择题

1. 企业对于一些主要产品、主要费用应采用比较复杂、详细的方法进行分配和计算，而对于一些次要的产品、费用采用简化的方法进行合并计算和分配的原则称为（　　）。

　A．实际成本计价原则　　B．成本分期原则
　C．合法性原则　　D．重要性原则

2. 在下列辅助生产车间中，可以不设置制造费用明细账的是（　　）。

　A．辅助生产车间生产 1 种产品或提供 1 种劳务
　B．辅助生产车间生产 2 种产品或提供 2 种劳务
　C．辅助生产车间生产 3 种产品或提供 3 种劳务
　D．辅助生产车间提供 4 种产品或提供 4 种劳务

3．“厂部基本生产成本明细账”应按（　　）。

A．成本项目设置专栏　　B．费用项目设置专栏
C．生产车间设置专栏　　D．产品名称设置专栏

4．设置“待摊费用”与“预提费用”科目的目的是（　　）。

A．正确划分应否计入产品成本的费用界限
B．正确划分各种产品的费用界限
C．正确划分各个月份的费用界限
D．正确划分完工产品与在产品的费用界限

5．下列各项中，属于产品生产成本项目的是（　　）。

A．外购动力费用　　B．制造费用
C．工资费用　　D．折旧费用

6．属于产品成本项目的是（　　）。

A．外购材料费用　　B．职工工资
C．折旧费用　　D．制造费用

7．下列应计入产品生产成本的费用是（　　）。

A．广告费　　B．租入办公设备的租赁费
C．生产工人工资　　D．利息支出

8．下列应计入产品成本的费用是（　　）。

A．职工教育经费　　B．生产车间机器设备的修理费
C．技术服务部门设备的修理费　　D．仓库设备的修理费

9．根据工业企业费用要素的划分，下列各项中不属于“外购材料”项目的有（　　）。

A．外购半成品　　B．外购包装物
C．外购低值易耗品　　D．外购燃料

10．可以计入“直接材料”成本项目的材料费用是（　　）。

A．为组织管理生产用的机物料
B．为组织管理生产用的低值易耗品
C．生产过程中间接耗用的材料
D．直接用于生产过程中的原材料

11．下列不应计入产品成本的费用是（　　）。

A．直接用于产品生产构成产品实体的原材料
B．专设销售机构人员的工资及福利费
C．生产车间固定资产的折旧费
D．生产过程中发生的废品损失

12．下列各项中，属于我国工业企业费用要素的是（　　）。

A．制造费用　　B．期间费用　　C．折旧费　　D．生产成本

13．企业为生产产品发生的原料及主要材料的耗费，应计入（　　）。

A．生产成本　　B．财务费用　　C．管理费用　　D．制造费用

14．企业因生产产品而发生的各项间接费用，如基本车间折旧费等，属于（　　）成本项目。

A．管理费用　　B．制造费用　　C．直接人工　　D．直接材料

15．用于生产产品构成品实体的原材料费用，应计入（　　）账户。

A．生产成本　　B．制造费用　　C．废品损失　　D．营业费用

16．直接用于产品生产的燃料，应直接计入或者分配计入的账户是（　　）。

A．制造费用　　B．管理费用　　C．财务费用　　D．生产成本

17．基本生产车间耗用的物料费用，应贷记“原材料”账户，借记（　　）账户。

A．基本生产成本　　B．待摊费用

C．辅助生产成本　　D．制造费用

二、简答题

1．为了正确计算产品成本，应划分哪些费用界限？

2．产品成本总分类核算程序？

3．产品成本核算应设置哪些明细账？

第三章 要素费用的归集与分配

学习目标：

1．了解要素费用的组成内容。

2．掌握材料费用、外购动力费用、人工费用、折旧费和其他费用的归集与分配方法。

3．掌握"要素费用分配表"的编制方法，并能根据各种"要素费用分配表"熟练地编制会计分录和登记有关明细账。

关键词：

要素费用　材料费　外购动力费　人工费

第一节 生产费用要素概述

一、生产费用概述

（一）生产费用的概念

1．狭义费用

狭义费用是指企业在日常活动中发生的、会导致所有者权益减少的、与向所有者分配利润无关的经济利益的总流出，是企业在生产经营过程中的各项耗费的货币表现。

2．广义费用

广义费用泛指所有耗费，企业的各项耗费和损失。除狭义费用以外，费用还有营业外支出、基本建设支出、投资损失。

3．生产费用

本节所谈的费用分类是指企业生产过程中所发生的费用，即生产费用。与企业生产经营无关的耗费不属于本书讨论的内容。

生产费用是一定期间内企业在生产过程中所发生的各种耗费的货币表现，包括：材料费、人工费和其他费用。生产费用不外乎是劳动对象、劳动手段和活劳动消耗等 3 方面的费用。这种根据费用的经济内容（或性质）不同所进行的分类，在会计上称为生产费用要素。

（二）生产费用要素的内容

生产费用要素也称为要素费用。产品的生产过程，也是物化劳动（包括劳动对象和劳动手段）和活劳动的耗费过程。因而生产过程中发生的生产费用，按其经济内容分类，可划归为劳动对象方面的费用、劳动手段方面的费用和活劳动方面的费用 3 大类。生产费用按照经济内容分类，就是在这一划分的基础上，将生产费用划分为若干生产费用要素，也称要素费用。要素费用包括以下几种。

（1）外购材料：为进行生产而耗用的外购的原料及主要材料、外购半成品、辅助材料、包装物、修理用配件、低值易耗品等。

（2）外购燃料：外购燃料是指企业为进行生产而耗用的由企业外部购进的各种燃料，包括固体燃料、液体燃料、气体燃料。外购燃料与外购材料从性质上看是相同的，可归为一类。但由于在许多企业燃料是重要的能源，在成本中所占的比重较大，故将其单独列为一类进行核算。

为进行生产而耗用的外购的各种燃料（包括固体的、液体的和气体的），占产品成本比重较大时要单列，否则归属于外购材料。

（3）外购动力：为生产耗用的外购的动力（外购电力、蒸汽等）。

（4）工资：应计入生产费用的职工工资。

（5）提取的福利费：按应计入生产费用的按照职工工资的一定比例提取。

（6）折旧费：生产用的固定资产折旧。

（7）其他费用：在生产过程中发生的除以上以外的如办公费、差旅费、保险费等。

按经济内容分类的生产费用，说明企业在生产过程中消耗了哪些性质的费用，消耗了多少，可以了解生产费用的构成，有利于加强生产费用的核算和管理。同时，又为企业核定流动资金定额和编制采购资金计划提供必要的核算资料。

（三）生产费用按经济用途分类

为具体反映计入产品成本的生产费用的各种用途，提供产品成本构成情况的资料，还应将其进一步划分为若干个项目，即产品生产成本项目（简称产品成本项目或成本项目）。制造企业一般应设置以下几个成本项目。

（1）原材料，也称直接材料。

（2）燃料及动力，也称其他直接支出。

（3）工资及福利费，也称直接人工。

（4）废品损失。

（5）制造费用。

企业可根据生产特点和管理要求对上述成本项目做适当调整。对于管理上需要单独反映、控制和考核的费用，以及产品成本中比重较大的费用，应专设成本项目；否则，为了简化核算，不必专设成本项目。

（四）生产费用与产品成本的联系与区别

按费用要素反映的生产费用和按成本项目反映的产品成本间的联系和区别有以下几点。

1. 联系

产品成本是生产费用的对象化。产品成本是指生产某种产品发生的耗费，是对象化的费用。产品成本是基于特定目的、有明确承担对象的耗费。这一概念主要强调了成本与其“承受标的”（成本计算对象）之间的对应关系。生产费用是指企业在生产产品的过程中，对企业所拥有或控制的资产的耗费。应予以对象化的生产耗费，在尚未对象化前，习惯上称为生产费用。两者就其经济内容来说基本一致，即都是对企业资源的一种耗费。生产费用是产品成本的前提条件和基础，从处理时点看，能够对象化的耗费，在尚未完成对象化过程前一般属于生产费用，完成对象化过程后则称之为产品成本。因此，企业在一定时期的生产费用发生额是企业计算该期间完工产品成本的基础。

2. 区别

二者涉及时期不同。从涉及时期看，生产费用是同“期间”相联系的，生产费用都只与当期有关，而产品成本则可能涉及多期生产耗费。以工业生产费用来说，它反映本期产品生产过程中生产费用的实际发生额；而产品成本则是同“产品”相联系的，它反映本期产品成本所应负担的费用。两者不一定相等，因为有些本期支出的生产费用可能转入下期产品成本，而有些在上期支出的生产费用可能有一部分要计入本期产品成本。由于企业在本期投产的产品不一定在本期全部完工，同时，本期完工的产品也不一定全部是本期投产的。因此，计算本期完工产品成本，就要在各种产品本期生产费用的基础上，加上期初未完工产品成本，减去期末未完工产品成本。

二、生产费用要素分配的一般原则

凡是能分清为生产哪种产品耗用的生产费用，发生时直接计入该产品生产成本；凡是不能分清为生产哪种产品耗用的间接费用，通过编制“××费用分配表”，分配计入各有关产品生产成本。即直接费用发生时直接计入某种产品生产成本，间接费用发生时计入制造费用，分配时计入各种产品生产成本。

三、要素费用归集与分配的原理

费用要素的归集与分配，是通过编制“要素费用分配表”来进行的。“要素费用分配表”的编制，应根据成本核算的体制、凭证的份数以及传递程序等具体条件的不同而有所不同。企业实行一级成本核算体制时，应由财会部门来编制；企业实行两级成本核算体制时，则是由各车间的成本会计人员来编制。“要素费用分配表”不论由谁来编制，其编制的要求和基本方法是一样的。财会部门和各车间或部门要合理分工互相配合，认真做好各项费用要素的归集和分配工作，以便正确计算产品成本。

1. 要素费用的分配程序

（1）根据发生费用的原始凭证或原始凭证汇总表，编制费用分配表或费用汇总分配表，并编制记账凭证。

（2）根据原始凭证或记账凭证登记各种成本明细账。

（3）根据记账凭证登记成本类总账。

2. 要素费用分配的具体内容

根据原始凭证，按照费用发生的地点和用途归集各要素费用，编制“××费用分配表”；根据编制的“××费用分配表”。一方面编制会计分录，另一方面登记“生产成本—基本生产成本”“生产成本—辅助生产成本”“制造费用”“管理费用”“销售费用”“财务费用”等账户。

直接生产耗费相应地在基本生产成本明细账（产品成本计算单）中设置“直接材料”“直接人工”“其他直接支出”等成本项目，耗费发生后逐笔或定期汇总，计入成本计算对象的相应成本项目。间接生产耗费则先通过“制造费用”账户按生产单位归集，各期期末或者成本计算时点，再向相应的成本计算对象分配结转。

具体来说，基本生产车间为生产产品直接发生的费用，按照受益的对象（产品）归集直接材料费用、动力费用、工资费用，直接计入“生产成本”总账、“生产成本—基本生产成本”明细账及“生产成本—基本生产成本—甲产品”计算单的成本项目中。基本生产车间为组织管理生产发生的费用，需要按照费用发生的地点（各基本生产车间）进行归集，计入“制造费用”总账及“制造费用—××基本车间”明细账，再分配转入“生产成本”总账、“生产成本—基本生产成本”明细账及“生产成本—基本生产成本—甲产品”计算单的成本项目中。

对于只提供一种辅助产品的辅助生产车间发生的各项费用，均为直接费用，在费用发生时直接计入“生产成本”总账、“生产成本—辅助生产成本”明细账的有关费用项目进行归集。

第二节 材料费的归集与分配

一、材料费用归集分配的意义

材料是产品成本的重要组成部分。加强对材料费的核算，对于降低产品成本、节约使用资金，加速资金周转等方面，都有着十分重要的作用。通过建立健全材料保管、领发、核算、分配等一系列的方法和制度，控制材料费用，促使其不断降低，进而降低产品成本，从而使企业的经济效益不断提高，降低材料费用对流动资金的占用，使材料储备保持在一个合理的水平上，既要防止超储积压，又要防止储备不足。采用适当的方法进行材料费用的分配，可以保证材料费用分配的准确性。

二、材料费用归集的基础工作

（一）收入材料成本的确定

正确地确定收入材料的成本，是正确计算产品成本中材料成本的前提。材料费的计算，因企业对材料日常采用的计价方法的不同而有差别。一般情况下，如果企业规模较小，材料的品种规格不多且收发不太频繁，材料可按实际成本计价；若企业规模较大，材料品种规格繁多且收发频繁，材料则应按计划成本计价。

（二）领用材料的原始凭证和材料费用的归集

（1）领用材料使用的原始凭证：主要包括领料单、限额领料单等。应根据领用材料的情况，选择采用某一种领料凭证。

（2）领用材料需要办理的手续：企业生产过程领用的材料品种、数量很多，为明确各单位的经济责任，便于分配材料费用，以及不断降低材料的消耗，在领用材料时，应办理必要的手续。在领料时，应由专人负责，并经有关人员签字审核后，才能办理领料手续。

（3）月末，编制“材料费用分配表”：月末，将各种领料凭证按车间、部门进行汇总，即可计算出各车间、部门消耗材料的数量和金额，通过编制“材料费用分配表”即可进行材料费分配的核算。

（三）库存材料的计量

根据发出材料的有关凭证，可将材料费计入有关成本计算对象中。对于库存材料的计量，则可采用永续盘存制和实地盘存制两种方法进行核算。

（四）发出材料成本的确定

在材料按计划成本计价的情况下，应计算发出材料应负担的材料成本差异，将发出材料的计划成本调整为实际成本。对于期末库存材料，应以实际成本反映在资产负债表上。采用实际成本进行材料日常核算的企业，发出材料的实际成本，可采用先进先出法、加权平均法、移动平均法、个别计价法、后进先出法等方法计算确定，对于不同的材料，可以采用不同的计价方法，材料计价方法一经确定，一般不应经常变动。

三、材料费用的分配

（一）生产产品使用材料费用的分配

对于用于产品生产并构成产品主要实体或有助于产品形成的各种材料，其材料费用分配原则是直接材料费用直接计入、间接材料费用分配计入各成本计算对象的“直接材料”成本项目。直接材料费用是指直接为生产某一种产品所耗用的材料，并能直接确定其归属对象。而间接材料费用是指几种产品共同耗用的某种材料，不能直接确定其归属对象，需采用简便合理的方法在几种产品中进行分配。分配方法的简便，是指作为分配标准的资料比较容易取得，并且应尽量采用单一标准，避免采用复合标准；分配方法的合理性是指所采用的分配方法、分配标准，应同各个成本计算对象负担的费用成正比例的因果关系。

（二）生产车间和行政管理部门一般耗用材料费用的分配

生产车间和行政管理部门一般耗用的材料，其材料费用应分别计入“制造费用”和“管理费用”的相关项目中。另外，对于直接用于生产各种产品的材料，如果数量较少，金额较小，根据重要性原则，可以采用简化的分配方法，即全部计入“制造费用”，以省去一些复杂的计算分配工作。

（三）材料费用的分配

实际工作中，材料费用的分配是采取编制“材料费用分配表”的方式进行的。“材料费用分配表”可先按各生产车间和部门分别编制，然后，全厂合并编制一张“材料费用汇总分配表”。

材料费用具体分配的过程。生产过程中的材料费，先按发生的地点和用途进行归集，然后采用适当的方法进行分配。平时领用材料使用的原始凭证主要包括：领料单、限额领料单等，根据情况选择一种领料凭证。月末，将领料凭证按车间、部门进行汇总，编制“材料费用分配表”，进行材料费的分配。具体内容如下。

（1）直接用于产品生产、构成产品实体的原料和主要材料，通常分产品领用，专门设有“原材料”或“直接材料”成本项目，可根据领料凭证直接计入某种产品成本的“直接材料”或“原材料”成本项目。

（2）几种产品共同耗用的原料，应采用适当的分配方法，分配计入各有关产品成本的“直接材料”或“原材料”成本项目。原料和主要材料费用的分配标准一般是按产品的重量比例、体积比例分配。如果难于确定适当的分配方法，或者作为分配标准的资料不易取得，而原料或主要材料的消耗定额比较准确，可以按照材料的定额消耗量或定额费用比例分配。

（3）生产车间和行政管理部门一般耗用的材料，应分别记入“制造费用”和“管理费用”的相关项目中。

例3-1 某企业2015年5月份，发生领料业务若干笔。5月31日，根据“领料单”和“限额领料单”，编制该企业的“材料费用分配表”如表3.1所示。要求，根据“材料费用分配表”，编制分配材料费进有关成本费用账户的会计分录，说明根据“材料费用分配表”应该登记的成本费用明细账有哪些。

根据“材料费用分配表”见表3.1，编制会计分录。

分录：借：生产成本——基本生产成本　　360 000

　　　　　　　　——辅助生产成本　　100 000

　　　　制造费用　　20 000

　　　　管理费用　　15 000

　　　　贷：原材料　　495 000

根据“材料费用分配表”登记有关明细账：登记第一车间的甲产品“产品成本计算单”240 000元、第一车间的乙产品“产品成本计算单”120 000元，同时登记第一车间的“基本生产成本明细账”360 000元，登记的成本项目为“直接材料”；登记第一车间的“制造费用明细账”9 000元，登记在“材料费”费用栏目；登记第二车间的“制造费用明细账”5 000元，登记在“材料费”费用栏目；登记第三车间的“制造费用明细账”6 000元，登记在“材料费”费用栏目；登记机修车间的“辅助生产成本明细账”52 000元，登记在“材料费”费用栏目；登记蒸汽车间的“辅助生产成本明细账”48 000元，登记在“材料费”费用栏目；登记“管理费用明细账”15 000元（该明细账和成本计算无关系），登记在“材料费”费用栏目。

表3.1　　材料费用分配表

2015年5月　　单位：元

领料用途		直接领用	共同耗用			耗料合计
			产品定额耗料量	分配率	金额	
第一车间	生产甲产品	200 000	4 000		40 000	240 000
	生产乙产品	100 000	2 000		20 000	120 000
	小计	300 000	6 000	10	60 000	360 000
	一般耗用					9 000
第二车间	一般耗用					5 000
第三车间	一般耗用					6 000
机修车间						52 000
蒸汽车间						48 000
厂部管理部门						15 000
合计						495 000

四、几种产品共同耗用材料的材料费用分配办法

对于生产过程中，几种产品共同耗用的材料费，需要选择一定的分配标准，在各种产品之间进行分配，如表3.1中甲、乙产品共同耗用的60 000元材料费，一般选择产品的定额耗料量为分配标准进行分配。

（一）费用分配的一般原理

（1）确定分配对象。

（2）确定分配标准，以什么为参照物来分。

（3）计算分配率。分配率＝分配对象÷分配标准＝应分配的费用或消耗量÷分配标准总和。

（4）分配。某对象应负担的费用或消耗量＝该对象的分配标准×分配率＝应分配的费用或消耗量×该对象的分配标准/分配标准总和。

（二）费用分配的标准

（1）成果类。一般以重量、体积、产量、产值为分配标准。

（2）消耗类。一般以生产工时、工资费用、原材料消耗量、原材料费用为分配标准。

（3）定额类。一般以定额消耗量、定额费用为分配标准。

（三）分配方法

1. 定额消耗量比例分配法

定额消耗量比例分配法是按各种产品原材料消耗定额比例分配材料费的一种方法，它一般在各项材料消耗定额健全且比较准确的情况下采用。消耗定额是单位产品可以消耗的数量限额。定额消耗量是指一定产量下按照消耗定额计算的可以消耗的数量，费用定额和定额费用是消耗定额和定额消耗量的货币表现。

分配材料费用的计算程序有 2 种：按材料定额消耗量分配材料费用；在各种产品共同耗用原材料的种类较多的情况下，为简化分配计算工作，可以按照各种材料的定额费用的比例分配材料实际费用。

第 1 种方法：

（1）计算各产品的定额消耗量。

某产品的定额消耗量＝该产品实际产量×该产品单位定额耗料量

（2）计算分配率。

分配率＝原材料的实际耗用量÷Σ各产品定额耗料量

（3）计算各产品应分配的实际消耗量。

某产品应分配的实际消耗量＝该产品定额耗料量×分配率

（4）计算各产品应分配的实际费用。

某产品应分配的材料费＝该产品的实际耗料量×材料单价

例3-2 某企业生产甲、乙两产品，共耗用a材料840千克，单价3元/千克；甲、乙两种产品的实际产量分别为200件、300件，甲、乙两种产品单位定额耗料量分别为1千克/件、2千克/件。

解答：

分配对象：共耗用a材料量＝840（千克）

分配标准：甲、乙两种产品实际产量的定额耗用量

甲＝200件×1公斤/件＝200（千克）　　乙＝300件×2公斤/件＝600（千克）

分配率＝840÷（200＋600）＝1.05

分配：甲产品分配的材料量＝200×1.05＝210（千克）

　　　乙产品分配的材料量＝600×1.05＝630（千克）

则：甲产品应分配的材料费＝210×3＝630（元）

　　乙产品应分配的材料费＝630×3＝1 890（元）

这种计算程序是先按材料定额消耗量分配计算各种产品的材料实际消耗量，再乘以材料单价，计算各该产品的实际材料费用，这样分配可以考核材料消耗定额的执行情况，有利于进行材料消耗的实物管理，本例中甲产品生产200件，按照定额应该耗用200千克材料，而甲产品实际消耗210千克。本例中甲、乙产品实际消耗的材料量都超过了定额。但分配计算的工作量较大，为了简化分配计算工作，也可以按材料定额消耗量的比例直接分配材料费用。

第 2 种方法：

（1）计算各产品的定额消耗量。

某产品的定额消耗量＝该产品实际产量×该产品单位定额耗料量

（2）计算分配率。

分配率＝原材料的实际耗用金额÷Σ各产品定额耗料量

（3）计算各产品应分配的实际消耗金额。

某产品应分配的实际消耗额＝该产品定额耗料量×分配率

按照例 3-2，分配结果如下：

分配对象：共耗用 a 材料费用＝840 千克×3 元/千克＝2 520（元）

分配标准：甲、乙两种产品实际产量的定额耗料量

甲＝200 件×1 千克/件＝200（千克）

乙＝300 件×2 千克/件＝600（千克）

分配率＝2 520÷（200＋600）＝3.15

分配：甲分配的材料费＝200×3.15＝630（元）

乙分配的材料费＝600×3.15＝1 890（元）

2. 定额成本比例法

定额成本比例法是按照产品的直接材料定额成本分配材料费用的一种方法，它一般适用于几种产品共同耗用几种材料的情况。

某产品的定额成本＝该产品实际产量×该产品单位定额成本

材料费用分配率＝各种产品耗用材料的实际费用总额÷各产品原材料的定额成本总额

某产品应分配的材料费用＝该产品原材料的定额成本×材料费用分配率

例3-3 某企业生产甲、乙两种产品，共同领用A、B两种主要材料，共计37 620元。本月投产甲产品150件，乙产品120件。甲产品材料消耗定额：A材料6千克，B材料8千克；乙产品材料消耗定额：A材料9千克，B材料5千克。A材料单价10元，B材料单价8元。计算分配原材料费用。

解答：

（1）甲、乙产品材料定额成本。

甲产品：A材料定额成本＝150×6×10＝9 000（元）

B材料定额成本＝150×8×8＝9 600（元）

甲产品材料定额成本合计　　18 600（元）

乙产品：A材料定额成本＝120×9×10＝10 800（元）

B材料定额成本＝120×5×8＝4 800（元）

乙产品材料定额成本合计　　15 600（元）

（2）材料费用分配率。

材料费用分配率＝37 620/（18 600＋15 600）＝1.1

（3）甲、乙产品应分配的实际材料费用。

甲产品：18 600×1.1=20 460（元）

乙产品：15 600×1.1=17 160（元）

3. 产品重量比例分配法

产品重量比例分配法是按照各种产品的重量比例分配材料费用的一种方法。这种方法一般适用于产品所耗用材料的多少与产品重量有直接联系的情况。

材料费用分配率＝材料实际总耗用量×材料单价÷各种产品重量之和

某产品应分配的材料费用＝该产品的重量×材料费用分配率

4. 产品产量比例分配法

产品产量比例分配法是按产品的产量比例分配材料费用的一种方法，当产品的产量与其所耗用的材料有密切联系的情况下，可采用这种方法分配材料费用。

材料费用分配率＝材料实际总耗用量×材料单价÷各种产品产量之和

某产品应分配的材料费用＝该产品产量×材料费用分配率

第三节 外购动力费用分配的核算

一、外购动力费用的归集

外购动力费用是指企业从外单位购入的电力、蒸汽等动力费用。外购动力应根据其使用的数量，向供应单位支付款项。一般情况下，使用的外购动力都有仪器仪表计量。在支付外购动力费用时，应根据仪器仪表上记录的耗用数量、规定的价格向提供动力的单位支付款项。以支付款项的凭证编制记账凭证，作为外购动力费用分配的依据。

外购动力费用的核算一般分为两种情况：一种情况是每月支付动力费用的日期基本固定，而且每月付款日到月末的应付动力费用相差不多，将每月支付的动力费用作为应付动力费用，在付款时直接借记各成本、费用账户，贷记“银行存款”账户；另一种情况是要通过“应付账款”账户核算，即在付款时先作为暂付款处理，借记“应付账款”账户，贷记“银行存款”账户，月末按照外购动力的用途分配费用时再借记各成本、费用账户，贷记“应付账款”账户，冲销原来记入“应付账款”账户借方的暂付款。“应付账款”账户借方所记本月所付动力费用与贷方所记本月应付动力费用，往往不相等。如果是借方余额，为本月支付款大于应付款的多付动力费用，可以抵冲下月应付费用；如果是贷方余额，为本月应付款大于支付款的应付未付动力费用，可以在下月支付。

二、外购动力费用的分配

在有仪表记录的情况下，外购动力费用的分配应根据仪表所示耗用动力的数量以及动力的单价计算；在没有仪表记录的情况下，可按生产工时比例、机器工时比例、定额耗电量比例分配。

外购动力费用的分配是通过编制“外购动力费用分配表”进行的。基本生产车间直接用于产品生产的动力费用，应直接计入“基本生产成本”账户和所属有关“产品成本计算单”的借方。对于几种产品共同耗用的动力费用，还应按各种产品的定额工时或实际工时为分配标准进行分配；直接用于辅助生产的动力费用，用于基本生产车间一般耗用的动力费用、用于企业管理部门组织和管理活动的动力费用，则应分别计入“辅助生产成本”“制造费用”和“管理费用”账户和所属明细账的借方。外购动力费用总额应根据有关转账凭证或付款凭证计入“应付账款”或“银行存款”账户的贷方。

具体内容如下：外购动力可以按照实际耗用量进行分配（需要安装动力表）、也可以按照实际的工时数量加以分配。

向企业以外的单位购买电力、蒸汽等动力，各个车间、部门的动力用电、照明用电都装有电表，有仪表记录，按仪表计量的耗用量乘以单价计算。直接用于基本生产车间产品生产的动力直接计入“基本生产成本明细账”和“产品成本计算单”的“燃料及动力”（或“其他直接支出”）成本项目；直接用于辅助车间生产产品耗用的动力费用计入“辅助生产成本明细账”的“水电费”费用项目，基本生产车间和辅助生产车间照明用电的电费计入“制造费用明细账”的“水电费”费用项目（辅助车间只生产一种产品、提供一种服务时，一并登记“辅助生产成本明细账”），行管部门的用电费计入“管理费用明细账”的“水电费”费用项目。

如果生产产品的动力用电，不按产品分别安装电表，无仪表记录时，应该按生产工时、机器工时、定额消耗量比例在各种产品之间进行分配。其程序和方法与材料费用分配基本相同。有关分配公式如下。

电力费用分配率＝电力费用总额÷各部门、车间用电度数之和

各个车间部门照明、生产产品用电费用＝计量的用电量×电力费用分配率

某车间生产用电费用分配率＝该车间生产用电费用÷该车间各产品生产工时（机器工时等）之和

某产品应分配的用电费用＝该产品生产工时（机器工时等）×某车间生产用电费用分配率

例3-4　某企业2015年5月本月共耗用外购电费36万元，用电量为90万千瓦/小时。其中：第一基本生产车间生产A、B两种共耗用75万千瓦/小时；第一基本生产车间管理部门耗用5万千瓦/小时；辅助车间耗用8万千瓦/小时；管理部门耗用2万千瓦/小时。另外A、B两种产品定额工时分别为50 000小时、30 000小时。

解答：

1. 计算电费成本

计算每千瓦/小时电费成本＝36÷90＝0.4（元/千瓦/小时）

2. 分配

生产A、B两种产品共耗电75×0.4＝30（万元），车间管理部门耗用5×0.4＝2（万元）

辅助车间耗用8×0.4＝3.2（万元），管理部门耗用2×0.4＝0.8（万元）

3. 分配A、B两种产品耗用电费

分配率＝300 000÷（50 000＋30 000）＝3.75（元/工时）

A产品耗用＝50 000×3.75＝187 500（元）

B产品耗用＝30 000×3.75＝112 500（元）

4. 编制“外购动力费分配表”

实际工作中，外购动力费的分配通过“外购动力费分配表”进行的。根据例3的资料，编制“外购动力费分配表”（见表3.2）。要求，根据“外购动力费分配表”编制会计分录、登记有关明细账。

表 3.2 外购动力费用分配表

2015 年 5 月 单位：元

分配对象		成本项目	耗用数量（千瓦/小时）	分配标准（定额工时）	分配率	分配金额
第一车间	A	燃料及动力		50 000		187 500
	B	燃料及动力		30 000		112 500
	小计		750 000	80 000	3.75（元/小时）	300 000
	一般耗用	水电费	50 000			20 000
机修车间耗用		水电费	80 000			32 000
管理部门耗用		水电费	20 000			8 000
合计			900 000		0.4（元/小时）	360 000

根据“外购动力费分配表”，编制会计分录。

分录：借：生产成本——基本生产成本　　300 000
　　　　　　　——辅助生产成本　　32 000
　　　　制造费用　　20 000
　　　　管理费用　　8 000
　　　贷：应付账款（银行存款）　　360 000

根据“外购动力费分配表”登记有关明细账。登记第一车间的A产品“产品成本计算单”187 500元，登记第一车间的B产品“产品成本计算单”112 500元，同时登记第一车间的“基本生产成本明细账”300 000元，登记在“燃料及动力（或其他直接支出）”成本项目；登记第一车间的“制造费用明细账”20 000元，登记在“水电费”费用项目；登记机修车间的“辅助生产成本明细账”32 000元，登记在“水电费”费用项目；登记 “管理费用明细账”8 000元（该明细账和成本计算无关系）登记在“水电费”费用项目。

第四节 工资费用的核算

一、职工薪酬的组成

职工薪酬是企业因职工提供服务而支付或放弃的所有代价，包括以下内容。

（1）职工工资、奖金、津贴、补贴。指各单位在一定时期内直接支付给本单位全体职工的全部劳动报酬总额。国家对工资总额的组成有统一规定，工资总额由下列六个部分组成：计时工资、计件工资、奖金、津贴和补贴、加班加点工资，特殊情况下支付的工资。

（2）职工福利费。

（3）医疗保险费、养老保险费等社保费。

（4）住房公积金。

（5）工会经费、职工教育经费。

（6）非货币性福利。

（7）解除劳动关系补偿。

（8）其他支出。

二、工资核算的基础工作

工资是企业对职工个人消费品分配的基本形式，加强工资费用的核算，可以正确衡量职工的劳动数量和质量，调动职工生产的积极性，执行按劳分配的原则；同时，工资又是产品成本和期间费用的重要组成部分，加强对工资费用的核算，对于不断降低产品成本，提高企业的经济效益，也有着十分重要的意义。

（一）工资的内容

1. 工资费用内容

工资费用包括计时工资、计件工资、奖金、津贴和补贴、加班加点工资、特殊情况工资等。上述各项目计算出来后，就是应付每位职工的薪酬，即应付职工薪酬。应付职工薪酬扣除企业为职工代扣代缴的各种款项，其余额即为实发工资。代扣款项是指企业从职工工资中扣除代为交纳的各种款项，如房租费、水电费等。代扣款项应根据有关部门转来的扣款通知单等资料进行计算。

2. 奖金的计算

奖金是指对职工的超额劳动，在标准工资以外支付给职工的物质奖励性质的劳动报酬。奖金包括生产奖、节约奖、劳动竞赛奖以及其他奖金。奖金应根据国家的有关规定和企业内部的奖励标准进行计算。

3. 津贴和补贴的计算

津贴和补贴是指为了补偿职工特殊或额外的劳动消耗和其他特殊原因支付给职工的津贴，以及为了保证职工工资水平不受物价影响而支付给职工的物价补贴等。津贴和补贴应按国家规定的种类和标准计算。

4. 加班加点工资的计算

加班加点工资是指按规定支付给职工的加班工资和加点工资。加班加点工资应按日工资（或小时工资）乘以加班加点天数（或小时）及国家规定的支付标准（系数）计算。

加班加点工资＝加班加点天数×日工资×规定的支付标准（系数）

在正常工作时间外加班加点应按标准工资的150%计算（系数为1.5）；

在双休日，应按标准工资的200%计算（系数为2）；

在法定节假日，应按标准工资的300%计算（系数为3）。

5. 特殊情况下支付工资的计算

特殊情况下支付的工资是指根据国家法律法规和政策规定，职工因病、工伤、产假、婚假、事假、探亲假等原因企业按规定支付的工资。特殊情况下支付的工资应按国家规定的标准和考勤记录计算。其中职工因病或非因公负伤连续医疗期间在6个月以内或超过6个月时，规定了不同的病假支付标准。因此，计算应付病假工资时，应按规定的比例计算。

计算公式为：应付病假工资＝病假天数×日工资×支付比例

如职工高峰本月份病假4天，高峰工龄为5年，日工资为100元，按规定病假工资为本人标准工资的80%；高峰的病假工资为：4×100×80%＝320（元）

（二）工资核算的原始记录

为了正确地计算和分配工资费用，应做好工资费用核算的各项基础工作。企业应根据自身的特点和管理的要求，确定工资核算所需原始凭证的种类、格式、登记方法以及传递程序。工资费用核算的各项原始记录主要有考勤记录和产量记录。考勤记录和产量记录包括工资卡、考勤记录（出勤、缺勤）、产量记录（产品数量、质量、工时数）。

1. 考勤记录

考勤记录是登记职工出勤和缺勤情况的记录。考勤记录是计算职工工资的重要记录，企业的考勤记录一般分车间、班组、科室分别进行。考勤记录应由考勤人员根据职工出勤和缺勤情况进行逐日登记。除了反映出勤和缺勤情况以外，还应反映出勤时间分析、缺勤时间分析等内容。考勤记录在月末经财会部门审核后，作为计算计时工资的依据。考勤记录的格式见表 3.3。

表 3.3 考勤记录表

2015 年 5 月

部门：第一车间

编号	姓名	工资等级	出勤					缺勤						加班		
			1	2	3	略	合计	病假	事假	旷工	婚假	产假	合计	八小时外	节假日	其他
						…										
						…										

2. 产量记录

产量记录是反映工人或班组在出勤时间内生产产品的产量和耗用生产工时的记录。产量记录不仅是计算计件工资的依据，同时，也是统计产量和生产工时的依据。产量记录应提供产量、合格品产量、废品产量、工时等资料。

生产车间的工艺过程和生产组织的特点以及产品的性质不同，产量记录的具体内容与编制程序也不一样：（1）在单件小批生产的企业里，一般采用“工作通知单”作为产量记录，“工作通知单”的格式见表 3.4，由于它不能反映被加工产品连续加工过程，所以不适用于成批生产的企业；（2）在成批生产类型的企业里，一般采用“工序进程单”作为产量记录。“工序进程单”一般按每批产品的整个工艺过程设立，用以分配生产任务，并同时用来记录产品的加工进程，其格式见表 3.5。但“工序进程单”不能满足企业统计产量和计算工资的要求，因而还需设置“工作班产量记录”，其格式见表 3.6。

表 3.4 工作通知单

2015 年 5 月

工作号令			车间				工段				小组			姓名				工号			等级		
8506			一车间				一工段				一小组			张 峰				850612			6 级		
产品或定单号	零件编号	工序	机床号	工作等级	计量单位	数量	单定额位工时	总定额工时	开工时间	完工时间	实用工时	交验数量	合格数量	返修数量	工废数量	料废数量	缺额	检查员号	废品通知单	计件单价	合格品工资	废品工资	合计

表 3.5　　　　工序进程单

2015 年 5 月

车间名称			工段		产品型号			部件及零件编号及名称						投产数量	
一车间			一工段		6 号			0015 法兰盘						30	
机床号	任务完成情况							检查结果							
	姓名	工序	数量	工时定额	开工日期	开工时间	实际工时	交验数	合格数	返修数	工废数	料废数	缺额	检查员	工作班产量记录编号

表 3.6　　　　工作班产量记录

班组：一车间第 2 小组　　　　2015 年 5 月

工人			工作任务						检查结果										工资			
工号	姓名	等级	加工进程单编号	产品型号	零件编号	工序	发给加工数量	工时定额	交验数量	合格数量	退修数量	工废数量	料废数量	短缺数量	未加工数	定额总工时	实际工时	检验员	计件单价	合格品工资	废品工资	工资合计

（三）工资的计算

这里主要讲述计时工资、计件工资的计算，其他内容前面已经讲述。

1．计时工资

计时工资是根据考勤记录登记的每一职工出勤或缺勤日数，按照规定的工资标准计算的，工资标准按其计算的时间不同，有按月计算的，按日计算的或按小时计算的。

（1）月薪制

月薪制是指按职工固定的月标准工资扣除缺勤工资计算其工资的一种方法。采用月薪制时，只要职工满勤，不论该月份是多少天数，都可以得到固定的月标准工资。如果出现缺勤，则应从月标准工资中将缺勤工资予以扣除。

计算公式：

应付工资＝月标准工资－缺勤工资（缺勤天数×日工资）

日工资的计算方法：①按全年平均每月工作天数计算

②按当月满勤天数计算

③按全年平均日历天数计算

① 按全年平均每月工作天数计算

日工资＝月标准工资÷全年平均每月工作天数

全年平均每月工作天数＝（全年日历天数－全年双休日天数－全年节假日天数）÷12

注意：双休日、节假日不含工资的因素，双休日、节假日不发工资，请假天数包括双休日、节假日时，不算缺勤天数，不扣工资。

例3-5 3月份，张青缺勤星期五、六、日、一共4天，张青的月标准工资为50 00元，计算应付工资为多少？

解答：全年平均每月工作天数＝（365－104－11）÷12＝20.83（天）

日工资＝5 000÷20.83　　应付工资＝5 000－2×（5 000÷20.83）＝4 519.92

② 按当月满勤天数计算

日工资＝月标准工资÷当月满勤天数

当月满勤天数＝当月日历数－当月双休日－当月节假日

注意：由于每月的满勤天数不一定相同，所以每月计算日工资也不一定相同。由于双休日、节假日不发工资，缺勤也不扣工资。

例3-6 4月份，王新缺勤6天（含双休日2天），王新月标准工资8 000元，计算应付工资为多少？

解答：4月份满勤天数为：30－8＝22（天）

应付工资＝8 000－4×（8 000÷22）＝6 545.45（元）

③ 按全年平均每月日历天数计算

日工资＝月标准工资÷全年平均每月日历天数

全年平均每月日历天数＝365÷12＝30（天）

注意：由于双休日、节假日照发工资，缺勤也照扣工资

按例 3-6 4 月份，王新缺勤 6 天（含双休日 2 天），王新月标准工资 8 000 元，计算应付工资为多少？

解答：日工资＝8 000÷30＝266.67（元）　应付工资＝8 000－6×（8 000÷30）＝6 400（元）

（2）日薪制

日薪制是指按职工实际出勤日数和日工资计算其应付工资的一种方法。计算公式：

应付工资＝实际出勤天数×日工资（此时日工资采用全年平均每月工作天数计算）

例3-7 根据5月份考勤表记录，职工王芳本月实际出勤18天，王芳的月标准工资为5 000元，计算应付工资为多少？

解答：日工资＝5 000÷20.83＝240.04　　应付工资＝18×（5 000÷20.83）＝4 320.72

2. 计件工资

计件工资属于直接计入费用，应根据工资结算单直接计入某种产品成本的成本项目，包括个人计件工资和集体计件工资的计算。计件工资直接计入各产品成本中的“直接人工”项目。

（1）个人计件工资（该产品可由个人独立完成）

计件工资＝Σ月内每种产品（合格品数量＋料废数量）×该产品计件单价

计件单价＝该产品单位定额工时×该产品等级工人的小时工资率

例3-8 王强本月完成甲产品50件（其中料废、工废分别为5和4件）该产品单位定额工时10工时/件，该工人的小时工资率2元/小时，计算王强的计件工资。

解答：计件单价＝10×2＝20（元/件）　　计件工资＝（41＋5）×20＝920

（2）集体计件工资（该产品需由几个人合作完成）

一般需要先计算集体计件工资总额，再选择分配标准，将集体计件工资总额在每个人之间进行分配，计算每个人的应付工资。分配标准有两种，一种是实际工作天数（或工作小时数），适用于等级差别不大的情况；一种是计时工资比例，适应等级差别大的情况。

集体计件工资总额

＝Σ月内每种产品（合格品数量＋料废数量）×该产品计件工资单价件

将集体计件工资总额在每个人之间进行分配，计算每个人的应付工资。

① 按实际工作天数（适应等级差别不大）

分配对象：集体计件工资总额

分配标准：职工实际工作天数（小时）

分配率：集体计件工资总额÷Σ某职工实际工作天数

某个职工应分配的工资＝该职工的实际工作天数×分配率

例3-9　某组有等级相同的生产工人A、B、C三名，共生产甲产品100件，计件单价60元/件，工作小时数分别为100、120、80小时。要求，计算生产工人A、B、C的计件工资。

解答：分配率＝（100×60）÷（100＋120＋80）＝20（元/小时）

A的工资＝100×20＝2 000（元），B的工资＝120×20＝2 400（元），C的工资＝80×20=1 600（元）

② 按计时工资的比例（适应等级差别大）

分配对象：集体计件工资总额

分配标准：职工计时工资总额（该等级工人的小时工资率×实际工时）

分配率：集体计件工资总额÷Σ某职工计时工资总额

某个职工应分配的工资＝该职工的应付计时工资×分配率

例3-10　某组共有甲、乙、丙三名工人，小时工资率分别为10元/小时、20元/小时、30元/小时，实际工作小时分别为100小时、80小时、120小时，共完成产品100件，计件单价68.2元。要求，计算生产工人甲、乙、丙的计件工资。

解答：计算集体计件工资总额＝100×68.2＝6 820（元）

分配率＝6 820÷（10×100＋20×80＋30×120）＝1.1

甲的计件工资总额＝10×100×1.1＝1 100（元）

乙的计件工资总额＝20×80×1.1＝1 760（元）

丙的计件工资总额＝30×120×1.1＝3 960（元）

三、工资的分配

在实际工作中，应付工资、代扣款项及实发工资等，是通过编制“职工工资单”（见表 3.7）进行的。“职工工资单”应按车间、部门进行编制，以便反映每个职工工资的详细情况，并作为企业与职工工资结算的原始记录。财务部门应根据各车间、部门“职工工资单”，汇总编制“工资结算汇总表”（见表 3.8），作为应付职工工资的依据。

直接进行产品生产的生产工人工资，专门设有“直接人工”或“工资及福利费”成本项目。其中计件工资属于直接计入费用，应根据“工资结算汇总表”直接计入某种产品成本的这一成本项目；计时工资属于间接计入费用，应按产品的生产工时比例，分配计入各有关产品成本的该成本项目；奖金、津贴补贴，以及特殊情况下支付的工资等，应按直接计入的工资比例或生产工时比例，分配计入各有关产品成本的该成本项目。

对于同时生产几种产品的生产工人工资费用的分配，应当按产品的生产工时比例分配，这样做的好处是能够将产品所分配的工资费用与劳动生产率联系起来。如果取得各种产品的实际生产工时数据比较困难，而各种产品的单件工时定额比较准确，也可以按产品的定额工时（产品数量与工时定额的乘积）比例分配工资费用。

工资费用分配率＝生产工人工资总额÷Σ某种产品生产工时（实际或定额工时）×100%

某种产品应负担的工资费用＝工资费用分配率×该产品生产工时（实际或定额工时）

在进行费用分配时，基本车间直接进行产品生产的生产工人工资，计入“基本生产成本明细账”和所属“产品成本计算单”的“直接人工”成本项目的借方；基本车间车间管理人员的职工工资，计入“制造费用明细账”的“人工费”费用项目；辅助车间所有人员的工资记入“辅助生产成本明细账”的“人工费”项目（辅助车间只提供一种产品）；行政管理部门人员的工资计入“管理费用明细账”的“人工费”项目；专设的销售部门人员的工资计入“销售费用明细账”的“人工费”项目；用于固定资产购建等工程的工资计入“在建工程明细账”的“人工费”项目；6 个月以上病假人员的工资作为劳动保险费，计入“管理费用明细账”的“劳动保险费”项目。已分配的工资总额，应计入“应付职工薪酬”账户的贷方。

具体来说，工资费用的分配过程为：月末先按车间、部门编制“职工工资单”（见表 3.7），然后汇总编制全厂的“工资结算汇总表”（见表 3.8）。根据“工资结算汇总表”进行工资费用分配。另外，根据“工资结算汇总表”，一方面编制会计分录准备登记总账，另一方面登记有关明细账。

1. 职工工资单

“职工工资单”应按车间、部门进行编制，以便反映每个职工工资的详细情况，并作为企业与职工工资结算的原始记录。

表 3.7　　职工工资单

车间：铸造车间　　2015 年 5 月　　单位：元

职工	月标准工资	日工资	缺勤工资	计时工资	计件工资	奖金	津贴补贴	加班加点	特殊情况	应付工资	房租水电	托儿费	实发工资
王强													
合计													

2. 工资结算汇总表

财务部门根据各车间、部门“职工工资单”，汇总编制“工资结算汇总表”（见表 3.8）。

表 3.8 工资结算汇总表

2015 年 5 月 单位：元

部门		月标准工资	日工资	缺勤工资	计时工资	计件工资	奖金	津贴补贴	加班加点	特殊情况	应付工资	房租水电	托儿费	实发工资
第一车间	甲													
	乙													
	小计													
	车间													
第二车间	产品													
	车间													
机修车间														
蒸汽车间														
管理部门														
合计														

根据需要，如果几种产品生产工人的工资分不清时，还需要选择分配标准进行分配，并编制“工资结算明细分配表”（见表 3.9），例如表 3.8 中第二车间生产工人的工资就需要分配。

表 3.9 工资结算明细分配表

2015 年 5 月

产品	分配标准（工时）	分配率	金额（元）
A			
B			
合计			

3. 编制会计分录

根据“工资结算汇总表”编制会计分录，准备登记总账。

借：生产成本—基本生产成本

　　生产成本—辅助生产成本

　　制造费用

　　管理费用

　　销售费用

　　贷：应付职工薪酬—工资

4. 登记有关明细账

根据“工资结算汇总表”登记有关明细账，具体方法可参考“材料费用分配表”登记有关明细账的内容。

四、其他职工薪酬的分配

其他职工薪酬包括：职工福利费、医疗保险费、养老保险费等社保费、住房公积金、工会经费、职工教育经费。其他职工薪酬按工资总额一定比例提取，按受益对象计入相关成本费用中。

第五节 折旧费用的核算

一、固定资产折旧费的归集

折旧费的归集是通过编制各车间、部门“折旧费用计算明细表”，进而汇总编制全厂的“折旧计算汇总表”进行的。各车间、部门“折旧计算明细表”应根据月初计提折旧固定资产的有关资料和确定的折旧计算方法编制。

根据规定，月份内开始使用的固定资产，当月不提折旧，从下月起计提折旧；月份内减少或者停用的固定资产，当月仍计提折旧，从下月起停止计提折旧。

（1）计提折旧的依据：①原值（重置价值）；②预计使用年限；③净残值。

（2）折旧范围：①房屋、建筑物；②在用的机器设备、仪器仪表、运输工具等；③季节性停工和大修理停工的固定资产；④融资租入和经营租出的固定资产。

（3）折旧的计提范围：未使用和不需要的固定资产，以及以经营租赁方式租入的固定资产（不是自有固定资产）不计算折旧；房屋和建筑物由于有自然损耗，不论使用与否都应计算折旧；已经计足折旧超龄使用的固定资产不再计算折旧；提前报废的固定资产，不补计折旧，其未计足折旧的净损失应计入营业外支出。

（4）折旧方法：①平均年限法；②工作量法；③双倍余额递减法；④年数总和法。

我国目前采用的折旧计算方法，主要是使用年限法和工作量（或工作时数）法。此外，我国会计制度还允许采用双倍余额递减法、年数总和法等加速折旧法。

企业除有固定资产增减变化和使用工作量法计算折旧外，在年度内各月份的折旧额是相等的。

二、固定资产折旧费的分配

固定资产折旧费用的分配一般通过编制“固定资产折旧费用计算表”（见表 3.10）进行。月末，一般按固定资产使用的车间、部门分别编制“固定资产折旧费用计算表”，然后汇总成一张“全厂固定资产折旧费用计算表”（见表 3.11）。

表 3.10　　固定资产折旧费用计算表

车间：铸造车间　　2015 年 5 月　　单位：元

固定资产类别	月折旧率（平均年限法）	上月折旧额	上月增加的固定资产原价	上月减少的固定资产原价	应增应减折旧额	本月折旧额
×设备	2‰	3 000	400 000	300 000	+200	3 200
合计						14 148

根据“固定资产折旧费用计算表”，一方面编制会计分录准备登记总账，另一方面登记有关明细账，基本车间的固定资产折旧计入基本车间“制造费用明细账”；辅助车间的折旧费用计入“辅

助生产成本明细账”（辅助车间只提供一种产品）；行政管理部门的折旧费用计入“管理费用明细账”；租出固定资产应提的折旧费，应计入“其他业务成本”。销售部门应提取的折旧费，应计入“销售费用”。

表 3.11 全厂固定资产折旧费用计算表

2015 年 5 月

部门	应借科目	本月折旧额（元）
基本车间		
辅助车间		
厂部		
合计		

根据“全厂固定资产折旧费用计算表”编制会计分录准备登记总账。

借：制造费用

　　生产成本—辅助生产成本（或制造费用）

　　管理费用

　　贷：累计折旧

根据各车间、部门“固定资产折旧费用分配表”登记有关明细账。基本车间的固定资产折旧计入基本车间“制造费用明细账”的“折旧费”项目；辅助车间的折旧费用计入“辅助生产成本明细账”的“折旧费”项目（辅助车间只提供一种产品）；行政管理部门的折旧费用计入“管理费用明细账”的“折旧费”项目。折旧总额应计入“累计折旧”账户的贷方。

第六节 其他费用的核算

其他费用是指除了前面所述各生产费用要素以外的费用，包括生产车间的邮电费、租赁费、印刷费、图书资料报刊办公用品订购费、试验检验费、排污费、差旅费、误餐补助费、交通费补贴、保险费、职工技术培训费等。车间的其他费用基本上为车间的间接费用。

本月有关其他费用的凭证不多时，据原始凭证编制“记账凭证”，直接登记有关明细账。

如果本月凭证较多时，据原始凭证编制“其他费用分配表”（见表 3.12），根据“其他费用分配表”编制“记账凭证”并登记有关明细账。

表 3.12 其他费用分配表

2015 年 5 月　　单位：元

分配对象	办公费	保险费	差旅费	修理费	合计
基本车间	280	800		700	1 780
蒸汽车间	160	640	240		1 040
机修车间	260	580		320	1 160
厂部	460	400	2 600		3 460
合计	1 160	2 420	2 840	1 020	7 440

据表 3.12“其他费用分配表”，编制会计分录。

借：制造费用　　　　1 780

　　生产成本—辅助生产成本　　　　2 200

　　管理费用　　　　3 460

　　贷：库存现金等　　　　7 440

根据“其他费用分配表”（表 3.12）登记有关明细账。基本车间的其他费用计入“制造费用明细账”的“办公费”等项目；辅助车间的其他费用计入“辅助生产成本明细账”的“办公费”等项目；行政管理部门的其他费用计入“管理费用明细账”的“办公费”等项目。总额应计入“银行存款（库存现金）”账户的贷方。

课后练习

一、单项选择题

1．几种产品共同耗用的原材料费用，属于间接计入费用，应采用的分配方法是（　　）。

A．计划成本分配法　　B．材料定额费用比例分配法

C．工时比例分配法　　D．代数分配法

2．下列关于“基本生产成本”科目的描述，正确的是（　　）。

A．完工入库的产品成本记入该科目的借方

B．该科目的余额代表在产品成本

C．生产所发生的各项费用直接记入该科目的借方

D．该科目应按产品分设明细账

3．生产工人工资比例分配法适用于（　　）。

A．季节性生产的车间

B．工时定额较准确的车间

C．各种产品生产的机械化程度相差不多的车间

D．机械化程度较高的车间

4．一般纳税企业的下列费用中，（　　）不应计入材料的采购成本。

A．运输费　　B．保险费

C．运输途中的合理损耗　　D．增值税

5．生产领用一般性的工具、用具、用品，应计入（　　）账户。

A．“辅助生产成本”　　B．“基本生产成本”

C．“制造费用”　　D．“管理费用”

6．管理费用、财务费用以及销售费用，应当（　　）。

A．作为期间费用，直接计入当期损益　　B．分配计入产品成本

C．直接计入产品成本　　D．分配计入生产经营成本

7．企业因生产产品、提供劳务而发生的各项间接费用，包括工资、福利费、折旧费等，属于（　　）成本项目。

A．管理费用　　B．制造费用　　C．直接人工　　D．直接材料

8．反映职工出勤，缺勤情况的原始记录是（　　）。

A．考勤记录　　B．定岗定编记录　　C．工时记录　　D．产量记录

9．某职工 5 月份生产合格品 25 件，废料品 5 件，加工失误产生废品 2 件，计件单价为 4 元，应付职工薪酬计件工资为（　　）元。

A．100　　B．108　　C．120　　D．128

10．基本生产车间计提的固定资产折旧费，一般应借记（　　）账户。

A．“生产成本”　B．“管理费用”　C．“制造费用”　D．“财务费用”

二、简答题

生产费用如何按照经济内容进行分类？

三、计算题

1．某企业生产甲、乙两种产品，共同耗用某种材料 1 200 千克，每千克 4 元。甲产品的实际产量为 140 件，单件产品材料消耗定额为 4 千克；乙产品的实际产量为 80 件，单件产品材料消耗定额为 5.5 千克。要求：采用定额耗用量比例法分配甲、乙产品各自分摊的材料费用。

2．职工李全，月标准工资为 6 790 元，2012 年 5 月份缺勤 5 天，缺勤期间有星期日 1 天。5 月份有 1 个节假日，6 个休息日。

要求：(1) 按月薪制计算李全 5 月份的应付工资（日工资分别按 3 种方法）。(2) 按日薪制计算李全 5 月份的应付工资（日工资按全年平均每月工作天数计算）。

3．某企业的一个生产小组，本月份生产 A 产品 500 件，每件计件单价为 300 元，该小组共有职工 5 人，每位职工的小时工资率分别为：王芳 8.1 元；张超 9.2 元；周月 6.5 元；单涛 7.4 元；刘聪 5.5 元。五位职工实际工作小时数分别为 250 小时、240 小时、220 小时、200 小时、180 小时。

要求：计算该小组的计件工资，并采用计件工资和计时工资的比例分配计算每位职工应得的计件工资。

4．某企业 9 月 26 日通过银行支付外购电费 24 000 元。9 月末查明各车间、部门耗电千度数为：基本生产车间 35 000 千瓦/小时，其中车间照明用电 5 000 千瓦/小时；机修辅助生产车间 8 900 千瓦/小时；企业行政管理部门 6 000 千瓦/小时。该月应付外购电力费共计 24 950 元。

(1) 按所耗电度数分配电力费用，A、B 产品按生产工时分配电费。A 产品生产工时为 36 000 小时，B 产品生产工时为 24 000 小时。

(2) 编制该月份支付、分配外购电力费的会计分录。

(3) 编制“外购动力费用分配表”，如表 3.13 所示。

表 3.13　　外购动力费用分配表

年　月

分配对象		成本项目	耗用数量（千瓦/小时）	分配标准（定额工时）	分配率	分配金额
基本车间	A					
	B					
	小计					
	一般耗用					
辅助车间耗用						
管理部门耗用						
合计						

第四章 部门费用的归集分配

学习目标：

1．掌握辅助生产成本分配的基本原理和方法。

2．熟练编制“辅助生产费用分配表”，并根据“辅助生产费用分配表”，编制会计分录和登记有关明细账。

3．掌握制造费用分配的基本原理和方法。

4．熟练编制“制造费用分配表”，并根据“制造费用分配表”，编制会计分录和登记有关明细账。

关键词：

辅助生产成本　制造费用　交互分配法　计划分配法

第一节 辅助生产成本的归集与分配

一、辅助生产车间的概念及类型

（一）概念

工业企业的辅助生产，主要是指为基本生产车间、企业行政管理部门等单位提供服务而进行的产品生产和劳务供应。辅助生产车间为生产产品或提供劳务而发生的原材料费用、动力费用、工资及福利费用以及辅助生产车间的制造费用，被称为辅助生产费用。为生产和提供一定种类和一定数量的产品或劳务所耗费的辅助生产费用之和，构成该种产品或劳务的辅助生产成本。

（二）类型

对于不同类型的辅助生产车间，辅助生产成本在归集程序和分配方法上，以及辅助生产成本计算的方法上都不尽相同，因此，区分不同类型的辅助生产车间是正确组织辅助生产费用核算的前提。辅助生产车间按其提供劳务、作业和生产产品的种类多少，可分为以下 2 种类型。

1. 单品种辅助生产车间

只提供一种劳务或只进行同一性质作业的辅助生产车间，如供电车间、供水车间、机修车间和运输车队等。这类辅助生产车间称为单品种辅助生产车间。

2. 多品种辅助生产车间

生产多种产品的辅助生产车间，如机械制造厂设立的工夹模具车间，生产基本生产所需用的各种工具、刃具、模具和夹具等。这类辅助生产车间称为多品种辅助生产车间。本节主要介绍单品种辅助生产成本的归集和分配。

二、辅助生产成本的归集

辅助生产成本的归集是辅助生产成本按照辅助生产车间以及产品和劳务类别归集的过程，也是辅助生产产品和劳务成本计算的过程。辅助生产成本的归集是为辅助生产成本的分配作准备，因为只有先归集起来，才能够进行分配。

辅助生产成本的归集和分配，是通过“生产成本—辅助生产成本”账户进行的。该账户一般应按辅助生产车间、车间下再按产品或劳务种类设置明细账，账中按照成本项目或费用项目设立专栏进行明细核算。辅助生产发生的各项生产费用，应计入“生产成本—辅助生产成本”账户的借方账户。

辅助生产成本归集的程序有 2 种，相应地，“辅助生产成本”明细账的设置方式也有 2 种。两者的区别在于辅助生产制造费用归集的程序不同。其一：在一般情况下，辅助生产车间的制造费用应先通过“制造费用—辅助生产车间”账户进行单独归集，然后将其转入相应的“辅助生产成本”明细账，从而计入辅助生产产品或劳务的成本。其二：在辅助生产车间规模很小、制造费用很少，而且辅助生产不对外提供商品，因而不需要按照规定的成本项目计算产品成本的情况下，为了简化核算工作，辅助生产的制造费用可以不通过“制造费用—辅助生产车间”明细账单独归集，而是直接计入“辅助生产成本”明细账（本节主要讲述）。

辅助生产成本的归集（包括分配）是通过“辅助生产成本明细账”进行的，“辅助生产成本明细账”的账页格式为多栏式，账内按“材料费、人工费、折旧费等”费用项目设置专栏（格式见表 4.1）。对于发生的各种辅助生产成本，可直接计入“生产成本”总账以及所属“辅助生产成本”明细账的相应费用项目。辅助生产车间发生的各项费用，经过前述的各项要素费用的分配，已经全部归集在“生产成本”总账的借方及所属“辅助生产成本明细账”的有关项目，“辅助生产成本明细账”本月费用的合计数为本辅助生产车间发生的辅助生产成本。

注意：不同类型的辅助生产车间，其辅助生产成本的归集不同。

（一）单品种辅助生产车间

单品种辅助生产车间只需要开设“辅助生产成本明细账”，因此可以直接通过“辅助生产成本明细账”归集。该账户中既包括辅助生产车间为了完成生产任务而直接发生的费用，也包括为了组织生产而发生的管理性费用。该方法适用于辅助生产车间规模较小的情况。

表 4.1　　辅助生产成本明细账

车间：供电车间　　2015 年 5 月　　单位：元

摘要	材料费	人工费	燃料	折旧	其他	合计
材料费用分配表	1 200		2 000			3 200
工资费用分配表		2 800				2 800
外购动力费分配表						1 000
其他费用分配表					500	500
合计	1 200	2 800	2 000	2 500	500	9 000
分配	1 200	2 800	2 000	2 500	500	9 000

（二）多品种辅助生产车间

多品种辅助生产车间需要开设“辅助生产成本明细账”和“制造费用明细账”，因此，需要通过“辅助生产成本明细账”“制造费用明细账”两个账户进行归集。“辅助生产成本明细账”账户只归集辅助生产车间为了完成生产任务而直接发生的费用。“制造费用明细账”账户归集辅助生产车间为了组织生产而发生的管理性费用，月末再将“制造费用明细账”账户的发生额分配到各种辅助产品的“辅助生产成本明细账”。最终还是通过“辅助生产成本明细账”得到归集的费用。

三、辅助生产成本的分配

辅助生产成本的分配是指按照一定的标准和方法，将辅助生产成本分配到各受益单位或受益产品的过程。分配的及时性和准确性，影响到基本生产的产品成本、经营管理费用以及经营成果核算的及时性和准确性。辅助生产成本分配的核算，是辅助生产费用核算的关键。

由于辅助生产车间既可能生产产品又可能提供劳务，对于所生产的产品，如工具、模具、修理用备件等，应在产品完工时，从“辅助生产成本”账户的贷方分别转入“低值易耗品”“原材料”等账户的借方。对于辅助生产车间所提供的劳务作业，如供水、供电、修理和运输等，其发生的辅助生产成本通常于月末在各受益单位之间按照一定的标准和方法进行分配后，从“辅助生产成本”账户的贷方，转入“基本生产成本”“制造费用”“管理费用”“销售费用”“在造工程”等有关账户的借方。

辅助生产成本的分配是通过编制“辅助生产费用分配表”进行的。

通常采用的辅助生产成本的分配方法有：直接分配法、交互分配法、计划成本分配法、代数分配法和顺序分配法。

（一）直接分配法

直接分配法是将待分配的辅助生产车间的费用直接分配给辅助生产车间以外的各受益产品、部门，而不考虑各辅助生产车间相互消耗费用的一种分配方法。这种方法简便易行，但正确程度不高，适用于辅助生产车间相互之间提供产品、劳务较少或相互之间不提供产品、劳务的情况。

特点：只对外（辅助生产部门以外的各单位）进行分配，而不考虑辅助生产车间之间相互提供的劳务。计算简单，但分配不准确。

1. 分配原理

辅助生产车间费用分配率

＝该辅助生产车间发生的直接费用÷（向辅助车间以外各受益单位提供的劳务量）

某受益对象应分配的辅助生产车间的费用

＝该受益对象耗用的劳务量×辅助生产车间费用分配率

辅助生产车间发生的直接费用为要素费用分配完，登记在“辅助生产成本明细账”的费用合计。采用直接分配法，由于各辅助生产车间只是进行对外分配，仅分配一次，因此，这种分配方法最为简便，但只适合在辅助生产内部相互提供劳务不多，不进行费用的交互分配对辅助生产成本和企业产品成本影响不大的情况下采用。

例4-1 某企业辅助生产车间为供电车间，2015年5月为供电发生费用9 000元（来自供电车间的“辅助生产成本明细账”见表4.1），总供电量10 000度。其中：第一基本车间生产用2 000度；第一基本车间一般用1 000度；第二基本车间生产用3 000度；第二基本车间一般耗用2 000度；行政管理部门耗用1 000度；辅助车间—供水部门耗用1 000度。其中，第二车间生产甲、乙两种产品，本月的定额工时分别为100、200小时；第一基本车间生产A、B两种产品，有关资料略。

解答：分配率＝9 000÷（10 000－1 000）＝1（元/度）

第一基本车间：生产用＝2 000×1＝2 000（元）；

一般用＝1 000×1＝1 000（元）

第二基本车间：生产用＝3 000×1＝3 000（元）；

分配率＝3 000÷（100＋200）＝10（元/工时）

甲耗用＝100×10＝1 000（元）　　乙耗用＝200×10＝2 000（元）

第二基本车间一般耗用＝2 000×1＝2 000（元）

行政管理部门耗用＝1 000×1＝1 000（元）

2. 编制“辅助生产费用分配表”

实际工作中，辅助生产成本的分配通过编制“辅助生产费用分配表”进行，根据“辅助生产费用分配表”，一方面编制会计分录准备登记总账，另一方面登记有关明细账。根据例 4-1 的资料，编制“辅助生产费用分配表”（见表 4.2）。

表 4.2　　辅助生产费用分配表（直接分配）

2015 年 5 月

项目	分配费用（元）	分配数量（度）	分配率（元/度）	分配金额									
				生产成本				制造费用				企管部门	
				第一车间		第二车间		第一车间		第二车间			
				数量	金额（元）	数量	金额（元）	数量	金额（元）	数量	金额（元）	数量	金额（元）
供电	9 000	9 000	1	2 000	2 000	3 000	3 000	1 000	1 000	2 000	2 000	1 000	1 000
合计	9 000	9 000	1	2 000	2 000	3 000	3 000	1 000	1 000	2 000	2 000	1 000	1 000

根据需要，如果几种产品负担的辅助生产成本分不清时，还需要选择有关分配标准进行分配，并编制“辅助生产费用明细分配表（见表 4.3）。例如，表 4.2 中第二车间生产产品负担的辅助生产成本就需要分配。

表 4.3　　辅助生产费用明细分配表

2015 年 5 月

项目	分配标准（定额工时）	分配率（元/时）	分配金额（元）
甲产品	100		1 000
乙产品	200		2 000
合计	300	10	3 000

3. 编制会计分录

根据“辅助生产费用分配表”，编制会计分录。根据表 4.2 资料，编制如下会计分录：

借：生产成本—基本生产成本　　5 000
　　制造费用　　3 000
　　管理费用　　1 000
　　贷：生产成本—辅助生产成本　　9 000

4. 登记有关明细账

根据“辅助生产费用分配表”和“辅助生产费用分配明细表”，登记“基本生产成本明细账”“产品成本计算单”“辅助生产成本明细账”“制造费用明细账”等。

例4-2　某企业有供电、锅炉两个辅助生产车间，2015年6月各辅助生产车间提供劳务和各部门的耗用量资料见表4.4。

表 4.4　　有关资料

受益单位		用电度数（kW · h）	用汽数（m^3）
供电车间			102
锅炉车间		4 400	
第一车间	生产产品	21 000	700
	一般耗用	2 400	80
第二车间	生产产品	15 000	300
	一般耗用	1 600	40
企业管理部门		10 000	138
合计		54 400	1 360

供电车间本月份发生的直接费用为 13 600 元，锅炉车间本月份发生的直接费用为 10 064 元。要求：采用直接分配法分配辅助生产费用，第一基本车间应分配的辅助生产费用在各产品之间按工时比例分配（甲产品 9 000 小时、乙产品 7 000 小时、丙产品 4 000 小时），第二车间略。

采用直接分配法，编制“辅助生产成本分配表”见表 4.5。

表 4.5　　辅助生产费用分配表（直接分配）

2015 年 6 月

项目	分配费用（元）	分配数量（度）	分配率（元/度）	分配金额									
				生产成本				制造费用				企管部门	
				第一车间		第二车间		第一车间		第二车间			
				数量	金额（元）	数量	金额（元）	数量	金额（元）	数量	金额（元）	数量	金额（元）
供电	13 600	50 000	0.272	21 000	5 712	15 000	4 080	2 400	652.8	1 600	435.2	10 000	2 720
锅炉	10 064	1 258	8	700	5 600	300	2 400	80	640	40	320	138	1 104
合计	23 664	—	—	—	11 312	—	6 480	—	1 292.8	—	755.2	—	3 824

编制“辅助生产成本明细分配表”见表 4.6。

表 4.6　　　　辅助生产费用明细分配表

产品	工时（小时）	分配率（元/时）	金额（元）
甲	9 000		5 091
乙	7 000		3 959
丙	4 000		2 262
合计	20 000	0.565 6	11 312

根据“辅助生产费用分配表”，编制会计分录：

借：生产成本—基本生产成本　　17 792
　　制造费用　　2 048
　　管理费用　　3 824
　　贷：生产成本—辅助生产成本（供电车间）　　13 600
　　　　　　　　　　　　　　（锅炉车间）　　10 064

根据“辅助生产费用分配表”“辅助生产费用明细分配表”登记有关明细账（略）。

（二）交互分配法

交互分配法是在分配费用时，首先将费用在辅助生产车间之间进行分配，然后重新确认辅助生产车间待分配的费用，之后再将费用按直接分配法在各受益单位之间进行分配。这种方法的关键环节是在交互分配后重新确认辅助生产车间的费用。

交互分配法分配辅助生产费用分 2 个步骤进行：（1）对内进行交互分配，也就是在各辅助生产车间、部门之间，按相互提供的劳务数量和交互分配的费用分配率，进行交互分配；（2）对外进行分配，也就是在辅助生产车间、部门以外的各受益产品、车间、部门之间，按其接受的劳务数量和对外分配率进行分配。

特点：交互分配法要进行两次分配。计算两个费用分配率首先对内进行交互分配，然后再对外进行分配。

1. 分配原理

（1）交互分配

以各辅助生产车间分配前的费用及其相互提供劳务的数量为依据进行辅助车间内部分配。

某辅助车间的交互分配率＝该辅助生产车间发生的直接费用÷该辅助车间提供的劳务总量

某辅助车间应分配其他辅助车间的费用额＝该辅助车间耗用其他辅助车间的劳务量×其他辅助车间的交互分配率

交互分配后某辅助车间的实际费用＝该辅助生产车间发生的直接费用＋交互分配转入的费用－交互分配转出的费用

（2）对外分配

以各辅助生产车间交互分配后的实际费用和提供的扣除其他辅助部门耗用的劳务量后的劳务量为依据进行对外分配。

某辅助车间的对外分配率＝交互分配后的实际费用÷（该辅助车间提供的劳务总量－其他辅助车间耗用量）

某基本生产车间、企业管理部门等应分配的费用＝该车间、部门耗用的劳务量×该辅助车间的交互分配率

采用交互分配法，进行了两次分配，增加了计算量，但同时提高了分配结果的正确性。该方法适用于各辅助生产车间，相互提供劳务量较大的企业。

例4-3 结合例4-1的资料，某企业另有一个辅助生产车间为供水车间，2015年5月发生的直接费用为5 000元，供水总量50 000立方米。其中：第一基本车间一般用10 000立方米；第二基本车间生产用20 000立方米；第二基本车间一般耗用10 000立方米；行政管理部门5 000立方米；供电部门5 000立方米。

解答：

（1）交互分配

计算供水、供电车间的交互分配率：

供水交互分配率＝5 000÷50 000＝0.1（元/立方米）

供电交互分配率＝9 000÷10 000＝0.9（元/度）

分配：供电车间耗用的供水车间的水费＝5 000×0.1＝500（元）

供水车间耗用的供电车间的电费＝1 000×0.9＝900（元）

（2）对外分配

通过交互分配，各个辅助车间对外分配的费用为：某辅助车间的直接费用加上从其他辅助车间分配转入的费用减去分给其他辅助车间的费用。

① 供电车间对外分配

供电车间对外分配的费用＝9 000＋500－900＝8 600（元）

供电车间对外分配率＝8 600÷9 000＝0.96（元/度）

第一基本车间生产用＝2 000×0.96＝1 920（元）

一般用＝1 000×0.96＝960（元）

第二基本车间生产用＝3 000×0.96＝2 880（元）

分配率＝2 880÷（100＋200）＝9.6（元/工时）

甲分配＝100×9.6＝960（元）；乙分配＝200×9.6＝1 920（元）

第二基本车间一般耗用＝2 000×0.96＝1 920（元）

行政管理部门＝8 600－1 920－960－2 880－1 920=920（元）

② 供水车间对外分配

供水车间对外分配的费用＝5 000＋900－500＝5 400（元）

供水车间对外分配率＝5 400÷45 000＝0.12（元）

第一基本车间一般用＝10 000×0.12＝1 200（元）

第二基本车间生产用＝20 000×0.12＝2 400（元）

分配率＝2 400÷（100＋200）＝8元/工时

甲分配＝100×8＝800（元）；　　乙分配＝200×8＝1 600（元）

第二基本车间一般耗用＝10 000×0.12＝1 200（元/立方米）

行政管理部门＝5 000×0.12＝600（元）

2. 编制“辅助生产费用分配表”

实际工作中，辅助生产成本的分配通过编制“辅助生产费用分配表”进行。根据“辅助生产费

用分配表”，一方面编制会计分录准备登记总账，另一方面登记有关明细账。根据例 4-1 和例 4-3 的资料，编制“辅助生产费用分配表”（见表 4.7）

表 4.7　　　　　　　　　　　辅助生产费用分配表（交互分配）

2015 年 5 月

项目		分配费用	分配数量	分配率	分配金额													
					供水		供电		生产成本				制造费用				管理费用	
					数量	金额	数量	金额	第一车间		第二车间		第一车间		第二车间		数量	金额
									数量	金额	数量	金额	数量	金额	数量	金额		
交互分配	供电	9 000	100	0.9			10	900										
	供水	5 000	500	0.1	50	500												
	小计	14 000				500		900										
对外分配	供电	8 600	90	0.96					20	1 920	30	2 880	10	960	20	1 920	10	920
	供水	5 400	450	0.12							200	2 400	100	1 200	100	1 200	50	600
	小计	14 000								1 920		5 280		2 160		3 120		1 520
合计						500		900		1 920		5 280		2 160		3 120		1 520

注：供水车间用量单位为百立方米；供电车间用量单位为百度；供电分配率单位为元/度。供水分配率单位为元/立方米。

3. 编制会计分录

根据表 4.7“辅助生产费用分配表”的数据资料，编制会计分录。

交互分配：

借：生产成本—辅助生产成本（供水）　　　　900
　　　　　　　　　　　　　（供电）　　　　500
　贷：生产成本—辅助生产成本（供电）　　　　900
　　　　　　　　　　　　　　（供水）　　　　500

对外分配：

借：生产成本—基本生产成本　　　　7 200
　　制造费用　　　　　　　　　　　5 280
　　管理费用　　　　　　　　　　　1 520
　贷：生产成本—辅助生产成本（供电）　　　　8 600
　　　　　　　　　　　　　　（供水）　　　　5 400

4. 登记有关明细账

根据“辅助生产费用分配表”和“辅助生产费用分配明细表”登记“基本生产成本明细账”、“产品成本计算单”“辅助生产成本明细账”“制造费用明细账”等。

例4-4 按照例4-2的资料，采用交互分配法进行分配。编制“辅助生产费用分配表”见表4.8，“辅助生产费用分配明细表”（略）。

表 4.8　　辅助生产费用分配表

年　月

项目		分配费用	分配数量	分配率	分配金额													
					供电		锅炉		生产成本				制造费用				管理费用	
									第一车间		第二车间		第一车间		第二车间			
					数量	金额	数量	金额	数量	金额	数量	金额	数量	金额	数量	金额	数量	金额
交互分配	供电	13 600	54 400	0.25			4 400	1 100										
	锅炉	10 064	1 360	7.4	102	754.8												
	小计	23 364																
对外分配	供电	13 254.8	50 000	0.27					21 000	5 670	15 000	4 050	2 400	648	1 600	432	10 000	2 454.8
	锅炉	10 409.2	1 258	8.27					700	5 789	300	2 481	80	661.6	40	330.8	138	1 146.8
	小计	23 664								11 459		6 531		1 309.6		762.8		3 601.6
合计										11 459		6 531		1 309.6		762.8		3 601.6

注：供水车间用量单位为百立方米；供电车间电量单位为百度；供电分配单位为元/度；供水单位分配率单位为元/立方米。

根据“辅助生产费用分配表”表4.8，编制会计分录。

交互分配：

借：生产成本—辅助生产成本（供电车间）　　754.8

　　　　　　　　　　　　（锅炉车间）　　1 100

　贷：生产成本—辅助生产成本（供电车间）　　1 100

　　　　　　　　　　　　　（锅炉车间）　　754.8

对外分配：

借：生产成本—基本生产成本　　17 990

　制造费用　　2 072.4

　管理费用　　3 601.6

　贷：生产成本—辅助生产成本（供电车间）　　13 254.8

　　　　　　　　　　　　　（锅炉车间）　　10 409.2

根据“辅助生产费用分配表”“辅助生产费用分配明细表”登记有关明细账（略）。

（三）计划成本分配法

计划成本分配法是指按辅助生产费用的计划单位成本和各受益单位耗用的劳务数量，分配辅助生产费用的一种方法。

计划成本分配法是企业首先制定辅助生产车间单位劳务的计划单价，并按计划单价计算各受益单位应负担的费用，然后计算各辅助生产车间调整后的实际成本与计划成本，将两者进行比较，以确定其差异，再将差异在各受益单位之间进行分配，也可以将差异全部转入管理费用。这种分配方法的关键在于确定实际成本与计划成本之间的差异。该分配方法分为两个步骤进行，首先，根据各产品、车间、部门实际耗用的劳务数量和事先确定的计划单位成本分配辅助生产费用；然后，计算辅助生产车间实际成本和按计划单位成本分配出去的计划成本的差异，进行调整分配。

特点：分配简便，有利于考核辅助生产成本的计划执行情况。但计划成本制定如不合理，计算后就会与实际不符。

1. 计划成本分配法的分配原理

（1）按计划单价分配各辅助生产车间的生产费用。

某车间、部门应分配的费用＝该车间、部门耗用的劳务量×辅助车间的计划单价

（2）计算各辅助车间的实际费用。

各辅助车间的实际费用＝该辅助生产车间发生的直接费用＋分配转入的费用

（3）计算成本差异。

各辅助车间的成本差异＝该辅助车间的实际成本－按照计划单价分配的费用

（4）分配成本差异。

将差异全部分配计入“管理费用”账户。超支用蓝字，节约用红字。但采用这种分配方法，要求辅助生产车间的产品或劳务的计划单位成本要比较准确，否则，影响计算分配的准确性。

例4-5 按例4-1、例4-3的资料，设每度电的计划单价1元/度，每立方米水的计划单价0.1元/立方米。要求：（1）按计划单价分配；（2）计算各辅助车间的实际费用；（3）计算实际费用与分配费用的差（调整“管理费用”）。

解答：

（1）按计划单价分配。

① 供电车间分配：

第一基本车间生产用＝2 000×1＝2 000（元）

一般用＝1 000×1＝1 000（元）

第二基本车间生产用＝3 000×1＝3 000（元）

分配率＝3 000÷（100＋200）＝10元/工时

甲产品分配＝100×10＝1 000（元），乙产品分配＝200×10＝2 000（元）

第二基本车间一般耗用＝2 000×1＝2 000（元）

行政管理部门＝1 000×1＝1 000（元）

供水部门＝1 000×1＝1 000（元）

按计划单价，分配供电车间的费用10 000（元）。

② 供水车间分配：

第一基本车间一般用＝10 000×0.1＝1 000（元）

第二基本车间生产用＝20 000×0.1＝2 000（元）

分配率＝2 000÷（100＋200）＝6.7元/工时

甲产品分配＝100×6.7＝670　　乙产品分配＝2 000－670＝1 330

第二基本车间一般耗用＝10 000×0.1＝1 000（元）

行政管理部门＝5 000×0.1＝500（元）

供电车间＝5 000×0.1＝500（元）

按计划单价，分配供水车间的费用5 000元。

（2）计算各辅助车间的实际费用。

供电车间的实际费用＝直接费用＋从供水车间分来的费用＝9 000＋500＝9 500（元）

供水车间的实际费用＝直接费用＋从供电车间分来的费用＝5 000＋1 000＝6 000（元）

（3）计算实际费用与分配费用的差异（调整“管理费用”）。

供电车间的差额＝实际费用－分配的费用＝9 500－10 000＝－500（元）（分多了）

供水车间的差额＝实际费用－分配的费用＝6 000－5 000＝1 000（元）（分少了）

2. 编制“辅助生产费用分配表”

实际工作中，辅助生产成本的分配是通过编制“辅助生产费用分配表”进行的，根据“辅助生产费用分配表”，一方面编制会计分录准备登记总账，另一方面登记有关明细账。根据例 4-5 的资料，编制“辅助生产费用分配表”（见表 4.9）。

表 4.9　　辅助生产费用分配表（计划成本分配）

2015 年 5 月

<table>
<tr><th rowspan="4">项目</th><th rowspan="4">直接费用</th><th rowspan="4">分配数量</th><th rowspan="4">计划单价</th><th colspan="14">按计划单价分配的金额</th><th rowspan="4">直接与转入</th><th rowspan="4">差异</th></tr>
<tr><th colspan="2">供电</th><th colspan="2">供水</th><th colspan="4">生产成本</th><th colspan="4">制造费用</th><th colspan="2">管理费用</th></tr>
<tr><th rowspan="2">数量</th><th rowspan="2">金额</th><th rowspan="2">数量</th><th rowspan="2">金额</th><th colspan="2">第一车间</th><th colspan="2">第二车间</th><th colspan="2">第一车间</th><th colspan="2">第二车间</th><th rowspan="2">数量</th><th rowspan="2">金额</th></tr>
<tr><th>数量</th><th>金额</th><th>数量</th><th>金额</th><th>数量</th><th>金额</th><th>数量</th><th>金额</th></tr>
<tr><td>供电</td><td>9 000</td><td>10</td><td>1</td><td></td><td></td><td>1 000</td><td>1 000</td><td>2 000</td><td>2 000</td><td>3 000</td><td>3 000</td><td>1 000</td><td>1 000</td><td>2 000</td><td>2 000</td><td>1 000</td><td>1 000</td><td>9 500</td><td>−500</td></tr>
<tr><td>供水</td><td>5 000</td><td>50</td><td>0.1</td><td>5 000</td><td>500</td><td></td><td></td><td></td><td></td><td>20 000</td><td>2 000</td><td>10 000</td><td>1 000</td><td>10 000</td><td>1 000</td><td>5 000</td><td>5 000</td><td>6 000</td><td>1 000</td></tr>
<tr><td>合计</td><td>14 000</td><td></td><td></td><td></td><td>500</td><td></td><td>1 000</td><td></td><td>2 000</td><td></td><td>5 000</td><td></td><td>2 000</td><td></td><td>3 000</td><td></td><td>1 500</td><td></td><td>500</td></tr>
</table>

注：供水车间用量单位为 1 000 立方米；供电车间用量单位为 1 000 度；计划单价为元/度、元/立方米。

3. 编制会计分录

根据“辅助生产费用分配表”见表 4.9，编制会计分录：

（1）按计划单价分配的分录

借：生产成本—基本生产成本　　7 000
　　　　　　—辅助生产成本（供水）　　1 000
　　　　　　　　　　　　　（供电）　　500
　　制造费用　　5 000
　　管理费用　　1 500
　　贷：生产成本—辅助生产成本（电）　　10 000
　　　　　　　　　　　　　　　（水）　　5 000

（2）处理差异的分录

借：管理费用　　500
　　生产成本—辅助生产成本（电）　　500
　　贷：生产成本—辅助生产成本（水）　　1 000

4. 登记有关明细账

根据“辅助生产费用分配表”和“辅助生产费用分配明细表”登记“基本生产成本明细账”“产品成本计算单”“辅助生产成本明细账”“制造费用明细账”等。

例4-6 按照例4-2的资料，采用计划分配法进行分配。编制“辅助生产费用分配表”见表4.10。

表 4.10　　　　　　辅助生产成本分配表（计划分配）

2015 年 6 月

项目	直接费用	分配数量	计划单价	按计划单价分配金额														直接费用与转入合计	差异
				供电		锅炉		生产成本				制造费用				管理费用			
				数量	金额	数量	金额	第一车间		第二车间		第一车间		第二车间		数量	金额		
								数量	金额	数量	金额	数量	金额	数量	金额				
供电	13 600	54 400	0.255			4 400	1 122	21 000	5 355	15 000	3 825	2 400	612	1 600	408	10 000	2 550	14 436.196	564.196
锅炉	10 064	1 360	8.198	102	836.196			700	5 738.6	300	2 459.4	80	655.84	40	327.92	138	1 131.324	1 186	
合计	23 664	—	—	—	836.196	—	1 122	—	10 733.6	—	6 284.4	—	1 267.84	—	735.92	—	3 681.324		

根据表 4.10 的资料，编制会计分录。

（1）按照计划单价分配

借：生产成本—辅助生产成本（供电）　　836.196

　　　　　　　　　　　　　（锅炉）　　1 122

　　　　　—基本生产成本　　17 018

　　制造费用　　2 003.76

　　管理费用　　3 681.324

　　贷：生产成本—辅助生产成本（供电）　　13 872

　　　　　　　　　　　　　　（锅炉）　　11 149.28

（2）调整差异

借：管理费用　　600.916

　　贷：生产成本—辅助生产成本　　600.916

根据“辅助生产费用分配表”“辅助生产费用分配明细表”登记有关明细账（略）。

（四）代数分配法

代数分配法是按照数学中解联立方程的方法，计算辅助生产劳务的单位成本，然后根据各受益单位（包括辅助生产车间）耗用的数量和单位成本计算分配辅助生产费用的一种方法。代数分配法是运用辅助生产车间待分配的费用与所提供的劳务量之间的相关关系列方程，以求解辅助生产车间单位劳务成本进而求得各受益单位应负担的费用金额的数学方法。

采用这种分配方法的计算程序是：首先，将辅助生产车间产品或劳务的单位成本设为未知数，并根据各辅助生产车间相互提供的劳务数量，求解联立方程，计算出辅助生产车间产品或劳务的单位成本；然后，再根据各受益单位（包括辅助生产车间）耗用的数量和单位成本计算分配辅助生产费用。

特点：代数分配法计算准确，但辅助生产较多时，手工计算太复杂。

代数分配法的分配原理：

（1）建立多元一次方程式

根据：某辅助车间分配的费用＝该辅助生产车间发生的直接费用＋分配转入的费用

得出：某辅助车间提供的劳务总量×该劳务的单位成本＝该辅助生产车间发生的直接费用＋该辅助车间耗用其他辅助车间的劳务量×其他辅助车间的单位成本

（2）计算实际单位成本

求解方程组，得出各辅助车间的实际单位成本。

（3）分配

某车间（部门）应分配的辅助生产费用＝该车间（部门）劳务耗用量×辅助车间实际单位成本

按例 4-1、例 4-3 资料。设供电车间的单位实际成本为 x，供水车间的单位实际成本为 y，写出方程组如下：

供电： $10\,000x=9\,000+5\,000y$

供水： $50\,000y=5\,000+1\,000x$

解方程，得出供电车间的单位实际成本 x，供水车间的单位实际成本 y，即可进行分配。

例4-7 按照例4-2的资料，设供电车间的实际单位成本为x，锅炉车间的实际单位成本为y，写出方程组如下：

供电： $54\,400x=13\,600+102y$

锅炉： $1\,360y=10\,064+4\,400x$

求解方程，得：$x=0.26\,548\,548$　　　$y=8.25\,892\,362$

按照实际单价进行分配，编制“辅助生产费用分配表”见表4.11。

表 4.11　　辅助生产成本分配表（代数分配）

2015 年 6 月

部门	计划单价	使用车间和部门														合计	
		供电		锅炉		生产成本				制造费用				管理费用			
						第一车间		第二车间		第一车间		第二车间					
		数量	金额	数量	金额	数量	金额	数量	金额	数量	金额	数量	金额	数量	金额	数量	金额
供电	0.265 485 48			4 400	1 168	21 000	5 575	15 000	3 982	2 400	637	1 600	425	10 000	2 655	54 400	14 442
锅炉	8.258 923 62	102	842			700	5 781	300	2 478	80	661	40	330	138	1 140	1 360	11 232
合计	—	—	842	—	1 168	—	11 356	—	6 460	—	1 298	—	755	—	3 795	—	25 674

根据表 4.11 的资料，编制会计分录。

借：生产成本—基本生产成本　　17 816

　　制造费用　　2 053

　　管理费用　　3 795

　　生产成本—辅助生产成本（供电）　　842

　　　　　　　　　　　　（锅炉）　　1 168

　贷：生产成本—辅助生产成本（供电）　　14 442

　　　　　　　　　　　　　（锅炉）　　11 232

根据“辅助生产费用分配表”“辅助生产费用分配明细表”登记有关明细账（略）。

（五）顺序分配法

顺序分配法是将各种辅助生产车间之间的费用分配按照辅助生产车间受益多少的顺序排列，受益少的排列在前，先将辅助生产费用分配出去，受益多的排列在后，后将费用分配出去。按照例 4-2 的资料，锅炉、供电两个辅助生产车间中，供电车间耗用锅炉车间的费用较多，锅炉车间耗用供电车间的费用较少，这样，就可以按照锅炉、供电车间的顺序排列，顺序分配供气、供电的费用。

顺序分配法是按顺序依次分配，排列在前的分配给排列在后的，而排列在后的不再分配给排列在前的，排列在后的进行分配时应在原归集的费用基础上加上排列在前的分配转入数。

特点：顺序分配法分配较为准确，各种辅助生产费用虽然只分配一次，既分配给辅助生产以外的受益单位，又分配给排列在后的其他辅助生产车间，因而分配结果的正确性和计算工作量都有所增加。该方法只适合在各辅助生产车间、部门之间相互受益程度有明显差异的企业中采用。如果辅助生产相互提供劳务或产品没有明显顺序时，无法采用该方法分配。

顺序分配法的分配方法原理：

某辅助车间的分配率＝（该辅助生产车间发生的直接费用＋前序分来的费用）÷Σ其他各受益对象（不包括前序辅助车间）耗用量

某受益对象分配额＝该受益对象耗用量×某辅助车间的分配率

例4-8 按照例4-2的资料，假设锅炉车间耗用供电车间的费用少，把锅炉车间排在前，供电车间排在后，采用顺序分配法编制“辅助生产费用分配表”（见表4.12）。

表 4.12　　辅助生产费用分配表（顺序分配）

2015 年 6 月

项目	分配数量	分配费用			分配率	分配额							
		直接费用	分配转入	小计		供电车间		生产成本		制造费用		管理费用	
						数量	金额	数量	金额	数量	金额	数量	金额
锅炉车间	1 360	10 064	—	10 064	7.4	102	754.8	1 000	7 400	120	888	138	1 021.2
供电车间	50 000	13 600	754.8	14 354.8	0.287 096	—	—	36 000	10 335.456	4 000	1 148.384	10 000	2 870.96
合计	—	23 664	754.8	24 418.8	—	—	754.8	—	17 735.456	—	2 036.383	—	3 892.16

根据表4.12资料，编制会计分录。

借：生产成本—基本生产成本　　17 735.456

　　　　　—辅助生产成本（供电车间）　　754.8

　　制造费用　　2 036.384

　　管理费用　　3 892.16

　　贷：生产成本—辅助生产成本（供电）　　14 354.8

　　　　　　　　　　　　　　（锅炉）　　10 064

根据表 4.12 资料，登记有关明细账（略）。

四、各种分配方法的优缺点

以上几种方法的优缺点见表 4.13。

表 4.13　　辅助生产费用分配方法比较

方法	适用范围	优点	缺点	说明
直接分配法	辅助生产车间相互提供劳务较少	计算方法简单	计算结果不准确	省略辅助车间之间分配工作
交互分配法	辅助车间相互提供劳务较多	计算结果较为准确	计算过程较复杂	先在辅助生产车间之间分配，然后再对外分配

续表

方法	适用范围	优点	缺点	说明
计划成本分配法	有计划单价且比较准确	利于考核辅助车间计划完成情况	分配结果受计划单价影响大	为简化核算一般将差异直接计入“管理费用”
顺序分配法	相互提供劳务差别较大	计算方法较简单	计算结果不够准确	受益少的排列在先，受益多的排列在后
代数分配法	实行电算化的企业	分配结果最准确	计算较复杂	求解多元一次方程

五、辅助生产成本归集和分配的要点分析

（一）辅助生产成本的归集

将辅助生产车间为提供劳务所发生的费用归集在“辅助生产成本”账户的借方。会计分录一般为

借：生产成本—辅助生产成本　　　　　　　×××
　　贷：原材料　　　　　　　　　　　　　　×××
　　　　应付工资　　　　　　　　　　　　　×××
　　　　应付福利费　　　　　　　　　　　　×××
　　　　累计折旧　　　　　　　　　　　　　×××
　　　　银行存款等　　　　　　　　　　　　×××

（二）辅助生产成本的分配和结转

按辅助生产车间成本分配的基本原理和方法，采用直接分配法、交互分配法、代数分配法、计划成本分配法和顺序分配法进行分配之后，结转辅助生产车间费用。结转费用的分录为：

借：生产成本—基本生产成本　　　　　　　×××
　　制造费用　　　　　　　　　　　　　　×××
　　管理费用　　　　　　　　　　　　　　×××
　　在建工程等　　　　　　　　　　　　　×××
　　贷：生产成本—辅助生产成本　　　　　　×××

第二节　制造费用的归集与分配

一、制造费用的归集

（一）制造费用的概念

制造费用是指企业的生产单位为组织和管理生产而发生的各项费用，以及固定资产使用费、维修费等费用。各生产单位（分厂、车间）为组织和管理生产而发生的各项费用（车间管理人员及其

他人员的工资及福利费、车间或分厂管理用的照明费、水电费、取暖费、差旅费）以及直接用于产品生产但未专设成本项目（机器设备的折旧费、修理费），间接用于产品生产的各项费用（房屋的折旧费、机物料消耗）。制造费用是产品成本的重要组成部分，所以，正确合理地组织制造费用的核算，对于正确计算产品成本，控制各车间、部门费用的开支，考核费用预算的执行情况，不断降低产品成本具有重要的作用。

（二）制造费用的内容

制造费用包括生产单位（分厂、车间）为组织和管理生产而发生的间接材料（各生产单位耗用的一般性消耗材料）、间接人工（各生产单位除生产工人以外的管理人员及其他人员的工资及福利费）、其他制造费用（车间或分厂管理用房屋设备的折旧费、修理费、租赁费、保险费）、车间或分厂管理用具的摊销费用、车间或分厂管理用的照明费、水电费、取暖费、差旅费、办公费。

制造费用具体内容如下。

（1）车间管理人员工资：是指生产车间管理人员、辅助后勤人员等非一线直接从事生产的人员工资；一线直接生产人员非生产期间的工资也计入本项目，非一线生产员工提供直接生产时，其相应的工资应从本项目转入生产成本中的直接工资项目。

（2）职工福利费：按第一项所定义的生产管理人员工资的比例提取。

（3）交通费：是指企业为车间职工上下班而发生的交通车辆费用，主要指汽油费等。

（4）劳动保护费：是指按照规定标准和范围支付给车间职工的劳动保护用品，防暑降温、保健饮料食品（含外购矿泉水）的费用和劳动保护宣传费用。

（5）折旧费：是指车间所使用固定资产按规定计提的折旧费。

（6）修理费：是指生产车间所用固定资产的修理费用，包括大修理费用支出。

（7）租赁费：是指车间使用的从外部租入的各种固定资产和用具等按规定列支的租金。

（8）物料消耗：是指车间管理部门耗用的一般消耗材料，不包括固定资产修理和劳动保护用材料。

（9）低值易耗品摊销：是指车间所使用的低值易耗品的摊销。

（10）生产用工具费：是指车间生产耗用的生产用工具费用。

（11）试验检验费：是指车间发生的对材料、半成品、成品、仪器仪表等试验、检验费。

（12）季节性修理期间的停工损失：是指因生产的季节性需要而必须停工，生产车间停工期间所发生的各项费用。

（13）取暖费：是指车间管理部门所支付的取暖费，包括取暖用燃料、蒸汽、热水、炉具等支出。

（14）水电费：是指车间管理部门由于消耗水、电和照明用材料等而支付的非直接生产费用。

（15）办公费：是指车间生产管理部门的通信费用以及文具、印刷、办公用品等办公费用；政府部门的宣传经费，包括学习资料、照相洗印费以及按规定开支的报刊订阅费等。

（16）差旅费：是指按照规定报销生产车间职工因公外出的各种差旅费、住宿费、补助费；市内交通费和误餐补贴；按规定支付职工及其家属的调转、搬家费；按规定支付患职业病的职工去外地就医的交通费、住宿费、伙食补贴等。

（17）运输费：是指生产应负担的厂内运输部门和厂外运输机构所提供的运输费用，包括其办公用车辆的管理费、耗用燃料及其他材料等费用。

（18）保险费：是指应由车间负担的财产保险费用。

（19）技术组织措施费：是指生产工艺布局调整等原因发生的费用。

（20）其他制造费用：除前述（1）～（19）项所列的费用外，发生的其他应由车间负担的费用。

（三）制造费用的归集

制造费用的归集是通过“制造费用明细账”（见表 4.14）进行的。“制造费用”账户一般按车间名称设置明细账，其账页格式为多栏式，账内按“材料费、人工费、折旧费等”费用项目或内容设专栏进行明细核算。“制造费用”账户的借方用于归集企业在一定时期内发生的制造费用，贷方反映制造费用的分配。如果辅助生产车间只提供一种辅助产品或服务时，辅助生产车间的制造费用不通过“制造费用”账户核算，则“制造费用”账户仅核算基本生产车间的间接费用。

表 4.14　　制造费用明细账

车间：基本车间　　2015 年 5 月　　单位：元

年		凭证	摘要	材料费	人工费	折旧费	水电费	其他费	合计
月	日								
5	31	转 1	分配材料费	3 200					3 200
5	31	转 2	分配工资		2 280				2 280
5	31	转 3	折旧及修理			8 400			8 400
5	31	转 4	分配动力费				1 080		1 080
5	31	转 5	分配其他					1 780	1 780
5	31	转 6	分配辅助生产费					7 530	7 530
			合计	3 200	2 280	8 400	1 080	9 310	24 270
5	31	转 7	本月转出	3 200	2 280	8 400	1 080	9 310	24 270

制造费用归集的具体内容如下。

1. 基本生产车间设置“制造费用”账户进行归集

基本生产车间所发生的制造费用一般应通过“制造费用”账户进行核算。平时发生制造费用时，制造费用的归集按其记账依据不同可分为 2 种情况：一是一般费用发生时，根据付款凭证或据以编制的其他费用分配表，借记“制造费用”账户，贷记“银行存款”或其他有关账户，如办公费、差旅费、劳动保护费等。二是机物料消耗、外购动力费用、工资及福利费、折旧费、修理费等，在月末应根据转账凭证及汇总编制的各种费用分配表，借记“制造费用”账户，贷记“原材料”“应付工资”“应付福利费”“累计折旧”等账户。

2. 辅助生产车间设置“制造费用”账户进行归集

辅助生产车间所发生的制造费用一般可通过“制造费用”账户进行核算，也可不通过“制造费用”账户进行核算。如果设置“制造费用”账户，平时发生制造费用时，应将发生的各种费用借记“制造费用”账户，贷记“原材料”“材料成本差异”“应付职工薪酬”“累计折旧”“银行存款”等账户。如果不设置“制造费用”账户，在发生制造费用有关费用内容时，可借记“生产成本—辅助生产成本”账户，贷记有关会计账户。需要注意以下两点。

（1）辅助生产车间发生的费用，如果辅助生产的制造费用是通过“制造费用”账户单独核算，则应比照基本生产车间制造费用的核算；如果辅助生产的制造费用不通过“制造费用”账户单独核算，应将其全部计入“生产成本—辅助生产成本”账户。

（2）归集在“制造费用”账户借方的各生产单位当月发生的制造费用，月末应将各项费用发生额的合计数，分别与其预算数进行比较，以查明制造费用预算的执行情况。

二、制造费用的分配

制造费用分配是指在期末将已经归集的制造费用按照科学的方法分配到各个成本核算对象的会计工作。各车间的制造费用，应按车间进行分配，不能将制造费用汇总在整个企业范围内分配。

生产一种产品的车间中，制造费用是直接计入费用，应直接计入该种产品生产成本；生产多种产品的车间中，制造费用是间接计入费用，应采用适当的分配方法，分配计入该车间各种产品的生产成本。分配方法包括：实际分配率法、年度预计分配率法、累计分配率法。

（一）实际分配率法

实际分配率法根据分配的标准不同，可以分为：生产工时比例法、生产工人工资比例法、机器工时比例法。计算公式如下：

制造费用分配率＝制造费用总额÷分配标准之和

某种产品应分配的制造费用＝该种产品的分配标准×制造费用分配率

本节重点介绍生产工时比例法。

生产工时比例法是以各种产品所耗实际（或定额）工时为标准，来分配制造费用的一种方法。

分配的对象：本月发生的制造费用（账）

分配标准：该月各种产品的实际（定额）工时

分配率：本月发生的制造费用（账）÷该月各种产品的实际（定额）工时

生产工时比例法公式：

某种产品应分配的制造费＝该产品的实际（定额）工时×分配率

考虑到各种产品在加工过程中，使用设备的精密程度不同，确定折合系数，因为不同精密程度的设备折旧不同。

分配标准：产品的实际（定额）折合工时

某种产品折合工时＝某种产品的实际（定额）工时×折合系数

某种产品应分配的制造费用＝该产品的折合工时×分配率

例4-9 某车间生产甲、乙两种产品，甲产品经过折合系数为3的设备加工，乙产品经过折合系数为2的设备加工，2015年5月该车间发生制造费用4 000元，本月甲、乙两种产品的实际工时分别为200、100小时。要求分配甲、乙两种产品负担的制造费用。

解答：

① 分配。

计算折合工时：甲：200×3＝600（小时）　乙：100×2＝200（小时）

计算分配率：4 000÷（600＋200）＝5

分配：甲产品负担的制造费用为：600×5＝3 000（元）

　　　乙产品负担的制造费用为：200×5＝1 000（元）

② 编制“制造费用分配表”。实际工作中，制造费用的分配是通过编制“制造费用分配表”进行的。按照例4-9的资料编制“制造费用分配表”（见表4.15）。

表 4.15　　制造费用分配表

2015 年 5 月

产品	分配标准（折合工时）	分配率	分配金额（元）
甲产品	600		3 000
乙产品	200		1 000
合计	800	5	4 000

③ 根据表4.15“制造费用分配表”，编制会计分录。

借：生产成本—基本生产成本（甲产品）　　3 000
　　　　　　　　　　　　（乙产品）　　1 000
　贷：制造费用　　4 000

④ 登记有关明细账。根据“制造费用分配表”登记“基本生产成本明细账”“产品成本计算单”和“制造费用明细账”。

（二）预计分配率法

预计分配率法也叫预算分配率法，是以企业制造费用预算和各种产品的定额工时（或标准工时）为分配标准分配制造费用的一种方法。年度内各月末按照年初确定的计划分配率进行制造费用的分配，预算分配额与实际发生费用额之间的差额，平时留在“制造费用”账户中，年末，再按照各种产品已分配数的比例计入 12 月成本中。

特点和适用范围：核算工作简便，特别适用于季节性生产的车间，便于进行成本分析。但是，采用这种分配方法要求计划工作水平较高。

使用这种方法，各月制造费用按年度计划确定的计划分配率分配，无论各月实际发生的制造费用多少。这种方法会出现各月制造费用实际发生额与分配转出之间有差额，借方余额表示超过计划的预付费用，属于待摊费用，应列作企业的资产项目；贷方余额表示按照计划应付而未付的费用，属于预提费用，应列作企业的负债项目。全年制造费用的实际发生额与计划分配额的差额年末调整。年终按已分配比例计入 12 月产品成本中。

计算公式如下：

年度预计分配率＝年度制造费用计划总数÷年度各产品计划产量的定额工时总数

（1）年初计算预计分配率

年初预计分配率＝全年制造费用预算总额÷全年各种产品计划产量定额工时之和

（2）每月根据年初的预计分配率分配某产品应负担的制造费用

某月某产品应负担的制造费用＝该月该种产品实际（定额）工时×年初预计分配率

按照预计分配率分配的制造费用与实际发生的制造费用的差额平时保留在“制造费用”账户。

差异额＝实际发生的制造费用－按照预计分配率分配的制造费用

（3）年末调整分配差额，计入各产品生产成本

差额分配率＝差异额÷∑某种产品按预计分配率分配的制造费用

某产品应分配的差异额＝该产品按预计分配率分配的制造费用×差额分配率

例4-10 某车间全年计划预算制造费用为4 000元，生产甲、乙两种产品，其全年计划产量分别为150件、200件，单位定额工时分别为20工时/件、10工时/件。

解答：预计分配率＝4 000÷（150×20＋200×10）＝0.8元/工时

假设12月份甲、乙两种产品实际工时分别为200、150工时，12月份按预计分配率分配的制造费用：

甲＝200×0.8＝160（元）　　　乙＝150×0.8＝120（元）

假设1—11月份甲、乙两种产品按预计分配率分配的制造费用分别为2 000元、1 800元，全年发生的制造费用为4 500元。

差额＝4 500－（2 000＋1 800＋160＋120）＝420（元）

差额率＝420÷［（2 000＋160）＋（1 800＋120）］＝0.102 94

甲负担的差额＝（2 000＋160）×0.102 94＝222（元）

乙负担的差额＝（1 800＋120）×0.102 94＝198（元）

编制会计分录：

借：生产成本—基本生产成本（甲产品）　　222

　　　　　　—基本生产成本（乙产品）　　198

　贷：制造费用　　420

（三）累计分配率法

累计分配率法是在产品完工时一次性分配其应负担的全部制造费用。未完工产品暂不分配，其应负担的费用仍保留在“制造费用”账户中，待其完工后一次性分配。累计分配率方式中的分配标准，可采用上述分配方式中分配标准的任何一种。计算公式：

制造费用累计分配率＝（制造费用期初余额＋本月发生的制造费用）÷各种产品累计分配标准之和

完工产品应分配的制造费用＝完工产品的累计分配标准×累计分配率

采用累计分配率方式分配制造费用的优点是在生产周期较长的企业，假若完工产品批次少，未完工产品批次多可简化会计核算的工作量。若企业完工的批次多，而未完工的批次少，由于简化的工作量较少，所以，可不采用这种方法进行分配。同时，采用这种方式分配制造费用时，各月份制造费用水平应相差不大，否则，会影响计算结果的准确性。这种方法一般是在每月完工产品的批次少，未完工产品的批次多，各月费用水平相差不多的情况下采用。

例4-11 某实行分批法的企业，2015年5月共生产甲、乙、丙、丁四批产品，甲产品上月投产，上月生产工时为800小时，本月发生工时为3 000小时，另外三种产品均为本月投产，工时分别为4 800小时、3 600小时和6 500小时。月初制造费用余额为2 720元，本月发生的制造费用3 250元。甲产品本月完工，其余三批产品均未完工。

（1）采用累计分配率法分配制造费用。编制“制造费用分配表”见表4.16。

表 4.16　　　　制造费用分配表

2015 年 5 月

对象	生产工时（小时）	分配率（小时/元）	分配金额（元）
甲产品	3 800		1 213.15
未完工	14 900		4 756.85
合计	18 700	0.31925	5 970

（2）编制会计分录

根据“制造费用分配表”（表4.17），编制会计分录。

借：生产成本—基本生产成本（甲产品）　　1 213.15

　贷：制造费用　　1 213.15

（四）制造费用分配方法比较

采用年度预计分配率分配法时应注意，对计划费用与实际费用产生的差异额，可在年终一次转入生产成本中，这样在每月月末“制造费用”账户有余额，余额在借方，表示实际费用大于计划费用，本期实际发生的制造费用大于本期分配的计划费用；余额在贷方，表示实际费用小于计划费用，即本期实际发生的制造费用小于本期分配的计划费用。年末调整完差额后，“制造费用”账户无余额。

采用累计分配率法分配制造费用时，并不是每个月末都需要计算分配率进行制造费用的分配，只有本月有产品完工时，月末才计算分配率，分配时只把完工产品负担的制造费用，从“制造费用”账户贷方，转移计入完工产品生产成本的借方，没完工产品应该负担的制造费用仍然保留在“制造费用”账户。制造费用分配方法具体比较如表 4.17 所示。

表 4.17　制造费用分配方法比较

项目	分配标准	分配率	某产品应分配数	适用范围	特征
工时比例分配法	实际（定额）工时	制造费用总额÷各种产品实际（定额）工时之和	该产品实际（定额）工时×分配率	制造费用的发生与生产工时有密切关系	制造费用账户期末没有余额
生产工人工资比例分配法	生产工人工资	制造费用总额÷各种产品生产工人工资总额	该产品生产工人工资×分配率	制造费用的发生与工资有密切关系	制造费用账户期末没有余额
年度预计分配率分配法	实际（定额）工时	全年计划制造费用总额÷全年各种产品计划产量定额工时总数	实际工时（定额工时）×年度预计分配率	季节性生产企业	制造费用账户月末有余额
累计分配率	实际（定额）工时	制造费用总额÷各种产品实际（定额）累计工时之和	某完工产品应分配数=该实际（定额）工时×累计分配率	单件小批生产企业	制造费用账户期末有余额

课后练习

一、单项选择题

1．辅助生产车间的产品或劳务主要用于（　　）。

A．辅助生产车间内部的生产和管理　　B．基本生产和经营管理

C．对外销售　　D．专项工程建造

2．辅助生产费用直接分配法的特点是辅助生产费用（　　）。

A．直接计入“生产成本——辅助生产成本”科目

B．直接分配给所有受益的车间、部门

C．直接分配给辅助生产以外的各受益单位

D．直接计入辅助生产提供的劳务成本

3．将辅助生产车间费用先进行一次相互分配，然后再将辅助生产费用对辅助生产车间以外各受益对象进行分配，这种辅助生产费用的分配方法是（　　）。

A．直接分配法　B．顺序分配法　C．交互分配法　D．代数分配法

4．在辅助生产费用分配方法中，不考虑各辅助生产车间相互提供产品和劳务的方法是（　　）。

A．代数分配法　B．直接分配法　C．交互分配法　D．计划成本分配法

5．辅助生产费用各种分配方法中计算结果最正确，适用于实行会计电算化企业的是（　　）。

A．计划成本分配法　B．交互分配法

C．代数分配法　D．直接分配法

6．在辅助生产费用采用计划成本分配法时，为了简化计算工资，辅助生产劳务的成本差异一般全部计入（　　）。

A．管理费用　B．生产成本　C．制造费用　D．营业外损益

7．辅助生产费用的顺序分配法，是指各辅助生产车间之间的费用分配应按照辅助生产车间（　　）。

A．费用多的排列在前，费用少的排列在后的顺序分配

B．费用少的排列在前，费用多的排列在后的顺序分配

C．受益多的排列在前，受益少的排列在后的顺序分配

D．受益少的排列在前，受益多的排列在后的顺序分配

8．辅助生产费用交互分配后的实际费用，应在有关单位之间进行分配，有关单位是指（　　）。

A．各受益单位　B．各辅助生产车间

C．基本生产车间　D．辅助生产车间以外的各受益单位

二、简答题

1．简述辅助生产成本各种分配方法的原理。

2．简述制造费用各种分配方法的原理。

三、练习辅助生产成本的分配方法

某企业设置供电、供水两个辅助生产车间，2015 年 8 月发生的费用分别为 4 800 元和 4 700 元，劳务供应情况如表 4.18 所示（每度电、每吨水的计划单价分别为 0.31 元、0.51 元）：

表 4.18　劳务供应情况表

受益单位	用电（度）	用水（吨）
供电车间		800
供水车间	800	
基本生产产品用	13 000	
基本车间一般用	1 400	8 000
行政管理部门	800	600
合计	16 000	9 400

假设基本生产车间生产甲、乙两种产品，本月实际工时分别为 6 850 小时、4 265 小时。要求：根据所给的分配表格（见表 4.21 至表 4.25），采用直接分配、交互分配法、计划成本分配法、代数分配法、顺序分配法进行分配并编制会计分录。(保留两位小数点)。

四、练习制造费用的分配

1．某车间全年预算制造费用额为 180 000 元，各种产品全年计划产量定额工时为 200 000 小时。2015 年 12 月份甲产品实际工时为 13 000 小时，乙产品实际工时为 5 500 小时。年末核算时，该车间全年实际发生制造费用 189 000 元。1～11 月份按预算分配率分配的制造费用甲产品为 122 400 元，乙产品为 53 550 元。根据上述资料，采用预计分配率法分配制造费用。

2．某企业 2015 年 8 月份共生产甲、乙、丙、丁四批产品，甲、乙产品上月投产，上月生产工时分别为 1 000 小时、650 小时，另外两种产品均为本月投产。甲、乙、丙、丁四批产品本月发生工时分别 1 860 小时、3 500 小时、2 800 小时、2 600 小时和 6 500 小时。月初制造费用余额为 2 720 元，本月发生的制造费用 8 250 元。甲、乙产品本月完工，其余两批产品均未完工。

要求：采用累计分配率法分配制造费用，填制“制造费用分配表”，如表 4-19 所示。并编制会计分录（见表 4.20～表 4.24）。

表 4.19　　制造费用分配表

2015 年 8 月

对象	生产工时	分配率	分配金额

表 4.20　　辅助生产费用分配表（直接分配）

年　月

<table>
<tr><th rowspan="4">项目</th><th rowspan="4">分配费用</th><th rowspan="4">分配数量</th><th rowspan="4">分配率</th><th colspan="10">分配金额</th></tr>
<tr><th colspan="4">生产成本</th><th colspan="4">制造费用</th><th colspan="2">企管部门</th></tr>
<tr><th colspan="2">第一车间</th><th colspan="2">第二车间</th><th colspan="2">第一车间</th><th colspan="2">第二车间</th><th rowspan="2">数量</th><th rowspan="2">金额</th></tr>
<tr><th>数量</th><th>金额</th><th>数量</th><th>金额</th><th>数量</th><th>金额</th><th>数量</th><th>金额</th></tr>
<tr><td></td><td></td><td></td><td></td><td></td><td></td><td></td><td></td><td></td><td></td><td></td><td></td><td></td><td></td></tr>
<tr><td></td><td></td><td></td><td></td><td></td><td></td><td></td><td></td><td></td><td></td><td></td><td></td><td></td><td></td></tr>
<tr><td>合计</td><td></td><td></td><td></td><td></td><td></td><td></td><td></td><td></td><td></td><td></td><td></td><td></td><td></td></tr>
</table>

会计分录：

表 4.21　　辅助生产费用分配表（交互分配）

年　月

<table>
<tr><th colspan="2" rowspan="4">项目</th><th rowspan="4">分配费用</th><th rowspan="4">分配数量</th><th rowspan="4">分配率</th><th colspan="14">分配金额</th></tr>
<tr><th colspan="2"></th><th colspan="2"></th><th colspan="4">生产成本</th><th colspan="4">制造费用</th><th colspan="2">管理费用</th></tr>
<tr><th rowspan="2">数量</th><th rowspan="2">金额</th><th rowspan="2">数量</th><th rowspan="2">金额</th><th colspan="2">第一车间</th><th colspan="2">第二车间</th><th colspan="2">第一车间</th><th colspan="2">第二车间</th><th rowspan="2">数量</th><th rowspan="2">金额</th></tr>
<tr><th>数量</th><th>金额</th><th>数量</th><th>金额</th><th>数量</th><th>金额</th><th>数量</th><th>金额</th></tr>
<tr><td rowspan="3">交互分配</td><td></td><td></td><td></td><td></td><td></td><td></td><td></td><td></td><td></td><td></td><td></td><td></td><td></td><td></td><td></td><td></td><td></td><td></td></tr>
<tr><td></td><td></td><td></td><td></td><td></td><td></td><td></td><td></td><td></td><td></td><td></td><td></td><td></td><td></td><td></td><td></td><td></td><td></td></tr>
<tr><td>小计</td><td></td><td></td><td></td><td></td><td></td><td></td><td></td><td></td><td></td><td></td><td></td><td></td><td></td><td></td><td></td><td></td><td></td></tr>
</table>

续表

<table>
<tr><th colspan="2" rowspan="4">项目</th><th rowspan="4">分配费用</th><th rowspan="4">分配数量</th><th rowspan="4">分配率</th><th colspan="14">分配金额</th></tr>
<tr><th colspan="2"></th><th colspan="2"></th><th colspan="4">生产成本</th><th colspan="4">制造费用</th><th colspan="2">管理费用</th></tr>
<tr><th rowspan="2">数量</th><th rowspan="2">金额</th><th rowspan="2">数量</th><th rowspan="2">金额</th><th colspan="2">第一车间</th><th colspan="2">第二车间</th><th colspan="2">第一车间</th><th colspan="2">第二车间</th><th rowspan="2">数量</th><th rowspan="2">金额</th></tr>
<tr><th>数量</th><th>金额</th><th>数量</th><th>金额</th><th>数量</th><th>金额</th><th>数量</th><th>金额</th></tr>
<tr><td rowspan="3">对外分配</td><td></td><td></td><td></td><td></td><td></td><td></td><td></td><td></td><td></td><td></td><td></td><td></td><td></td><td></td><td></td><td></td><td></td><td></td></tr>
<tr><td></td><td></td><td></td><td></td><td></td><td></td><td></td><td></td><td></td><td></td><td></td><td></td><td></td><td></td><td></td><td></td><td></td><td></td></tr>
<tr><td>小计</td><td></td><td></td><td></td><td></td><td></td><td></td><td></td><td></td><td></td><td></td><td></td><td></td><td></td><td></td><td></td><td></td><td></td></tr>
<tr><td colspan="2">合计</td><td></td><td></td><td></td><td></td><td></td><td></td><td></td><td></td><td></td><td></td><td></td><td></td><td></td><td></td><td></td><td></td><td></td></tr>
</table>

表 4.22　　　　辅助生产费用分配表（计划分配）

年　　月

<table>
<tr><th rowspan="4">项目</th><th rowspan="4">直接费用</th><th rowspan="4">分配数量</th><th rowspan="4">计划单价</th><th colspan="14">按计划单价分配金额</th><th rowspan="4">直接费用与转入合计</th><th rowspan="4">差异</th></tr>
<tr><th colspan="2"></th><th colspan="2"></th><th colspan="4">生产成本</th><th colspan="4">制造费用</th><th colspan="2">管理费用</th></tr>
<tr><th rowspan="2">数量</th><th rowspan="2">金额</th><th rowspan="2">数量</th><th rowspan="2">金额</th><th colspan="2">第一车间</th><th colspan="2">第二车间</th><th colspan="2">第一车间</th><th colspan="2">第二车间</th><th rowspan="2">数量</th><th rowspan="2">金额</th></tr>
<tr><th>数量</th><th>金额</th><th>数量</th><th>金额</th><th>数量</th><th>金额</th><th>数量</th><th>金额</th></tr>
<tr><td></td><td></td><td></td><td></td><td></td><td></td><td></td><td></td><td></td><td></td><td></td><td></td><td></td><td></td><td></td><td></td><td></td><td></td><td></td><td></td></tr>
<tr><td></td><td></td><td></td><td></td><td></td><td></td><td></td><td></td><td></td><td></td><td></td><td></td><td></td><td></td><td></td><td></td><td></td><td></td><td></td><td></td></tr>
<tr><td>合计</td><td></td><td></td><td></td><td></td><td></td><td></td><td></td><td></td><td></td><td></td><td></td><td></td><td></td><td></td><td></td><td></td><td></td><td></td><td></td></tr>
</table>

表 4.23　　　　辅助生产费用分配表（代数分配）

年　　月

<table>
<tr><th rowspan="4">部门</th><th rowspan="4">计划单价</th><th colspan="14">使用车间和部门</th><th colspan="2" rowspan="2">合计</th></tr>
<tr><th colspan="2"></th><th colspan="2"></th><th colspan="4">生产成本</th><th colspan="4">制造费用</th><th colspan="2">管理费用</th></tr>
<tr><th rowspan="2">数量</th><th rowspan="2">金额</th><th rowspan="2">数量</th><th rowspan="2">金额</th><th colspan="2">第一车间</th><th colspan="2">第二车间</th><th colspan="2">第一车间</th><th colspan="2">第二车间</th><th rowspan="2">数量</th><th rowspan="2">金额</th><th rowspan="2">数量</th><th rowspan="2">金额</th></tr>
<tr><th>数量</th><th>金额</th><th>数量</th><th>金额</th><th>数量</th><th>金额</th><th>数量</th><th>金额</th></tr>
<tr><td></td><td></td><td></td><td></td><td></td><td></td><td></td><td></td><td></td><td></td><td></td><td></td><td></td><td></td><td></td><td></td><td></td><td></td></tr>
<tr><td></td><td></td><td></td><td></td><td></td><td></td><td></td><td></td><td></td><td></td><td></td><td></td><td></td><td></td><td></td><td></td><td></td><td></td></tr>
<tr><td>合计</td><td></td><td></td><td></td><td></td><td></td><td></td><td></td><td></td><td></td><td></td><td></td><td></td><td></td><td></td><td></td><td></td><td></td></tr>
</table>

表 4.24　　　　辅助生产费用分配表（顺序分配）

年　月

项目	分配数量	分配费用			分配率	分配额							
		直接费用	分配转入	小计				生产成本		制造费用		管理费用	
						数量	金额	数量	金额	数量	金额	数量	金额
合计													

第五章 生产损失的核算

学习目标：

1．了解废品损失的概念、类别和产生废品的原因。

2．掌握“废品损失”账户核算的内容及“废品损失明细账”的登记方法。

3．掌握不可修复废品损失的核算方法。

关键词：

废品　废品损失　不可修复废品

企业生产过程中发生的各种损失，称为生产损失。生产损失一般包括废品损失和停工损失两类。企业产生生产损失的原因很多，诸如生产工艺水平、材质、工人的素质、企业管理水平等。企业生产过程中产生一些损失往往是不可避免地。如果生产损失的数额较小，为了简化成本核算的工作量，可不进行核算；但若生产损失的数额较大，为了控制生产损失发生的数额，使其不断降低，同时，也为了明确经济责任，提高企业的管理水平，保证企业生产的正常进行，就有必要进行生产损失的核算。

第一节 废品损失的核算

一、废品及废品损失概述

（一）废品的概念

废品是指经检验在质量上不符合规定的技术标准，不能按照原定用途使用，或者需要加工修理才能使用的在产品、半成品或产成品。

（二）废品的分类

1. 按废品的废损程度和在经济上是否具有修复价值分类

按废品的废损程度和在经济上是否具有修复价值分为可修复废品和不可修复废品。

（1）可修复废品。指技术上可以修复而且所花费的修复费用在经济上合算的废品。

（2）不可修复废品。指技术上不可修复而且所花费的修复费用在经济上不合算的废品。

2. 按产生废品的原因不同分类

按产生废品的原因不同分为料废和工废。

（1）料废。是指由于材料质量、规格、性能不符合要求而产生的废品。

（2）工废。是指在生产过程中由于加工工艺技术、工人操作方法、技术水平等方面的缺陷所产生的废品。

（三）废品损失

废品损失是指因产生废品而造成的损失。废品损失主要包括可修复废品的修复费用和不可修复废品的成本减去废品残值后的报废损失。不可修复废品的报废损失指不可修复废品生产成本扣除回收残料价值和赔款后的净损失。可修复废品的修复费用指可修复废品在返修过程中所发生的修理费用（耗用的材料、人工等）。

由于生产原因而造成的废品所形成的损失称为废品损失，而非在库存或销售环节发生的损失。

注意：下列不属于废品损失的内容。

（1）应由过失人赔偿的废品损失。

（2）不需要修复可降价出售的不合格品的出售损失。经过质量检验部门鉴定不需要返修、可以降价出售的不合格品，其降价损失，应在计算销售损益时体现，不应作为废品损失处理。

（3）实行“三包”的产品，发生的三包损失。实行包退、包修、包换“三包”的企业，在产品出售以后发现的废品所发生的一切损失，也应计入管理费用，不包括在废品损失内。

（4）产成品入库后，由于保管不善等原因而损坏变质的损失，应作为管理费用处理，也不作为废品损失处理。

（四）废品损失核算的原始凭证

废品损失核算的原始凭证是“废品通知单”。质量检验部门发现废品时，应该填制“废品通知单”，列明废品的种类、数量、产生生产废品的原因和过失人等。成本会计人员应该会同检验人员对“废品通知单”所列废品产生的原因和过失人等项目加强审核。只有经过审核的“废品通知单”，才能作为废品损失核算的根据。废品损失的内容为可修复废品的修复费用和不可修复废品的净损失。

二、设置的账户

在单独核算废品损失的企业里，为了核算生产过程中的废品损失，应设置“废品损失”账户。“废品损失”账户核算的内容为可修复废品的修复费用和不可修复废品的净损失。借方登记发生的可修复废品的修复费用、不可修复废品的成本。贷方登记应由保险公司、责任人赔偿的损失和结转的废品净损失。废品的净损失，应转入当月生产的同种产品中，全部由本期完工合格品负担，期末在产品不负担废品损失。经过上述结转后，“废品损失”账户期末应无余额。

企业还应设置“废品损失明细账”，其账页格式为多栏式，与“产品成本计算单”类似。“废品损失”账户按车间和产品分别设置明细账，账内按成本项目设置专栏。

三、废品损失的核算

（一）不可修复废品损失的核算

不可修复废品的成本在报废之前与合格品的成本是合并在一起的，先将不可修复废品的成本从合格品的成本中分离出来，然后将不可修复废品的成本减去废品残料价值以及应向责任人索赔款项，余额为不可修复废品的净成本。

进行不可修复废品损失的核算，先应计算截至报废时已经发生的废品生产成本；然后扣除残值和应收赔款，算出废品损失。不可修复废品的生产成本，可按废品所耗实际费用计算，也可按废品所耗定额费用计算。

1. 按废品所耗实际费用计算

在采用按废品所耗实际费用计算的方法时，由于废品报废以前发生的各项费用是与合格产品一起计算的，因而要将废品报废以前与合格品计算在一起的各项费用，采用适当的分配方法，在合格品与废品之间进行分配，计算出废品的实际成本，从“生产成本—基本生产成本”科目的贷方转入“废品损失”账户的借方。

按废品所消耗的实际费用计算，产品成本明细账所归集的生产费用在废品与合格品之间采用适当的方法进行分配。

计算公式如下：

废品负担的直接材料

＝某产品的直接材料费用总额÷（合格品数量＋废品约当量）×废品约当量（折合数）

废品负担的直接人工＝某产品的直接人工费用总额÷（合格品工时＋废品工时）×废品工时

废品负担的制造费用＝某产品的制造费用总额÷（合格品工时＋废品工时）×废品工时

约当量：折合成相当于完工产品的数量，具体折合应根据完工程度（投料程度、加工程度）进行折算。

如果废品是在完工以后发现的，这时单位废品负担的各项生产费用应与单位完工合格品完全相同，可按合格品产量和废品数量比例分配各项生产费用，计算废品的实际成本。按废品的实际费用计算和分配废品损失符合实际，但核算工作量较大。

2. 按废品所耗定额成本计算

按废品所耗定额成本计算不可修复废品成本时，废品的生产成本按废品的数量和各项费用定额计算。按废品定额费用计算废品的定额成本，由于费用定额事先规定，不仅计算工作比较简便，而且还可以使计入产品成本的废品损失数额不受废品实际费用水平高低的影响。也就是说，废品损失大小只受废品数量差异（量差）的影响，不受废品成本差异（价差）的影响，从而有利于废品损失和产品成本的分析和考核。但是，采用这一方法计算废品生产成本，必须具备准确的消耗定额和费用定额资料。

（二）可修复废品损失的核算

可修复废品返修发生的各种费用，应根据各种费用分配表，计入“废品损失”账户的借方。其回收的残料价值和应收的赔款，应从“废品损失”账户的贷方，转入“原材料”和“其他应收款”账户的借方。废品修复费用减去残料和赔款后的废品净损失，也应从“废品损失”账户的贷方转入“生产成本—基本生产成本”账户的借方，在所属有关的产品成本明细账中计入“废品损失”成本账户。

在不单独核算废品损失的企业中，不设立“废品损失”账户和成本项目，只在回收废品残料时，借记“原材料”账户，贷记“生产成本—基本生产成本”账户，并从所属有关产品成本明细账的“直接材料”成本项目中扣除残值价值。“生产成本—基本生产成本”账户和所属有关产品成本明细账归集的完工产品总成本，除以扣除废品数量以后的合格品数量，就是合格品的单位成本。

（三）废品损失核算的账务处理

（1）不可修复废品的生产成本，应根据不可修复废品成本计算表，编制会计分录。

借：废品损失

　　贷：生产成本—基本生产成本

（2）可修复废品的修复费用，应根据各种费用分配表，编制会计分录。

借：废品损失

　　贷：原材料

　　　　应付职工薪酬

　　　　制造费用等

（3）废品残料的回收价值和应收的赔款，应从“废品损失”账户的贷方转出。

借：原材料（或其他应收款）

　　贷：废品损失

（4）“废品损失”账户上述借方发生额大于贷方发生额的差额，就是废品损失，分配转入本月同种产品的“产品成本计算单”和“基本生产成本明细账”的“废品损失”成本项目，由本月该种完工产品负担。编制如下会计分录：

借：生产成本—基本生产成本

　　贷：废品损失

通过上述归集和分配，“废品损失”账户月末没有余额。

四、不可修复废品成本的计算

（一）按废品所耗实际费用计算

按废品所耗实际费用计算废品成本，是指按成本项目将实际发生的生产费用在合格品和废品之间进行分配。当原材料在开始生产就一次投入时，材料费用可按合格品与废品的数量比例分配；如果不是在开始生产时一次投入的，而是随着生产进度陆续投入的，则可采用适当的方法，将废品折合成合格品的数量进行分配。其余各成本项目，可按合格品和废品的工时比例进行分配。

例5-1　某企业2015年5月生产甲产品，发生直接材料3 000元、直接人工2 000元、制造费用1 000元。本月废品10件、合格品90件；废品、合格品耗用工时分别为1 000工时、3 000工时；原材料开工时一次投料，残值50元。

解答：（1）计算。

直接材料分配率＝3 000÷（90＋10）＝30

合格品：30×90＝2 700（元）　　　废品：30×10＝300（元）

直接人工分配率＝2 000÷（3 000＋1 000）＝0.5

合格品：0.5×3 000＝1 500元　　　废品：0.5×1 000＝500（元）

制造费用分配率＝1 000÷（3 000＋1 000）＝0.25

合格品：0.25×3 000＝750（元）　　废品：0.25×1 000＝250（元）

计算工作在“不可修复废品成本的计算表”（见表5.1）上进行。

表 5.1　　不可修复废品成本计算表

2015 年 5 月　　金额单位：元

项目	产量（件）	直接材料	直接人工	制造费用	生产工时（小时）	合 计
费用总额	90	3 000	2 000	1 000	3 000	6 000
费用分配率		30	0.5	0.25		
废品成本	10	300	500	250	1 000	1 050
废品残值		50				
废品净损失		250	500	250		1 000

（2）据“不可修复废品成本的计算表”编制会计分录。

借：废品损失　　1 000

　　原材料　　50

　　贷：生产成本—基本生产成本　　1 050

（3）据“不可修复废品成本的计算表”登记有关明细账。登记“基本生产成本明细账”“产品成本计算单”“废品损失明细账”。

（4）结转废品净损失。月末在“废品损失明细账”上，计算出净损失后，将其从“废品损失明细账”结转到“基本生产成本明细账”和“产品成本计算单”的“废品损失”成本项目上，由本月完工产品负担。并编制会计分录。

借：生产成本—基本生产成本　　1 000

　　贷：废品损失　　1 000

（二）按废品所耗定额成本计算

按定额成本计算废品成本是指根据废品的数量、各项消耗定额及计划单价计算不可修复废品成本的方法。一般适用于定额资料比较完整准确的情况。

例5-2　某企业生产A产品，A产品由a、b、c零件组成，2015年5月“废品资料”见表5.2，“部分零部件消耗定额资料”见表5.3。其他有关资料如下。

（1）本月份A产品出现可修复废品，发生如下修理费：直接材料1 224元，直接人工3 300元，分配的辅助供电车间的燃料及动力费1 125元，负担的制造费用12 600元。

（2）废品残值资料。a零件交库40千克，每千克0.34元；b零件交库80千克，每千克0.30元；c零件交库100千克，每千克0.44元。

（3）计划单价资料。甲材料、乙材料的计划单价分别为1.5元/千克、2.8元/千克，直接人工、燃料动力、制造费用的计划单价分别为0.5元/工时、0.8元/工时、0.6元/工时。要求：采用定额成本法计算A产品的废品净损失，编制有关会计分录，并登记“废品损失明细账”。

表 5.2　　废品资料

零件名称	计量单位	料废		工费		致残分析	致残工序
		数量（件）	原因	数量（件）	原因		
a	件	20		10		不可修废品	车工
b	件	8				不可修废品	钻工
c	件	16				不可修废品	磨工

表 5.3 部分零部件消耗定额资料

零件名称	计量单位	原材料消耗定额		工时消耗定额（小时）				
		材料名称	定额千克	锻工	车工	钻工	磨工	合计
a	件	甲材料	20	2	3		1	6
b	件	甲材料	10	3	1	2	2	8
c	件	丙材料	5	2	1	2	1	6

解答：（1）可修复废品的处理。根据可修复废品发生的修理费编制会计分录，并登记“废品损失明细账”（见表5.6）。

借：废品损失—甲产品　　18 249

　贷：原材料　　1 224

　　应付职工薪酬　　3 300

　　生产成本—辅助生产成本　　1 125

　　制造费用　　12 600

（2）编制“废品消耗量计算表”（见表5.4）。根据“废品资料”（见表5.2），“部分零部件消耗定额资料”（见表5.3），编制“废品消耗量计算表”。

表 5.4 废品消耗量计算表

零件名称	数量	原材料定额消耗量（千克）		工时定额耗用量
		甲材料	丙材料	
a	30	600		150
b	8	80		48
c	16		80	96
合计	54	680	80	294

（3）编制“不可修复废品成本计算表”（见表5.5）。根据“废品消耗量计算表”（表5.4），结合计划单价资料，编制“不可修复废品成本计算表”。甲材料、乙材料的计划单价分别为1.5元/千克、2.8元/千克，直接人工、燃料动力、制造费用的计划单价分别为0.5元/工时、0.8元/工时、0.6元/工时。

表 5.5 不可修复废品成本计算表

项目	直接材料		燃料及动力	直接人工	制造费用
	甲材料	丙材料			
计划单价	1.5	2.8	0.8	0.5	0.6
定额耗用量	680	80	294		
定额成本	1 020	224	235.2	147	176.4

根据“不可修复废品成本计算表”编制会计分录，并登记“废品损失明细账”（见表5.6）。

借：废品损失　　1 802.6

　贷：生产成本—基本生产成本　　1 802.6

（4）结转A产品废品残值。废品残值共81.6元。其中：a零件交库40千克，每千克0.34元；b零件交库80千克，每千克0.30元；c零件交库100千克，每千克0.44元。编制会计分录并登记“废品损失明细账”（见表5.6）。

借：原材料　　　　　　　　　　　　　　　　　　　　81.6
　　贷：废品损失　　　　　　　　　　　　　　　　　　　81.6

（5）结转废品净损失。在“废品损失明细账”上计算出本月A产品废品的净损失，结转到“基本生产成本明细账”和“A产品计算单”中，编制会计分录。

借：生产成本—基本生产成本（A 产品）　　　　　　　19 970
　　贷：废品损失　　　　　　　　　　　　　　　　　　　19 970

表 5.6　　　　　　　　　　废品损失明细账　　　　　　　　　　单位：元

2015 年 5 月　　　　　　　　　　　　　　　　　　　　产品：A 产品

摘要	直接材料	直接人工	燃料动力	制造费用	合计
分配材料费用	1 224				1 224
分配工资		3 300			3 300
分配辅助生产费用			1 125		1 125
分配制造费用				12 600	12 600
不可修复废品成本	1 244	147	235.2	176.4	1 802.6
结转交库废料价值	－81.6				－81.6
合计	2 386.4	3 447	1 360.2	12 776.4	19 970
转出废品净损失	2 386.4	3 447	1 360.2	12 776.4	19 970

第二节　停工损失的核算

一、停工损失的概念

停工损失是指生产车间或车间内某个班组在停工期间发生的各项费用，包括停工期间发生的原材料费用、工资及福利费和制造费用等。应由过失单位或保险公司负担的赔款，应从停工损失中扣除。为了简化核算工作，停工不满 1 个工作日的，一般不计算停工损失。

二、停工损失的核算方法

为了单独核算停工损失，在会计科目中应增设“停工损失”账户；在成本项目中应增设“停工损失”项目。“停工损失”账户是为了归集和分配停工损失而设立的。该科目应按车间设立明细账，账内按成本项目分设专栏或专行，进行明细核算。停工期间发生、应该计入停工损失的各种费用，都应在该科目的借方归集：借记“停工损失”账户，贷记“原材料”“应付工资”“应付福利费”和“制造费用”等账户。归集在“停工损失”账户借方的停工损失，其中应取得赔偿的损失和应计入营业外支出的损失，应从该科目的贷方分别转入“其他应收款”和“营业外支出”科目的借方；应计入产品成本的损失，则应从该科目的贷方分别转入“生产成本—基本生产成本”科目的借方。应计入产品成本的停工损失，如果停工的车间只生产一种产品，应直接记入该种产品成本明细账的“停工损失”成本项目；如果停工的车间生产多种产品，则应采用适当的分配方法（如采用类似于分配制造费用的方法），分配计入该车间各种产品成本明细账的“停工损失”成本项目。

课后练习

一、单项选择题

1．下列各项中，应确认为可修复废品损失的是（　　）。

A．返修以前发生的生产费用

B．可修复废品的生产成本

C．返修过程中发生的修复费用

D．可修复废品的生产成本加上返修过程中发生的修复费用

2．下列各项中，应核算停工损失的是（　　）。

A．机器设备故障发生的大修理　　B．季节性停工

C．不满一个月的停工　　D．辅助生产车间设备的停工

3．在进行产品成本核算时，要求单独核算的废品损失一般（　　）。

A．在产品和完工产品之间采用特定方法进行分配

B．全部由完工产品成本负担

C．直接作为期间费用

D．全部由月末在产品负担

4．应计入产品成本的停工损失是（　　）。

A．由于火灾造成的停工损失　　B．应由过失单位赔偿的停工损失

C．季节性和固定资产修理期间的停工损失　　D．由于地震造成的停工损失

5．实行包退、包修、包换“三包”的企业，在产品出售以后发现的废品所发生的一切损失，在财务上应计入（　　）。

A．废品损失　　B．营业外支出　　C．管理费用　　D．基本生产成本

6．计算不可修复废品的生产成本，可以按废品所耗的实际费用，也可以按废品所耗（　　）。

A．消耗定额　　B．定额费用　　C．定额消耗　　D．费用定额

二、简答题

1．废品及废品损失的概念？

2．废品损失的处理过程？

三、计算题

（一）某企业生产 A 产品共 2 000 件，2015 年 6 月检验出有 10 件产品属于不可修复废品，并且收回残料作价 100 元入库。已知本月 A 产品生产工时共 20 000 小时，其中不可修复废品耗用 100 小时。A 产品生产费用合计为 139 920 元。其中：直接材料 90 000 元，直接人工 9 120 元，制造费用 40 800 元。原材料在生产开始时一次投料。根据所给的资料，按照合格品与废品数量分配材料费用，按照生产工时分配加工费用。要求：（1）编制不可修复废品成本分配表（如表 5.7）；（2）编制废品损失的会计分录。

表 5.7 不可修复废品成本分配表

项目	产量	直接材料	直接人工	制造费用	成本合计
生产费用合计					
分配率					
不可修复废品					
减：废品残料					
废品损失					

（二）某企业生产甲产品，甲产品由 a、b、c 零件组成，有关资料如表 5.8 和表 5.9 所示。

（1）废品资料

表 5.8

零件名称	计量单位	料废		工废		致残分析	致残工序
		数量	原因	数量	原因		
a	件	10		5		不可修	锻工
b	件	12				不可修	车工
c	件	14				不可修	钻工

（2）部分零部件消耗定额资料

表 5.9

零件名称	计量单位	原材料消耗定额（公斤）		工时消耗定额（小时）				
		材料	定额	锻工	车工	钻工	磨工	合计
a	件	x 材料	15	2	3		1	6
b	件	x 材料	8	3	1	2	2	8
c	件	y 材料	6	2	1	2	1	6

（3）废品残值资料如下。a 零件交库 30 千克，每千克 0.28 元；b 零件交库 60 千克，每千克 0.36 元；c 零件交库 80 千克，每千克 0.51 元。

（4）计划单价资料。x 材料、y 材料的计划单价分别为 2 元/千克、3 元/千克，直接人工、燃料动力、制造费用的计划单价分别为 1.5 元/工时、1.8 元/工时、2.2 元/工时。

（5）本月份可修复废品发生的修理费。直接材料 3 451 元，燃料及动力 2 315 元，直接人工 4 827 元，制造费用 8 672 元。

要求：采用定额成本法计算废品净损失，编制会计分录，并登记“废品损失明细账”如表 5.10、表 5.11 和表 5.12 所示。

表 5.10 废品消耗量计算表

零件名称	数量	原材料定额消耗量（千克）		工时定额耗用量
		x 材料	y 材料	

表 5.11 不可修复废品成本计算表

项目	直接材料		燃料及动力	直接人工	制造费用
	x 材料	y 材料			
计划单价					
定额耗用量					
定额成本					

分录：

表 5.12 废品损失明细账

摘要	直接材料	直接人工	燃料动力	制造费用	合计

分录：

第六章 生产费用的分配

学习目标：

1．了解广义、狭义在产品的概念，了解生产费用的分配模式。

2．掌握生产费用分配的约当产量法、定额比例法、定额成本法的分配原理，能熟练编制“产品成本计算单”。

3．掌握约当产量法下完工程度的计算方法及在产品约当产量的计算；把握产品定额耗用量的计算方法。

关键词：

在产品　约当产量　约当产量法　定额比例法

第一节 概述

一、概念

（一）在产品概念

制造企业的在产品是指处在生产过程中尚未完工的产品。

1. 狭义在产品

狭义在产品是针对某一个生产步骤、车间而言。本步骤、本车间未完工的产品。它仅指停留在本车间或本步骤正在进行加工制造的在制品，不包括该车间或该步骤已经完工结转的自制半成品。从狭义（即从车间或工段）来讲，在产品是指正在加工中的产品。

2. 广义在产品

广义在产品是针对企业而言，指没有完成全部生产过程、不能作为商品销售的在制品和半成品。它不仅包括狭义在产品，而且还包括已经完成部分加工阶段，由中间仓库验收，但尚未完成全部生产过程的自制半成品。对外销售的自制半成品是商品，不属于在产品。对于需要多个步骤才能生产出产品的生产企业而言，除最后一个生产步骤完工的产品外，其他各个中间生产步骤生产完成的产品都是在产品。纺织企业从棉花到棉纱再到棉布的生产，钢铁厂从铁矿石到铁锭再到钢产品的生产都属于该种情况。从广义（即从整个企业）来讲，在产品包括正在加工中的产品和加工告一段落留存在半成品库和以后各步骤的半成品。

3. 在产品数量的核算

在产品的数量核算包括盘盈在产品的账务处理和盘亏在产品的账务处理。

在产品盘盈的账务处理如下。

（1）在产品盘盈时，按定额成本入账。会计分录：

借：生产成本－基本生产成本

贷：待处理财产损溢

（2）报请经批准后，盘盈的在产品冲减“制造费用”。会计分录：

借：待处理财产损溢

贷：制造费用

在产品盘亏的账务处理如下。

（1）在产品盘亏时，根据账面实际成本入账。会计分录：

借：待处理财产损溢

贷：生产成本－基本生产成本

（2）在产品盘亏的残值，冲减在产品损失。会计分录：

借：原材料

贷：待处理财产损溢

（3）报请批准的盘亏。对于应计入到产成品成本中的部分，借记“制造费用”账户，应由责任人或保险公司赔偿的部分，借记“其他应收款”账户。会计分录：

借：制造费用

其他应收款

贷：待处理财产损溢

（二）完工产品概念

完工产品是指已经完成全部生产过程，符合规定的质量标准和技术条件，可作为商品对外销售或按合同送交订货方的产成品。它也有狭义和广义之分。狭义完工产品是指已经完成全部生产过程，随时可供销售的产品，即产成品。广义完工产品不仅包括产成品，还包括完成部分生产阶段，已交中间仓库验收，但尚未完成全部生产过程，有待企业进一步加工制造的自制半成品。

（三）在产品数量的确定

本月完工产品成本和月初、月末在产品成本与本月生产之间的数量关系表示为：

月初在产品数量＋本月生产数量＝本月完工产品数量＋月末在产品数量

月末在产品数量＝月初在产品数量＋本月生产数量－本月完工产品数量

二、生产费用的分配模式

（一）在产品成本与完工产品成本的关系

企业在生产过程中发生的生产费用，经过在各种产品之间进行分配和归集，应计入本月各种产品成本的生产费用，都已集中反映在“基本生产成本”明细账和所属各种“产品成本计算单”中。

月末，企业生产的产品有 3 种情况：（1）产品已全部完工，产品成本明细账中归集的生产费用（如果有月初在产品，还包括月初在产品费用）之和，就是该完工产品的成本；（2）如果当月全部产品都没有完工，产品成本明细账中归集的生产费用之和，就是该种在产品的成本；（3）如果既有完工产品又有在产品，产品成本明细账中归集的生产费用之和，应在完工产品和月末在产品之间采用适当的分配方法，进行生产费用的归集和分配，以计算完工产品和月末在产品的成本。

月初在产品成本、本月生产费用与本月完工产品成本、月末在产品成本之间的关系，可以用下列公式表达：

月初在产品成本＋本月生产费用＝本月完工产品成本＋月末在产品成本

等号左边的两项之和通常称为生产费用合计（总额）或累计生产费用，它们是已知数。等号右边的两项是未知数，是等号左边两项的费用之和，在完工产品和月末在产品之间采用一定的方法进行分配。

分配的模式有 2 种：（1）先计算确定月末在产品成本，然后倒算出完工产品成本；（2）将公式等号左边的两项之和按照一定比例在完工产品和月末在产品之间进行分配，同时求得完工产品成本和月末在产品成本。

无论采用哪一种模式，各月末在产品的数量和费用的多少以及数量或费用变化的大小，对于完工产品成本计算都有很大影响。计算完工产品的成本，需取得在产品增减动态和实际结存的数量资料，因而需正确组织在产品收发结存的数量核算。

在以下情况下不需要进行生产费用的分配：

（1）不计算在产品成本法即假设在产品的成本为零，因而，全部生产费用由完工产品承担，即完工产品成本为：

月初在产品成本＋本月生产费用发生额＝完工产品产品成本

① 特点。生产费用全部由完工产品负担，不计月末在产品成本。将归集的生产费用全部计入当月完工产品成本的方法。采用这种方法，基本生产成本明细账上没有期末余额。

② 适用范围。月末在产品数量很少、价值很低的产品，且各月月末在产品数量相差不大的产品。如果各月月末在产品的数量很少，那么月初和月末在产品费用就很小，月初在产品费用与月末在产品费用的差额就更小，不计算各月在产品成本对于完工产品成本的影响不大。因此，为了简化产品成本的计算工作，可以不计算在产品成本。单步骤生产企业如食品行业、采掘、供水、发电企业可以采用这一方法。

（2）在产品成本按年初数计算法是指年内各月（12 月除外）月末在产品成本按年初在产品成本计算，即各月在产品成本固定不变的方法。采用这种方法计算完工产品成本，基本生产成本明细账上期初和期末余额是相等的，因此，本月发生费用就是完工产品成本。

假设月末在产品成本在一个会计年度内的各月是相等的，因而，每月末可以用一个固定的数额作为在产品的成本。

在产品成本＝完工产品成本按月初在产品成本＋本月生产费用发生额－月末在产品成本固定数

① 特点。各月月末在产品成本＝年初在产品成本，本月完工产品成本＝本月生产费用。这是因为，如果在产品结存数量较少，或者虽然在产品结存数量较多，但各月月末在产品结存数量稳定。根据公式可知，月初在产品成本与月末在产品成本的差额很小，计算此差额与否对完工产品成本影响不大。因此，为了简化产品成本的核算工作，各月月末在产品成本可以按年初数（固定）计算。

② 适用范围。这种方法适用于各月月末在产品结存数量较少，或者虽然在产品结存数量较多，但各月月末在产品数量稳定、起伏不大的产品，如炼钢、化工企业，高炉与化学反应装置容量固定，在产品数量变化不大。

采用在产品按年初数固定计算的方法，对于每年年末在产品，则需要根据实际盘存资料，采用其他方法计算在产品成本，以免在产品以固定不变的成本计价延续时间太长，使在产品成本与实际出入过大而影响产品成本计算的正确性和导致企业存货资产反映失实。

（二）分配方法

生产费用的分配方法主要有 4 种，分别为：约当产量法，定额比例法，定额成本法，所耗原材料比例法。

第二节 生产费用的分配方法

一、约当产量法

（一）概述

1. 约当产量

约当产量是在产品数量按其完工程度折算为相当于完工产品的数量。

2. 约当产量法

约当产量法是按完工产品产量与月末在产品约当产量的比例分配计算完工产品成本和月末在产品成本的方法。

采用约当产量法，就是要首先将在产品的产量按其完工程度折合为相当于完工产品的产量，然后按照在产品的约当产量和完工产品产量的比例关系对生产费用进行分配。由于生产产品时，企业采用的投料方式不同，因而，原材料费用和加工费用在折合约当产量时运用的完工程度系数不同。

约当产量法适用范围较广，特别适用于月末在产品数量较大，各月末在产品数量变化也较大，产品成本中原材料费用和工资及福利费等加工费用所占的比重相差不多的产品。

约当产量法计算公式如下：

月末在产品约当产量＝月末在产品数量×在产品完工程度

各成本项目费用分配率＝（月初在产品成本＋本月生产费用）÷（完工产品产量＋月末在产品约当产量）

完工产品总成本＝完工产品产量×费用分配率

月末在产品成本＝月末在产品约当产量×费用分配率

或＝费用总额－完工产品成本

以上公式的计算应按“直接材料”“直接人工”“制造费用”等成本项目分别进行。

（二）生产费用分配

采用约当产量法，应分别“直接材料”“直接人工”“制造费用”等成本项目计算月末在产品的约当产量，根据不同的约当产量分配不同成本项目的费用。

例6-1 某车间生产A产品，材料系开工时一次投入，发生费用如表6.1所示，月初在产品30件，本月投产70件，本月完工80件，月末在产品20件，完工程度为50%。试计算完工产品和在产品成本，并“编制产品成本计算单”。

解答：直接材料分配率＝12 000÷（80＋20）＝120

完工产品分配的材料费＝80×120＝9 600（元）

月末在产品分配的材料费＝20×120＝2 400（元）

直接人工的分配率＝8 550÷（80＋20×50%）＝95

完工产品分配的人工费＝80×95＝7 600（元）

月末在产品分配的人工费＝10×95＝950（元）

制造费用的分配率＝15 300÷（80＋20×50%）＝170

完工产品分配的制造费＝80×170＝13 600（元）

月末在产品分配的制造费＝10×170＝1 700（元）

将计算结果填入“产品成本计算单”（见表6.1）。

表6.1 产品成本计算单

产品名称：甲产品　　××年5月　　单位：元

摘要		直接材料	直接人工	制造费用	合计
月初在产品成本①		2 000	1 830	3 200	7 030
本月发生费用②		10 000	6 720	12 100	28 820
生产费用合计③＝①＋②		12 000	8 550	15 300	35 850
产量	完工产品	80	80	80	
	在产品约当量	20	10	10	
	小计	100	90	90	
单位成本		120	95	170	385
完工产品成本④＝③－⑤		9 600	7 600	13 600	30 800
月末在产品成本⑤		2 400	950	1 700	5 050

注：表中分配直接人工、制造费用时，在产品约当量为：20×50%＝10件。

编制结转完工产品成本的会计分录：

借：库存商品—A产品　　30 800

　　贷：生产成本—基本生产成本　　30 800

（三）完工程度

采用约当产量法，必须正确计算月末在产品的约当产量，而在产品约当产量正确与否，主要取决于在产品完工程度的测定。

直接材料约当产量按投料程度（简称投料率）计算，人工费用、制造费用约当产量按加工程度（简称完工率）计算。直接人工和制造费用在生产过程中总是陆续发生，并且其进度基本保持一致，其完工程度则与在产品的加工情况相关。

1. 投料程度（或投料率）

投料程度指（或投料率）一件在产品所耗用的原材料占一件完工产品所耗用的原材料的比重。一般根据单位产品分工序的直接材料定额耗用量或定额成本计算。生产过程中，原材料的投料情况有2种。

（1）开工时一次投料。企业生产产品所耗用的原材料是在生产开始时一次性投入的。这时，一件完工产品和一件月末在产品投入的材料相同，都视同完工程度为100%的产品，约当产量即是完工产品数量与月末在产品数量之和。

（2）陆续投料。企业生产产品所耗用的原材料不是在生产开始时一次投入，而是随着生产进度陆续投料。这时，一件完工产品和一件月末在产品投入的材料不相同。原材料费用按约当产量比例法分配时，应按每一工序的原材料消耗定额分别计算在产品的投料率，并按照投料率将月末在产品的自然数量折算为约当产量。陆续投料具体又分为：每一工序开工时一次投料和每一工序开工时陆续投料。

① 每一工序开工时一次投料。该工序生产所需要的材料在该工序开工时一次投入。投料率的计算公式为：

某一工序在产品投料率＝本工序为止各工序单位产品直接材料定额之和÷单位完工产品直接材料定额

② 每一工序开工时陆续投料。该工序生产所需要的材料在该工序开工时随着加工进度逐渐投入。各工序投料率的计算公式为：

某一工序在产品投料率＝（前面各工序单位产品直接材料定额之和＋本工序单位产品直接材料定额×50%）÷单位完工产品直接材料定额

例6-2 假设某企业有关单位产品分工序的直接材料定额为：第1工序70千克/件，第2工序30千克/件。月末在产品100件，其中：第1工序40件，第2工序60件。假设材料随加工程度在每道工序开始一次投入，要求计算每一工序的投料率和在产品约当产量。

解答：计算结果如表6.2所示。

表 6.2 月末在产品约当产量计算表

产品名称：甲 2015 年 5 月

工序	单位产品直接材料定额（kg/件）	投料率计算	月末在产品数量（件）	月末在产品约当产量（件）
1	70	70÷100×100%＝70%	40	28
2	30	（70＋30）÷100×100%＝100%	60	60
合计	100		100	88

例6-3 按照例6-2资料，假设材料随加工程度在每一工序陆续投入。要求：计算每一工序的投料率和在产品约当产量。

解答：计算结果如表6.3所示。

表 6.3 月末在产品约当产量计算表

产品名称：甲 2015 年 5 月

工序	单位产品直接材料定额（kg/件）	投料率计算	月末在产品数量（件）	月末在产品约当产量（件）
1	70	（70×50%）÷100×100%＝35%	40	14
2	30	（70＋30×50%）÷100×100%＝85%	60	51
合计	100		100	65

2. 加工程度（或完工率）

加工程度（或完工率）是指一件在产品所耗用的工时占一件完工产品所耗用工时的比重，一般根据单位产品分工序的直接人工工时定额计算。由于工时为时间，不可能一次投入，只能陆续投入。因此，各工序在产品的完工率的计算与直接材料每一工序开工时陆续投料的情况类似。

各工序在产品的完工率计算公式如下：

某工序在产品完工率＝（前面各工序单位产品工时定额之和＋本工序单位产品工时定额×50%）÷单位完工产品工时定额

式中，本工序工时定额之所以乘以 50%，是因为该工序中各件在产品的完工程度不同，为简化完工率的测算工作，若各工序在产品数量和单位产品在各工序的加工量相差不多的情况下，前后工序加工程度可互相抵补，在本工序一律按平均完工率 50%计算。在产品在上一道工序转入下一道工序时，因为上一道工序已完工，所以前面各工序的工时定额应按 100%计算。

例6-4 某企业生产甲产品经3道工序制成，该产品的工时定额为40小时，其中第1道工序8小时，第2道工序16小时，第3道工序16小时。该产品月末在产品120件，其中第1道工序20件，第2道工序40件，第3道工序60件。要求：计算确定月末在产品的完工率。

解答：第1道工序在产品完工率＝（8×50%÷40）×100%＝10%

第2道工序在产品完工率＝[（8＋16×50%）÷40]×100%＝40%

第3道工序在产品完工率＝[（8＋16＋16×50%）÷40]×100%＝80%

在例6-4的计算中，本工序工时定额乘以50%是考虑到该工序中的每件在产品实际加工程度不同，为了简化核算工作，按照50%平均计算。另外，从上道工序转入的在产品，上道工序已经完成，按100%计算其累计的工时定额。

例6-5 某企业有关资料如表6.4所示。要求：计算产品每道工序的完工程度；在原材料每一工序开工时陆续投料方式下，计算产品每道工序上的投料程度；分别计算在产品的原材料和加工费的约当产量。

表 6.4　　产品分工序定额及在产品产量

项目	第 1 道工序	第 2 道工序	第 3 道工序	第 4 道工序
单位产品每道工序定额工时	20	10	12	8
单位产品每道工序原材料定额成本（元）	300	220	200	80
月末在产品数量（件）	120	240	300	200

解答：根据资料计算如下。

（1）计算产品每道工序的完工程度。

第1道工序：20×50%÷50×100%＝20%

第2道工序：（20＋10×50%）÷50×100%＝50%

第3道工序：（20＋10＋12×50%）÷50×100%＝72%

第4道工序：（20＋10＋12＋8×50%）÷50×100%＝92%

（2）在原材料陆续投料方式下，计算产品每道工序上的投料程度。

第1道工序：300×50%÷800×100%＝18.75%

第2道工序：（300＋220×50%）÷800×100%＝51.25%

第3道工序：（300＋220＋200×50%）÷50×100%＝77.5%

第4道工序：（300＋220＋200＋80×50%）÷50×100%＝95%

（3）分别计算在产品的原材料和加工费的约当产量。

在产品的原材料约当产量

120×20%＋240×50%＋300×72%＋200×92%＝544（件）

在产品的加工费的约当产量

120×18.75%+240×51.25%+300×77.5%+200×95%=568（件）

例6-6 某企业生产甲产品，经过3道工序加工有关资料见表6.5。又知生产费用合计120 000元，其中：直接材料80 000元、直接人工25 000元、制造费用15 000元，本月完工100件。

表6.5 有关资料 单位：元

	第1工序	第2工序	第3工序	合计
直接材料定额	100	40	60	200
直接人工定额	60	80	20	160
在产品数量	80	60	40	180

要求：计算直接材料的投料率和约当产量（每一工序一次投料）；计算直接人工等的完工率和约当产量；计算完工产品、月末在产品成本 编制“产品成本计算单”。

解答：（1）计算直接材料的投料率和约当产量，如表6.6所示。

表6.6 直接材料的投料率和约当产量 单位：件

工序	各工序单位产品直接材料定额	投料率	在产品数量	在产品约当量
1	100	（100÷200）×100%=50%	80	40
2	40	[（100+40）÷200]×100%=70%	60	42
3	60	[（100+40+60）÷200]×100%=100%	40	40
合计	200		180	122

（2）计算直接人工完工率和约当产量，如表6.7所示。

表6.7 直接人工完工率和约当产量 单位：件

工序	各工序单位产品直接人工工时定额	完工率	在产品数量	在产品约当量
1	60	（60×50%÷160）×100%=18.75%	80	15
2	80	[（60+80×50%）÷160]×100%=62.5%	60	37.5
3	20	[（60+80+20×50%）÷160]×100%=93.75%	40	37.5
合计	160		180	90

（3）编制“产品成本计算单”，如表6.8所示。

表6.8 产品成本计算单

2015年5月 产品名称：甲

摘要		直接材料	直接人工	制造费用	合计
生产费用合计（元）		80 000	25 000	15 000	120 000
产量	完工产量（件）	100	100	100	
	在产品约当量（件）	122	90	90	
	合计	222	190	190	
单位成本（元）		360.36	131.58	78.95	570.89
完工产品成本（元）		36 036	13 158	7 895	57 089
月末在产品成本（元）		43 964	11 842	7 105	62 911

二、定额比例法

（一）概述

定额比例法是指以完工产品与月末在产品的定额消耗量或定额成本作为分配标准，计算完工产品和月末在产品成本的方法。在应用该方法时，由于直接材料与直接人工、制造费用等费用定额消耗量（或定额成本）标准不同，所以需按成本项目分别计算。

采用定额比例法，首先用本月生产产品的实际费用或实际消耗量与完工产品和月末在产品的定额费用或定额消耗量计算分配率，然后用分配率将完工产品和月末在产品的定额费用或定额消耗量调整成实际成本或实际消耗量。这种方法的关键是计算完工产品和在产品的分配率。其中：原材料费用按原材料费用定额消耗量或原材料定额费用比例分配；工资和福利费、制造费用等各项加工费用，按定额工时或定额费用比例分配。

这种方法适用于各项消耗定额或费用定额比较准确、稳定，但各月末在产品数量变化较大的产品。

（二）已知（确定）的内容

1. 生产费用合计

生产费用合计来源于“产品成本计算单”。

2. 实际耗用量

（1）直接材料实际耗用量。月初在产品：从上月期末转来；本月生产耗用量：根据本月的领料记录。

（2）直接人工实际耗用量。月初在产品：从上月期末转来；本月生产耗用工时：根据本月的工时记录。

3. 定额耗用量

定额耗用量包括直接材料定额耗用量和直接人工定额耗用量。

此处主要讲述直接材料定额耗用量，直接人工定额耗用量比照直接材料。

月初在产品，根据上月末转来的；本月生产产品的定额耗用量，根据单位产品分工序的材料定额计算；完工产品定额耗用量＝完工产量×单位产品定额耗料量；月末在产品定额耗用量，根据单位产品分工序的材料定额计算，月末在产品定额耗用量＝（每一工序在产品的数量×该工序的投料率）×单位产品定额耗料量。

例6-7 假设甲产品单位分工序定额耗料量分别为10千克/件、20千克/件、15千克/件，每一工序开工时一次投料，则每一工序的投料率分别为10/45、30/45、45/45。假设月初在产品90件，停留在3道工序的在产品数量分别为50件、30件、10件，本月投产100件，本月完工90件，月末在产品100件，停留在三道工序的月末在产品数量分别为30件、50件、20件。

解答：完工产品定额耗用量＝90×45＝4 050（千克）

月末在产品定额耗用量＝30×10＋50×30＋20×45

＝（30×10＋50×30＋20×45）×45/45

＝（30×10/45＋50×30/45＋20×45/45）×45＝2 700（千克）

本月生产产品定额耗用量＝（50×35＋30×15）＋（30×10＋50×30＋20×45）＝4 900（千克）

月初在产品定额耗用量＝50×10＋30×30＋10×45

＝（50×10/45＋30×30/45＋10×45/45）×45＝1 850（千克）

（三）方法原理

1. 第 1 种方法

该方法能够考核实际完成定额情况，分为 3 步。

（1）分配实际耗用量

在本月完工产品和月末在产品之间分配。

① 直接材料分配实际耗用量

分配对象：直接材料的实际耗用量＝月初在产品的实际耗用量＋本月生产实际耗量

分配标准：定额耗用量（或定额成本），月末在产品、完工产品定额耗用量（或定额成本）

分配率（定额比例）＝直接材料的实际耗用量 ÷（月末在产品定额耗用量＋完工产品定额耗量）

分配：月末在产品负担的实际耗用量＝月末在产品定额耗用量×分配率；

完工产品负担的实际耗用量＝完工产品定额耗用量×分配率

② 直接人工分配实际耗用工时

分配对象：直接人工的实耗工时＝（月初在产品的实耗工时＋本月生产实耗工时）

分配标准：定额工时（或定额成本），月末在产品、完工产品定额耗用工时（或定额成本）

分配率（定额比例）＝直接人工的实际耗用工时÷（月末在产品定额耗用工时＋完工产品定额耗用工时）

分配：月末在产品负担的实际耗用工时＝月末在产品定额耗用工时×分配率

完工产品负担的实际耗用工时＝完工产品定额耗用工时×分配率

（2）计算实际单价

直接材料的实际单价＝实际费用÷实际耗用量＝“产品成本计算单”中的直接材料合计÷实际耗用量（月末在产品的实际耗用量＋完工产品的实际耗用量）

直接人工的实际单价＝“产品成本计算单”中的直接人工合计÷实际耗用工时（月末在产品的实际耗用工时＋完工产品的实耗工时）

制造费用的实际单价＝“产品成本计算单”中的制造费用合计÷实际耗用工时（月末在产品的实际耗用工时＋完工产品实耗工时）

（3）计算实际费用

本月完工产品和月末在产品应负担的实际费用。

① 直接材料费用：

月末在产品负担的材料费＝月末在产品实际耗料量×直接材料实际单价

完工产品负担的材料费＝完工产品实际耗料量×直接材料实际单价

② 直接人工费用

月末在产品负担的人工费用＝月末在产品的实耗工时×直接人工实际单价

完工产品负担的人工费用＝完工产品的实耗工时×直接人工实际单价

③ 制造费用

月末在产品负担的制造费用＝月末在产品的实耗工时×制造费用实际单价

完工产品负担的制造费用＝完工产品的实耗工时×制造费用实际单价

例6-8 某企业生产甲产品，2015年7月“产品成本计算单”上直接材料合计10 000元、直接人工合计8 000元、制造费用合计2 000元；甲产品的单位产品直接材料、人工的定额消耗量分别为30千克/件、100工时/件；该产品经过2个工序加工，第1工序（投料率60%，完工率50%），第2工序（100%，90%）；本月完工100件，月末在产品100件（第1工序60件，第2工序40件）；本月根据领料和用工记录及月初在产品实际耗用量记录得知，实际耗用材料5 000千克，实际耗用人工20 000小时。

解答：

① 分配实际耗用量。在本月完工产品和月末在产品之间分配。

A. 分配直接材料实际耗用量

分配对象：5 000千克

分配标准：定额耗用量

月末在产品＝（60×60%＋40×100%）×30＝2 280（千克）

完工产品定额耗用量＝100×30＝3 000（千克）

分配率（定额比例）：5 000÷（2 280＋3 000）＝0.947

分配：

完工产品负担的实际耗用量

＝完工产品定额耗用量×分配率＝3 000×0.947＝2 841（元）

月末在产品负担的实际耗用量

＝月末在产品定额耗用量×分配率＝5 000－2 841＝2 159（元）

B. 分配直接人工实际耗用量

分配对象：20 000

分配标准：定额耗用工时

月末在产品＝（60×50%＋40×90%）×100＝6 600（工时）

完工产品定额耗用工时＝100×100＝10 000（工时）

分配率（定额比例）：20 000÷（10 000＋6 600）＝1.204 8

分配：

完工产品负担的实际耗用工时＝10 000×1.204 8＝12 048（元）

月末在产品定额耗用工时×分配率＝20 000－12 048＝7 952（元）

② 计算实际单价

直接材料的实际单价＝实际费÷实耗量＝10 000÷5 000＝2（元/千克）

直接人工的实际单价＝8 000÷20 000＝0.4（元/工时）

制造费用的实际单价＝2 000÷20 000＝0.1（元/工时）

③ 计算实际费用。本月完工产品和月末在产品应负担的实际费用。

A. 直接材料费用

月末在产品负担的材料费

＝月末在产品的实际耗料量×直接材料的实际单价＝2 159×2＝4 318（元）

完工产品负担的材料费

＝完工产品的实际耗料量×直接材料的实际单价＝2 841×2＝5 682（元）

B. 直接人工

月末在产品负担的人工费用

＝月末在产品实际耗用工时×直接人工实际单价＝7 952×0.4＝3 180.8（元）

完工产品负担的人工费

＝完工产品实际耗用工时×直接人工实际单价＝12 048×0.4＝4 819.2（元）

C. 制造费用

月末在产品负担的制造费用

＝月末在产品实际耗用工时×制造费用实际单价＝7 952×0.1＝795.2（元）

完工产品负担的制造费用

＝完工产品实际耗用工时×制造费用实际单价＝12 048×0.1＝1 204.8（元）

将计算结果填入"产品成本计算单"（见表6.9）。

表 6.9 产品成本计算单

年 月 产品：甲 单位：元

项目	直接材料			工时		直接人工	制造费用	合计
	定额耗量	实际耗量	金额	定额工时	实际工时			
月初在产品								
本月发生								
合计	5 280	5 000	10 000	16 600	20 000	8 000	2 000	20 000
定额比例		0.947			1.204 8			
实际单价			2			0.4	0.1	
本月完工	3 000	2 841	5 682	10 000	12 048	4 819.2	1 204.8	11 706
月末在产品	2 280	2 159	4 318	6 600	7 952	3 180.8	795.2	8 294

2. 第 2 种方法

该方法的特点是直接分配实际费用（来源于"产品成本计算单"）。

分配原理如下。

（1）分配对象。"产品成本计算单"中的"直接材料""直接人工""制造费用"合计。

（2）分配标准。产品的定额耗用量（或定额成本）。

① 直接材料。月末在产品、完工产品的定额耗用量（或定额成本）。

② 直接人工。月末在产品、完工产品的定额耗用工时（或定额成本）。

（3）分配率。分别计算①直接材料分配率、②直接人工分配率、③制造费分配率。

（4）分配成本。

① 完工产品成本。分别按"直接材料""直接人工""制造费用"计算。

② 月末在产品成本。分别按"直接材料""直接人工""制造费用"计算。

例6-9 某企业生产甲产品，2015年8月“产品成本计算单”中生产费用合计为：直接材料125 594元，燃料动力15 000元，直接人工92 906元，制造费用62 600元。单位定额资料：单位产品直接材料定额成本为40元/件，单位产品定额工时为5小时/件。本月完工4 000件，月末在产品200件（月末在产品投料率为70%，完工率为60%）。要求分配生产费用。

解答：

（1）确定分配对象。

直接材料125 594元，燃料动力15 000元，直接人工92 906元，制造费用62 600元。

（2）确定分配标准。

① 直接材料。

完工产品定额成本＝4 000×40＝160 000（元）；

月末在产品定额成本＝200×70%×40＝28×200＝5 600（元）；

② 直接人工等。

完工产品定额工时＝4 000×5＝20 000（小时）；

月末在产品定额工时＝200×60%×5＝600（小时）。

（3）计算分配率。

直接材料分配率＝“计算单”直接材料费÷（完工＋月末在）定额成本

＝125 594÷（160 000＋5 600）＝0.76

燃料动力分配率＝“计算单”燃料动力费÷（完工＋月末在）定额工时

＝15 000÷（20 000＋600）＝0.73

直接人工分配率＝“计算单”直接人工费÷（完工＋月末在）定额工时

＝92 906÷（20 000＋600）＝4.51

制造费用分配率＝“计算单”制造费÷（完工＋月末在）定额工时

＝62 600÷（20 000＋600）＝3.04

（4）分配成本。

① 完工产品成本。

直接材料＝本月完工产品的定额成本×直接材料分配率

＝160 000×0.76＝121 600（元）

燃料动力＝本月完工产品的定额工时×燃料动力分配率

＝20 000×0.73＝14 600（元）

直接人工＝本月完工产品的定额工时×直接人工分配率

＝20 000×4.51＝90 200（元）

制造费用＝本月完工产品的定额工时×制造费用分配率

＝20 000×3.04＝60 800（元）

② 月末在产品成本。

直接材料＝费用合计－完工产品＝3 994（元）

燃料动力＝费用合计－完工产品＝400（元）

直接人工＝费用合计－完工产品＝2 706（元）

制造费用＝费用合计－完工产品＝1 800（元）

将计算结果填入“产品成本计算单”（见表6.10）。

表 6.10 产品成本计算单

2015 年 8 月　　产品：甲　　单位：元

摘要		直接材料	直接人工	燃料动力	制造费用	合计
生产费用合计		125 594	150 000	92 906	62 600	
完工产品	定额消费量	160 000	20 000	20 000	20 000	
	实际成本	121 600	14 600	90 200	60 800	
分配率		0.76	0.73	4.51	3.04	
在产品成本	定额消费量	5 600	600	600	600	
	实际成本	3 994	400	2 706	1 800	

3. 第 3 种方法

分配原理同以上两种方法，只是月末在产品定额耗料量（定额工时）根据公式计算。

根据：

月初在产品定额耗料量（定额工时）＋本月投产的定额耗料量（定额工时）＝完工产品定额耗料量（定额工时）＋月末在产品定额耗料量（定额工时）

则：月末在产品定额耗料量（定额工时）

＝月初在产品定额耗料量（定额工时）＋本月投产的定额耗料量（定额工时）－完工产品定额耗料量（定额工时）

（四）定额比例法总结

根据定额比例法的含义和方法，结合举例分析可知：

（1）采用定额比例法便于分析、考核定额执行情况。直接材料以定额材料成本为分配标准计算的分配率，直接表示了实际成本是超支还是节约，分配率大于 1 为超支，小于 1 为节约。直接人工、制造费用等成本项目以定额工时计算的分配率可与计划薪酬率、计划制造费用分配率等进行比较，以分析超支或节约情况。如果超支或节约的百分比太大，一方面可能是实际成本的控制存在一定问题，应及时查明原因，采取相应的措施控制费用开支，力求降低产品的生产成本；另一方面也可能是原来制定的定额不够准确，脱离了实际的消耗水平，应及时修正。

（2）采用定额比例法，需要取得完工产品和在产品的定额资料。若在产品的种类和生产工序繁多，则月末在产品的定额消耗量或定额成本确定的工作量很大。为了简化计算，月末在产品的定额成本可采用倒推的方法。其计算公式为：月末在产品定额成本＝月初在产品定额成本＋本月投入产品定额成本－本月完工产品定额成本

三、定额成本法

（一）概述

定额成本法下，月末在产品成本按照其定额成本来计算。即根据月末在产品数量及各项费用的定额资料计算出月末在产品的定额成本，将该产品实际生产费用总额，减去月末在产品的定额成本，余额即为完工产品成本。

完工产品成本＝月初在产品费用＋本月生产费用－月末在产品定额成本

定额成本法适用于定额完整、准确的企业。有关定额如下。

① 直接材料：

各工序投料率（%）

直接材料单位产品消耗定额（千克/件）

材料计划单价（元/千克）

② 直接人工：

各工序完工率（%）

单位产品工时定额（工时/件）

计划小时工资率（元/工时）

③ 制造费用：

计划制造费用分配率（元/工时）

（二）计算步骤

① 计算月末在产品定额成本。在实际工作中，在产品定额成本按成本项目分项计算，根据月末在产品实际盘存数量和费用定额进行。

月末在产品定额成本的计算公式：

在产品直接材料定额成本

＝在产品约当量×单位产品材料消耗定额×材料计划单价

在产品直接人工定额成本

＝在产品约当量×单位产品工时定额×计划小时工资率

在产品制造费用定额成本

＝在产品约当量×单位产品工时定额×计划小时制造费用分配率

② 计算完工产品的成本。分别按“直接材料”“直接人工”“制造费用”等成本项目计算。

根据：完工产品成本＝“产品成本计算单”合计－月末在产品定额成本

则：

完工产品直接材料成本

＝本月直接材料实际费用－在产品直接材料定额成本

完工产品直接人工成本

＝本月直接人工实际费用－在产品直接人工定额成本

完工产品制造费用成本

＝本月制造费用实际费用－在产品制造费用定额成本

例6-10 企业生产甲产品需要一种原材料，该产品经过1、2、3三道工序加工，各工序投料率分别为40%、80%、100%；各工序的完工率分别为50%、80%、90%；月末，各工序在产品数量分别为20件、30件、50件；单位产品直接材料定额耗用量为100千克/件，材料计划单价6.5元/千克；单位产品直接人工定额工时200小时/件，计划小时工资率2元/工时；计划小时制造费分配率1元/工时；又知“产品成本计算单”的生产费用合计为270 000元，其中：直接材料140 000元、直接人工90 000元、制造费用40 000元，本月完工100件。要求：采用定额成本法进行生产费用分配。

解答：（1）计算月末在产品定额成本

直接材料＝∑（各工序在产品数量×该工序投料率）×直接材料单位产品消耗定额×材料计划单价

＝（20×40%×＋30×80%＋50×100%）×100×6.5＝53 300（元）

直接人工＝∑（各工序在产品数×完工率）×单位产品工时定额×计划小时工资率

＝（20×50%＋30×80%＋50×90%）×200×2＝31 600（元）

制造费用＝∑（各工序在产品数量×完工率）×单位产品工时定额×计划小时制造费用分配率

＝（20×50%＋30×80%＋50×90%）200×1＝15 800（元）

（2）计算完工产品的成本

直接材料＝直接材料费合计－月末在产品中直接材料的定额成本

＝140 000－53 300＝86 700（元）

直接人工＝直接人工费合计－月末在产品中直接人工的定额成本

＝90 000－31 600＝58 400（元）

制造费用＝制造费合计－月末在产品中制造费的定额成本

＝40 000－15 800＝24 200（元）

将计算结果填入“产品成本计算单”（见表6.11）。

表 6.11 产品成本计算单

年 月 产品：甲 单位：元

项目	直接材料	直接人工	制造费用	合计
生产费用合计	140 000	90 000	40 000	270 000
月末在产品成本	53 300	31 600	15 800	100 700
完工成本	86 700	58 400	24 200	169 300
完工单位成本	867	584	242	1 693

例6-11 某企业甲产品的生产分2道工序制成，原材料在各道工序开始时一次投入，各道工序内在产品的平均加工程度为50%，在产品的产量和定额消耗资料如表6.12所示。

表 6.12 在产品的产量和定额消耗资料

项目	第 1 工序	第 2 工序	合计
单位产品直接材料定额（千克/件）	25	15	40
单位产品直接人工定额（工时/件）	5	3	8
在产品数量（件）	300	200	500

直接材料计划单价1.20元，计划每工时费用分配率为：直接人工2元/小时，制造费用2.5元/小时。2015年9月甲产品“产品成本计算单”生产费用合计为：直接材料26 500元，直接人工9 480元，制造费用11 875元。

要求：按定额成本法分配计算本月完工产品和月末在产品成本。

解答：计算过程如表6.13、表6.14所示。

表 6.13 在产品定额成本计算表 单位：元

工序	在产品数量（件）	直接材料	定额工时	直接人工	制造费用	定额成本合计
1	300	300×25×1.2＝9 000	300×5×50%＝750	1 500	1 875	12 375
2	200	200×40×1.2＝9 600	200×（5＋3×50%）＝1 300	2 600	3 250	15 450
合计	500	18 600	2 050	4 100	5 125	27 825

表6.14 产品成本计算单

产品：甲产品 2015年9月 单位：元

摘要	直接材料	直接人工	制造费用	合 计
本月发生费用	26 500	9 480	11 875	47 855
完工产品成本	7 900	5 380	6 750	20 030
月末在产品定额成本	18 600	4 100	5 125	27 825

（三）适用范围

定额成本法适用于定额管理基础较好，各项消耗定额或费用定额比较准确、稳定，而且各月在产品数量变动不大的产品。这是因为，如果各项定额比较准确、稳定，月初和月末单位在产品成本脱离定额的差异就很小；如果各月末在产品数量变化不大，那么月初和月末在产品成本脱离定额差异的差额也不大，对完工产品成本计算的准确性影响就很小。因此，各项定额比较准确、稳定的企业，为了简化产品成本计算工作，月末在产品可按定额成本计算。

四、在产品按原材料费用计价法

在产品按原材料费用计价法下，在产品只负担所耗材料费，而加工费全部由完工产品负担。在产品按所耗直接材料成本计算是指月末在产品成本只计算其所耗用的直接材料成本，不计算直接人工、制造费用等加工费用的一种方法。

月末在产品费用＝月末在产品原材料费用

为简化计算工作，在产品可以只计算直接材料，不计算加工费用，加工费用全部由完工产品成本负担。全部生产费用减去按直接材料计算的在产品成本后的余额即为完工产品成本。采用该种方法计算完工产品成本，基本生产成本明细账上月初和月末余额仅为月初、月末在产品耗用的直接材料成本。

该方法适用于月末在产品数量较多、变化较大且原材料费用比重大的产品，如纺织、造纸、酿酒行业。

例6-12 某企业生产甲产品月初在产品直接材料为8 600元，2015年6月发生直接材料为24 880元，本月完工产品4 000件，月末在产品960件，材料在生产开始时一次投入，在产品成本按所耗直接材料成本计价，直接材料按完工产品数量和月末在产品数量为标准进行分配。本月发生的直接人工为2 480元，制造费用1 920元。要求：计算A产品完工产品成本和月末在产品成本。

由于材料是生产开始时一次投入，所以，单位完工产品和单位在产品所耗直接材料相同。直接材料可以直接用完工产品和在产品数量比例分配。

解答：

直接材料分配率＝（8 600＋24 880）÷（4 000＋960）＝6.75

月末在产品直接材料＝在产品数量×直接材料分配率

＝960×6.75＝6 480（元）

完工产品直接材料＝完工产品数量×直接材料分配率

＝4 000×6.75＝27 000（元）

月末在产品成本＝月末在产品直接材料＝6 480（元）

完工产品总成本＝月初在产品直接材料＋本月发生费用－月末在产品直接材料＝8 600＋24 880＋2 480＋1 920－6 480＝31 400（元）

将计算结果填入产品成本计算单如表6.15所示。

表 6.15 产品成本计算单

产品名称：甲　　2015 年 6 月　　产量：2 000　　单位：元

成本项目	直接材料	直接人工	制造费用	合计
月初在产品成本	8 600			
本月发生费用	24 880	2 480	1 920	
生产费用合计	33 480	2 480	1 920	
完工产品成本	27 000	2 480	1 920	
月末在产品成本	6 480			

第三节 完工产品成本结算

通过上述生产费用在完工产品与月末在产品之间的分配，计算出各“产品成本计算单”（见表6.16）中完工产品成本）汇总编制“完工产品成本汇总计算表”（见表 6.17）。

根据“完工产品成本汇总计算表”结转完工产品成本。此时完工产品成本应从“生产成本—基本生产成本”的贷方转入“库存商品”的借方，“生产成本—基本生产成本”的月末余额，就是月末在产品的成本。

结转完工产品成本的会计分录为：

借：库存商品—×产品

　　贷：生产成本—基本生产成本

表 6.16 产品成本计算单

产品：甲　　2015 年 5 月　　产量：2 000　　单位：元

成本项目	直接材料	燃料动力	直接人工	制造费用	合计
月初在产品成本	5 000	10 000	20 000	10 000	90 000
本月发生费用	20 000	30 000	80 000	60 000	190 000
生产费用合计	25 000	40 000	100 000	70 000	280 000
完工产品成本	15 000	28 000	76 000	57 000	221 000
月末在产品成本	10 000	12 000	24 000	13 000	59 000

表 6.17 完工产品成本汇总计算表

2015 年 5 月　　单位：元

成本项目	甲产品（2 000 件）		乙产品（2 500 件）		合计
	总成本	单位成本	总成本	单位成本	
直接材料	15 000				
燃料动力	28 000				

续表

成本项目	甲产品（4 000 件）		乙产品（2 500 件）		合计
	总成本	单位成本	总成本	单位成本	
直接人工	76 000				
制造费用	57 000				
合计	221 000				

课后练习

一、名词解释

1．约当产量

2．广义在产品

3．狭义在产品

4．定额比例法

二、单项选择题

1．狭义的在产品只包括（　　）。

A．需进一步加工的半成品　　B．正在车间加工的在产品

C．对外销售的自制半成品　　D．产成品

2．在产品完工率为以下哪个选项与完工产品工时定额的比率？（　　）

A．所在工序工时定额之半

B．所在工序累计工时定额

C．上道工序累计工时定额与所在工序工时定额之半的合计数

D．所在工序工时定额

3．某企业甲产品需要经过 2 道工序制成，第 1 道工序工时定额为 20 小时，第 2 道工序工时定额为 30 小时，则第 2 道工序的完工率为（　　）。

A．40%　　B．60%　　C．70%　　D．80%

4．某产品经 3 道工序加工而成，各工序的工时定额分别为 10 小时、20 小时、20 小时。各工序在产品在本工序的加工程度按工时定额的 50%计算。第 3 工序的累计工时定额为（　　）。

A．20 小时　　B．30 小时　　C．40 小时　　D．50 小时

5．约当产量比例法不适用于（　　）的在产品成本计算。

A．原材料费用在成本中所占比重较大

B．月末在产品数量较大

C．各月末在产品数量变化较大

D．产品成本中原材料、工资及福利费的比重相差不多

6．按完工产品和月末在产品数量比例分配计算完工产品和月末在产品的原材料费用，必须具备的条件是（　　）。

A．原材料随生产进度陆续投入　　B．原材料在生产开始时一次投入

C．原材料消耗定额比较准确稳定　　D．产品成本中原材料费用比重较大

7. 原材料在每道工序开始时一次投料的情况下，分配原材料费用的在产品的投料程度，为下列项目与完工产品原材料消耗定额的比率（　　）。

A. 在产品所在工序原材料消耗定额　　B. 在产品所在工序原材料消耗定额之半

C. 在产品所在工序原材料累计消耗定额　　D. 在产品所在工序原材料累计消耗定额之半

8. 如果某种产品的月末在产品数量较多，各月在产品数量变化较大，各项费用的比重相差不多，生产费用在完工产品与月末在产品之间分配，应采用的方法是（　　）。

A. 不计算在产品成本的方法

B. 在产品成本按年初在产品成本计算的方法

C. 在产品按所耗直接材料费用计算的方法

D. 按约当产量法

9. 如果企业产品的消耗定额比较准确、稳定，各月末在产品数量变化较小，产品成本中原材料费用所占比重较大，为了简化成本计算，月末在产品可以（　　）。

A. 按定额成本计价　　B. 按所耗原材料费用计价

C. 按定额原材料费用计价　　D. 按定额加工费用计价

10. 完工产品与在产品之间费用分配核算中，对于定额管理基础较好，各项消耗定额或费用定额比较准确稳定，且各月在产品数量变动不大的产品，适用的分配方法（　　）。

A. 定额比例法　　B. 在产品按固定成本计价法

C. 在产品按定额成本计价法　　D. 在产品按完工产品计算法

11. 在产品不计算成本法，适用的情况是（　　）。

A. 各月月末完工产品数量变化很小　　B. 各月月末在产品数量变化很大

C. 各月月末在产品数量很大　　D. 各月月末在产品数量很小

12. 各月末在产品数量较小，或者在产品数量虽大，但各月之间变化不大的产品，适用的分配方法是（　　）。

A. 在产品按定额成本计价法　　B. 在产品按完工产品计算法

C. 约当产量法　　D. 在产品按固定成本计价

13. 如果某种产品所耗原材料费用在产品成本中所占比重很大，在产品成本的确定可使用的方法是（　　）。

A. 约当产量法　　B. 在产品按固定成本法

C. 在产品按所耗原材料费用计算法　　D. 在产品按完工产品成本法

14. 各月末在产品数量较多，但各月之间在产品数量起伏不大的企业，在产品计价采用的方法是（　　）。

A. 在产品不计算成本法　　B. 在产品按年初固定成本计价法

C. 在产品按定额成本计价法　　D. 定额比例法

15. 采用在产品成本按年初在产品成本计算的方法，则每月的完工产品成本为（　　）。

A. 每月发生的生产费用之和

B. 每月的生产费用在完工产品和在产品之间分配后，由完工产品负担的部分

C. 每月的生产费用加月初在产品成本

D. 每月生产费用加上月初在产品成本减去月末在产品成本

三、简答题

1. 生产费用分配的方法原理？

2. 如何确定产品的完工程度？

四、计算题

1. 某产品经过3道工序加工完成，原材料于每个工序一开始时投入。月末在产品数量及原材料消耗定额资料如表6.18所示。

表6.18　　月末在产品数量及原材料消耗定额资料

项目	第1	第2	第3	合计
单位产品直接材料定额（千克/件）	80	90	70	240
在产品数量（件）	100	120	140	360

要求：计算各工序在产品的投料率及月末在产品直接材料成本项目的约当产量。（1）原材料于每个工序一开始时投入（计算结果填入表6.19）；（2）原材料于每个工序开始以后陆续投入（计算结果填入表6.20）。

表6.19　　直接材料的投料率和约当产量（开工时一次投入）

工序	各工序单位产品直接材料定额	投料率	在产品数量	在产品约当量
合计				

表6.20　　直接材料的投料率和约当产量（开工时陆续投入）

工序	各工序单位产品直接材料定额	投料率	在产品数量	在产品约当量
合计				

2. 某企业生产A产品，分3道工序制成，A产品工时定额为100小时，其中：第1道工序40小时，第2道工序30小时，第3道工序30小时。月末在产品数量：第1道工序1 000件，第2道工序1 200件，第3道工序1 500件。各工序月末在产品在本道工序的平均加工程度按50%计算。要求：计算各工序在产品的完工率和约当产量（计算结果填入表6.21）。

表6.21　　直接人工完工率和约当产量

工序	各工序单位产品直接人工工时定额	完工率	在产品数量	在产品约当量
合计				

3．某企业生产甲产品，经过3道工序加工。有关资料如表6.22所示：

表6.22　　产品定额及月末在产品产量

项目	第1	第2	第3	合计
单位产品直接材料定额（千克/件）	80	40	60	180
单位产品直接人工定额（工时/件）	50	70	20	140
在产品数量（件）	80	60	70	210

2015年3月"产品成本计算单"生产费用合计200 000元。其中：直接材料90 000元、直接人工50 000元、制造费用60 000元，本月完工100件。

要求：（1）计算直接材料的投料率和约当产量（每一工序开工时一次投料）（计算结果填入表6.23）；（2）计算直接人工等的完工率和约当产量（计算结果填入表6.24）；（3）计算完工产品、月末在产品成本编制"产品成本计算单"（计算结果填入表6.25）。

表6.23　　直接材料的投料率和约当产量

工序	各工序单位产品直接材料定额	投料率	在产品数量	在产品约当量
合计				

表6.24　　直接人工完工率和约当产量

工序	各工序单位产品直接人工工时定额	完工率	在产品数量	在产品约当量
合计				

表6.25　　产品成本计算单

年　月　　　　产品名称：

摘要		直接材料	直接人工	制造费用		合计
月初在产品成本						
本月发生费用						
生产费用合计						
产量	完工					
	在产品约当量					
	合计					
单位成本						
完工产品成本						
月末在产品成本						

第七章 产品成本计算方法概述

学习目标：

1．了解企业按照生产工艺特点、生产组织方式特点的分类。

2．掌握生产特点和管理要求对产品成本计算方法选择的影响。

关键词：

生产工艺　生产组织方式　企业类型

第一节 企业生产的分类

一、生产按产品工艺特点分类

企业的生产，按产品工艺特点划分，可分为简单生产和复杂生产两种类型。

（一）简单生产

简单生产又称为单步骤生产，是指生产工艺过程不能间断，不能分散在不同工作地点进行的生产。属于简单生产的企业，其产品的生产周期一般比较短，通常没有自制半成品或其他中间产品，而且产品由于工艺过程的特点决定了只能由一个企业独立完成，而不能由几个企业协作进行生产。因此，这种类型的生产，一般也称为单步骤生产。发电、采掘等企业，就是简单生产的典型企业。

简单生产的特点是产品在生产过程中，经过一个或者几个不间断的工艺过程，直接生产出产成品，生产的中间环节不需要分别计算半成品成本。

（二）复杂生产

复杂生产又称为多步骤生产，是指生产工艺过程中间是由可以间断的若干生产步骤所组成的生产，它既可以在一个企业或车间内独立进行，也可以由几个企业或车间在不同的工作地点协作进行生产。属于复杂生产的企业，其产品的生产周期一般较长，产品品种不是单一的，有半成品或中间产品，而且可以由几个企业或车间协作进行生产，因此，也称为多步骤生产。

复杂生产的特点是产品在生产过程中要经过几个不同的工艺过程，这些工艺过程是可以间断的，而且企业需要分别计算各个工艺过程所生产的半成品成本。

复杂生产按其生产的方式不同，又分为连续式多步骤生产和装配式多步骤生产两种。

（1）连续式复杂生产。是指从原材料投入生产以后，需经过许多相互联系的加工步骤才能最后生产出产成品，前一个步骤生产出来的半成品，是后一个加工步骤的加工对象，直到最后加工步骤才能生产出产成品。属于这种连续式复杂生产的典型企业如钢铁、纺织企业等。

（2）装配式复杂生产。也称平行式复杂生产。是指将原材料投入生产后，在各个步骤进行平行加工制造成产成品所需的各种零件和部件，最后再将各生产步骤的零部件组装成为产成品。属于这种装配式复杂生产的典型企业如机床、汽车制造企业等。

二、生产按组织管理方式的分类

企业的生产按组织管理方式划分，可分为大量生产、成批生产和单件生产。

（一）大量生产

大量生产是指不断地大量重复生产一种或几种产品的生产，这种类型生产的主要特点是企业生产的产品品种较少，各种产品的产量较大一般是采用专业设备重复进行生产，专业化水平较高。例如纺织、采掘、冶金等企业，就是大量生产的典型企业。

（二）成批生产

成批生产是指按照预先确定的产品批别和数量，轮番进行若干种产品的生产，特点是产品品种较多、产量较大，生产具有重复性，如服装、机械的生产。成批生产按照批量的大小，又可进一步划分为大批生产和小批生产。大批生产类似于大量生产，小批生产类似于单件生产。

（三）单件生产

单件生产是根据各订货单位的要求，生产某种规格、型号、性能等特定产品的生产，这种类型生产的主要特点是品种多，每一定单产品数量少，一般不重复或不定期重复生产，专业化程度不高，通常采用通用设备进行加工。此类生产的特点是根据订货单位的要求，生产个别的、性质特殊的产品的生产。如船舶、飞机、新产品试制等是单件生产的典型企业。

将生产工艺过程的特点和生产组织的特点相结合，可形成 4 种生产类型（见表 7.1）。

表 7.1　　企业生产类型

综合类型	典型企业
大批大量简单生产	供水、供电
大批大量连续式复杂生产	钢铁、纺织
大批大量平行式复杂生产	家电、机床制造、汽车制造
小批单件复杂生产	重机、船舶

第二节　生产特点及成本管理要求对产品成本计算方法的影响

一、生产类型特点对产品成本计算方法的影响

（一）对确定成本计算对象的影响

成本计算对象是指企业为了计算产品成本而确定的归集和分配生产费用的各个对象，即成本费

用的承担者。

企业在进行成本计算时，首先应确定成本计算对象，按照确定的成本计算对象设置“基本生产成本明细账”（或“产品成本计算单”），据以归集和分配每一成本计算对象所发生的费用。

1. 从生产工艺过程特点的角度

（1）单步骤生产由于工艺过程不能间断，必须以产品为成本计算对象，按产品品种分别计算成本；

（2）多步骤连续加工式生产，需要以步骤为成本计算对象，既按步骤又按品种计算各步骤半成品成本和产品成本；

（3）多步骤平行式加工生产，不需要按步骤计算半成品成本，而以产品品种为成本计算对象。

2. 从产品生产组织特点的角度

（1）在大量生产情况下，只能按产品品种为成本计算对象计算产品成本；

（2）大批生产，不能按产品批别计算成本，而只能按产品品种为成本计算对象计算产品成本；

（3）如果大批生产的零件、部件按产品批别投产，也可按批别或件别为成本计算对象计算产品成本；

（4）小批、单件生产，由于产品批量小，一批产品一般可以同时完工，可按产品批别为成本计算对象计算产品成本。

（二）对确定成本计算期的影响

成本计算期是指每次计算产品成本的期间。计算产品成本的期间并不完全与产品的生产周期或会计结算期一致。有时产品成本计算期与会计结算期相一致，有时并不一致，而与产品的生产周期一致。

在大量、大批生产中，由于生产连续不断地进行，每月都有完工产品，因而产品成本要定期在每月末进行，与生产周期不一致。在小批、单件生产中，产品成本只能在某批、某件产品完工以后计算，因而成本计算是不定期进行的，而与生产周期一致。

（三）在产品成本的计算

在单步骤生产中，生产费用不必在完工产品与在产品之间进行分配。

在多步骤生产中，是否需要在完工产品与在产品之间分配费用，很大程度上取决于生产组织的特点。在大量、大批生产中，由于生产不间断进行，而且经常有在产品，因而在计算成本时，就需要采用适当的方法，将生产费用在完工产品与在产品之间进行分配。

在小批、单件生产中，如果成本计算期与生产周期一致，在每批、每件产品完工前，产品成本明细账中所登记的生产费用就是月末在产品的成本；完工后，所登记的费用就是完工产品的成本，因而不存在完工产品与在产品之间分配费用的问题。

上述 3 方面是相互联系、相互影响的，其中生产类型对成本计算对象的影响是主要的。不同的成本计算对象决定了不同的成本计算期和生产费用在完工产品与在产品之间的分配。因此，成本计算对象的确定，是正确计算产品成本的前提，也是区别各种成本计算方法的主要标志。具体来说包括以下 3 种：以产品品种为成本计算对象；以产品批别为成本计算对象；以产品生产步骤为成本计算对象。

二、组织管理要求对产品成本计算方法的影响

企业究竟采用什么方法计算产品成本，除了受生产类型的特点影响外，还必须根据企业成本管理的要求，来选择适合于本企业的成本计算方法。

在大量大批复杂生产的企业里，一般以每种产品及其所经过的加工步骤作为成本计算对象，采用分步法来计算产品成本。

如果企业规模较小，成本管理上不要求计算产品所经过加工步骤的成本，只要求计算出每种产品的成本，这时，可采用品种法计算产品成本。

因此，企业选择什么成本计算方法，除了要考虑生产类型的特点外，还要考虑成本管理的要求。

管理要求对成本计算方法的影响主要有：

（1）单步骤生产或管理上不要求分步骤计算成本的多步骤生产，以品种或批别为成本计算对象，采用品种法或分批法。

（2）管理上要求分步骤计算成本的多步骤生产，以生产步骤为成本计算对象，采用分步法。

（3）在产品品种、规格繁多的企业，管理上要求尽快提供成本资料，简化成本计算工作，可采用分类法计算产品成本。

（4）在定额管理基础较好的企业，为加强定额管理工作，可采用定额法。

第三节 产品成本计算方法简介

一、产品成本计算的基本方法

为了适应各类型生产的特点和不同的管理要求，在产品成本计算工作中存在着三种不同的成本计算对象，从而有 3 种不同的成本计算方法：以产品品种为成本计算对象的产品成本计算方法，称为品种法。以产品批别为成本计算对象的产品成本计算方法，称为分批法。以产品生产步骤为成本计算对象的产品成本计算方法，称为分步法。

不同的企业，由于生产的工艺过程、生产组织，以及成本管理要求不同，成本计算的方法也不一样。不同成本计算方法的区别主要表现在 3 个方面：一是成本计算对象不同；二是成本计算期不同；三是生产费用在产成品和半成品之间的分配情况不同。常用的成本计算方法主要有品种法、分批法和分步法。

（一）品种法

品种法是以产品品种作为成本计算对象来归集生产费用、计算产品成本的一种方法。由于品种法不需要按批计算成本，也不需要按步骤来计算半成品成本，因而这种成本计算方法比较简单。品种法主要适用于大批量单步骤生产的企业。如发电、采掘等。或者虽属于多步骤生产，但不要求计算半成品成本的小型企业，如水泥厂、制砖厂等。品种法一般按月定期计算产品成本，也不需要把生产费用在产成品和半成品之间进行分配。

（二）分批法

分批法也称订单法，是以产品的批次或订单作为成本计算对象来归集生产费用、计算产品成本的一种方法。分批法主要适用于单件和小批的多步骤生产。如重型机床、船舶、精密仪器和专用设备等。分批法的成本计算期是不固定的，一般把一个生产周期（即从投产到完工的整个时期）作为成本计算期定期计算产品成本。由于在未完工时没有产成品，完工后又没有在产品，产成品和在产品不会同时并存，因而也不需要把生产费用在产成品和半成品之间进行分配。

（三）分步法

分步法是按产品的品种及生产步骤归集生产费用、计算产品成本的一种方法。分步法适用于大量或大批的多步骤生产，如机械、纺织、造纸等。分步法由于生产的数量大，在某一时间上往往即有已完工的产成品，又有未完工的在产品和半成品，不可能等全部产品完工后再计算成本。因而分步法一般是按月定期计算成本，并且要把生产费用在产成品和半成品之间进行分配。

二、产品成本计算的辅助方法

在产品品种、规格繁多的工业企业，为了简化成本计算工作，还应用着一种简便的成本计算方法——分类法。

在定额管理基础较好的工业企业，还应用着一种将符合定额的生产费用和脱离定额差异分别核算，保证成本计划、定额的完成的一种产品成本计算方法——定额法。

（一）定额法

以产品的定额成本为基础，加、减脱离定额差异和定额变动差异，进而计算产品实际成本的方法。此方法目的在于加强成本管理，进行成本控制。在定额管理基础较好的企业，为加强定额管理工作，可采用定额法。

（二）分类法

以产品类别归集生产费用，再按一定标准在类内各产品之间进行分配，计算产品成本。一般适用于产品品种、规格繁多的企业，管理上要求尽快提供成本资料，简化成本计算工作，如灯泡厂、钉厂等，可简化成本计算。

注意：产品成本计算的辅助方法，一般应与基本方法结合起来使用，而不能单独使用。

三、不同类型企业适合采用的方法介绍

1. 大量大批简单生产企业

这类企业的特点是工艺过程不能间断，无法分步骤进行，只能以“产品的品种为计算对象”。产品的生产周期短，随时有产品完工，通常没有中间产品，无在产品。因此，确定以产品的品种为计算对象采用“品种法”。

2. 大量大批复杂生产企业

这类企业的特点是工艺可间断，以产品及所经过的步骤为对象计算产成品和半成品成本。随时

有产品完工，月末定期计算，月末存在大量在产品，生产费用需要进行分配。因此，确定以产品及所经过的步骤为对象计算产品成本，采用“分步法”。

3. 单件小批复杂生产企业

该类企业的特点是生产按订单或批别进行，一般等该批订单全部完工时，才计算产品成本。某订单或批别的产品，一般同时投产，同时完工，无月末在产品，生产费用无需分配。确定以每批订单为成本计算对象，采用“分批法”。

课后练习

一、名词解释

1. 单步骤生产和多步骤生产
2. 大量生产和成批生产

二、单项选择题

1. 工业企业的生产组织类型和管理要求对产品成本计算的影响，主要表现在（　　）。
   A. 完工产品与在产品之间分配费用的方法　B. 成本计算期的确定
   C. 间接费用分配方法的确定　D. 成本计算对象的确定
2. 决定成本计算对象的因素是生产特点和（　　）。
   A. 成本计算实体　B. 成本计算时期
   C. 成本管理要求　D. 成本计算方法
3. 成本计算的基本方法和辅助方法之间的划分标准是（　　）。
   A. 成本计算工作的繁简　B. 对于计算产品实际成本是否必不可少
   C. 对成本管理作用的大小　D. 成本计算是否及时
4. 管理上不要求分步骤计算成本的多步骤生产，适合采用的成本计算方法是（　　）。
   A. 简化的分批法　B. 分批法
   C. 品种法　D. 分类法
5. 产品成本计算的分步法适用于（　　）。
   A. 大量大批的多步骤生产　B. 小批生产
   C. 单件生产　D. 大量大批的单步骤生产

三、简答题

1. 生产特点和管理要求对产品成本计算的影响主要表现在哪些方面？
2. 产品成本计算的基本方法和辅助方法各有哪几种？基本方法和辅助方法的划分依据是什么？

第八章 品种法

学习目标：

1．了解品种法的定义、适应范围、特点及核算程序。

2．掌握品种法的核算方法。

关键词：

品种法　核算程序

第一节 概述

一、品种法的概念

品种法是以产品的品种为成本计算对象，归集和分配生产费用，计算产品成本的一种方法。其适用范围：

（1）品种法主要适用于大量大批的单步骤生产企业，例如发电、采掘等企业。在这种类型的企业中，由于产品生产的工艺过程不能间断，没有必要，也不可能划分生产步骤计算产品成本，只能以产品品种作为成本计算对象。

（2）大量大批多步骤生产的企业。在大量大批多步骤生产的企业中，如果企业规模较小，而且管理上又不要求提供各步骤的成本资料时，也可以采用品种法计算产品成本。

（3）企业的辅助生产车间也可以采用品种法计算产品成本。

二、品种法的特点

（一）以产品品种作为成本计算对象

品种法以产品品种作为成本计算对象，并据以设置“产品成本计算单”归集生产费用和计算产品成本。由于品种法的成本计算对象是每种产品，因此，在进行成本计算时，需要为每一品种产品设置一张“产品成本计算单”。如果企业生产的产品不止一种，就需要以每一种产品作为成本计算对象，分别设置“产品成本计算单”。

1．只生产一种产品企业成本计算对象的确定

如果企业只生产一种产品，成本计算对象就是该种产品，只需为该种产品设置一张“产品成本计算单”，“产品成本计算单”中按成本项目设置专栏，生产中所发生的生产费用都是直接费用，可以直接根据有关凭证和费用分配表，分别按成本项目全部列入到该种产品的“产品成本计算单”中。

2. 生产多种产品企业成本计算对象的确定

如果企业生产多种产品，成本计算对象则是每种产品，需要按每种产品分别设置“产品成本计算单”，生产中发生的生产费用，要区分为直接费用和间接费用，凡能分清应由某种产品负担的直接费用，应直接计入该种产品的“产品成本计算单”；对于几种产品共同耗用而又分不清应由哪种产品负担多少数额的间接费用，应采用适当的分配方法，在各种产品之间，或者直接进行分配，或者另行归集汇总为制造费用后，再经过分配计入各“产品成本计算单”的相关成本项目中。

（二）按月定期计算产品成本

采用品种法计算产品成本的生产企业，从其生产工艺过程看，有的是单步骤生产，有的是多步骤生产，但从生产组织方式上看，大多是大量大批生产，是连续不断地重复着某种或几种产品的生产，经常有很多完工产品，无法按照产品的生产周期来归集生产费用，计算产品成本，不能等到产品全部制造完工时再计算成本，因而只能定期按月计算产品成本，从而将本月的销售收入与已销产品生产成本配比，计算本月损益。因此，产品成本是定期按月计算的，与报告期一致，与产品生产周期不一致。

（三）月末在产品成本的计算

如果是大量大批的简单生产采用品种法计算产品成本，由于简单生产是一个生产步骤就完成了整个生产过程。所以月末（或者任何时点）一般没有在产品，因此，计算产品成本时不需要将生产费用在完工产品和在产品之间进行分配。如果是管理上不要求分步骤计算产品成本的大量大批的复杂生产采用品种法计算产品成本，由于复杂生产是需要经过多个生产步骤的生产，所以月末（或者任何时点）一般生产线上都会有在产品，因此，计算产品成本时就需要将生产费用在完工产品和在产品之间进行分配。

三、品种法的分类

（一）简单品种法

简单品种法是产品成本计算中一种比较简单的方法，一般运用于大量大批简单生产（单步骤生产）的行业或企业，例如发电、自来水生产、原煤原油的开采等。这类行业或企业的生产通常具有产品品种单一、封闭式生产、月末一般没有或只有少量在产品存在的特点。当期发生的生产费用总和就是该种完工产品的总成本，用总成本除以产量，就可以计算出产品的单位成本。在简单法下，生产中发生的一切费用都属于直接费用，可以直接计入该种产品成本。由于简单品种法不存在完工产品与在产品成本划分的问题，计算方法比较简单，故称为简单品种法。

（二）典型品种法

在大量大批多步骤生产的企业中，如果企业规模较小，而且管理上又不要求提供各步骤的成本资料时，也可以采用品种法计算产品成本。其成本计算比简单品种法要复杂一些，要按照不同产品品种设置产品成本计算单，还需要计算每种产品的完工产品成本和月末在产品成本。它有别于简单品种法的成本计算程序，但是又是多数企业普遍采用的成本计算方法，故称为典型品种法。

四、品种法的计算程序

1. 开设成本明细账

基本车间开设"基本生产成本明细账"，按照产品的品种开设"产品成本计算单"，开设"制造费用明细账"；辅助车间开设"辅助生产成本明细账"。

2. 分配各种要素费用

要素费用主要包括：材料费用的分配、人工费用的分配、折旧费用的分配和其他费用的分配等。月末编制各种"要素费用分配表"，并根据"要素费用分配表"编制会计分录，并登记有关明细账。

3. 分配辅助生产成本

月末编制"辅助生产费用分配表"，并根据"辅助生产费用分配表"编制会计分录，登记有关明细账。

4. 分配基本生产车间制造费用

月末编制"制造费用分配表"，并根据"制造费用分配表"编制会计分录，登记有关明细账。

5. 分配计算各种完工产品成本和月末在产品成本

月末采用约当产量法、定额比例法等分配方法将"产品成本计算单"上归集的生产费用合计进行分配，计算出各种完工产品成本和月末在产品成本。

6. 结转完工产品成本

根据各种产品"产品成本计算单"中完工产品的数据资料，编制"完工产品成本汇总计算表"，根据"完工产品成本汇总计算表"编制会计分录，登记有关明细账。

成本的明细分类核算程序如图 8.1 所示。

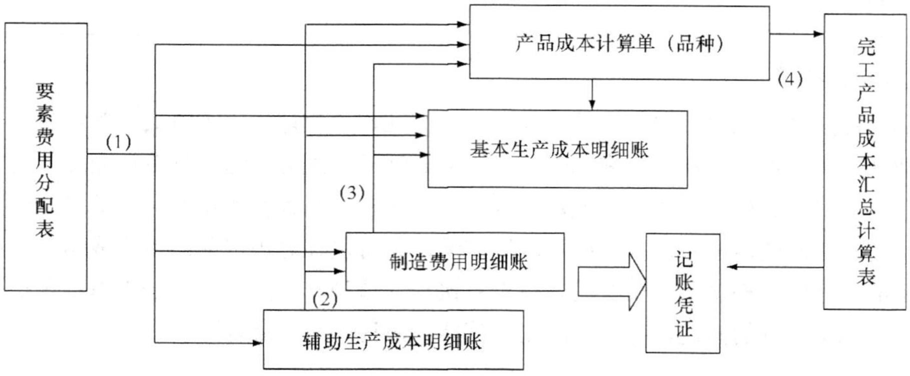

图 8.1　成本的明细分类核算程序

注：（1）编制"要素费用分配表"分配各要素费用进入有关成本费用账户。

（2）编制"辅助生产费用分配表"，分配辅助生产费用进各有关成本费用账户。

（3）编制基本生产车间"制造费用分配表"，分配基本生产车间制造费用进各基本生产成本账户。

（4）编制"完工产品成本计算表"，计算完工产品和在产品成本。

第二节 品种法举例

一、典型品种法

例8-1 某小型企业有一个基本生产车间和机修、蒸汽两个辅助生产车间，基本生产车间生产甲、乙两种产品，经过2个步骤进行加工，成本计算采用品种法。2015年5月甲产品完工150件，月末结存在产品50件，完工程度50%，原材料开工时一次投入。（假设乙产品月末无完工产品，乙产品的其他资料简略）要求：开设有关明细账；按照成本的核算程序计算产品成本。

（一）开设有关明细账

（1）“基本生产成本明细账”，如表 8.1 所示。

（2）“产品成本计算单（甲产品）”，如表 8.2 所示。

（3）“辅助生产成本明细账（蒸汽）”，如表 8.3 所示。

（4）“辅助生产成本明细账（机修）”，如表 8.4 所示。

（5）“制造费用明细账”，如表 8.5 所示。

表 8.1　基本生产成本明细账

车间：基本车间　2015 年 5 月　单位：元

年 月	日	凭证	摘要	直接材料	直接人工	其他直接支出	制造费用	合计
5	1		月初在产品成本	3 200	2 100	7 600	3 100	16 000
5	31	转 1	分配材料费用	95 238				95 238
5	31	转 2	分配的人工费		17 104			17 104
5	31	转 3	分配的动力费			5 760		5 760
5	31	转 6	分配的蒸汽费			7 803		7 803
5	31	转 7	分配的制造费				24 270	24 270
5	31		本月合计	95 238	17 104	13 563	24 270	150 175
5	31		合计	98 438	19 204	21 163	27 370	166 175
5	31	转 8	结转完工成本	61 500	9 195	10 305	12 150	93 150
5	31		月末在产品成本	36 938	10 009	10 858	15 220	73 025

表 8.2　产品成本计算单

产品：甲产品　2015 年 5 月　单位：元

年 月	日	凭证	摘要	直接材料	直接人工	其他直接支出	制造费用	合计
5	1		月初在产品	2 000	1 625	4 275	1 250	9 150
5	31	转 1	分配材料费	80 000				80 000
5	31	转 2	分配人工费		9 104			9 104
5	31	转 3	分配动力费			3 600		3 600

续表

年		凭证	摘要	直接材料	直接人工	其他直接支出	制造费用	合计
月	日							
5	31	转 6	分配蒸汽费			4 151		4 151
5	31	转 7	分制造费				12 928	12 928
5	31		本月发生额	80 000	9 104	7 751	12 928	109 783
5	31		生产费用合计	82 000	10 729	12 026	14 178	118 933
5	31		完工	150	150	150	150	
5	31		在产约当量	50	25	25	25	
5	31		产量合计	200	175	175	175	
5	31		单位成本	410	61.3	68.7	81	621
5	31	转 8	结转完工产品	61 500	9 195	10 305	12 150	93 150
5	31		月末在产品成本	20 500	1 534	1 721	2 028	25 783

表 8.3　　辅助生产成本明细账

车间：蒸汽　　2015 年 5 月　　单位：元

年		凭证	摘要	材料费	人工费	折旧费	水电费	其他费	合计
月	日								
5	31	转 1	分配材料费	1 520					1 520
5	31	转 2	分配工资		2 350				2 350
5	31	转 3	折旧及修理			4 800			4 800
5	31	转 4	分配动力费				1 440		1 440
5	31	转 5	分配其他					1 160	1 160
			合计	1 520	2 350	4 800	1 440	1 160	11 270
5	31	转 6	本月转出	1 520	2 350	4 800	1 440	1 160	11 270

表 8.4　　辅助生产成本明细账

车间：机修　　2015 年 5 月　　单位：元

年		凭证	摘要	材料费	人工费	折旧费	水电费	其他费	合计
月	日								
5	31	转 1	分配材料费	1 000					1 000
5	31	转 2	分配工资		1 596				1 596
5	31	转 3	折旧及修理			3 600			3 600
5	31	转 4	分配动力费				1 029.6		1 029.6
5	31	转 5	分配其他					1 040	1 040
			合计	1 000	1 596	3 600	1 029.6	1 040	8 265.6
5	31	转 6	本月转出	1 000	1 596	3 600	1 029.6	1 040	8 265.6

表 8.5　　制造费用明细账

车间：基本车间　　2015 年 5 月　　单位：元

年 月	日	凭证	摘要	材料费	人工费	折旧费	水电费	其他费	合计
5	31	转 1	分配材料费	3 200					3 200
5	31	转 2	分配工资		2 280				2 280
5	31	转 3	折旧及修理			8 400			8 400
5	31	转 4	分配动力费				1 080		1 080
5	31	转 5	分配其他					1 780	1 780
5	31	转 6	分配辅助生产费					7 530	7 530
			合计	3 200	2 280	8 400	1 080	9 310	24 270
5	31	转 7	本月转出	3 200	2 280	8 400	1 080	9 310	24 270

（二）成本计算

1．要素费用的分配

（1）材料费用的分配

月末，根据“领料单”“限额领料单”等发料凭证，按用途编制“材料费用分配表”（见表 8.6）。

（2）人工费用的分配

月末，分别车间、部门编制“职工工资单”和“工资费用分配表”（见表 8.7）。

（3）折旧费的计算

月末，编制“折旧费用计算明细表”和“折旧费用汇总计算表”（见表 8.8）。

（4）外购动力费用的分配

月末，编制“外购动力费用分配表”（见表 8.9）。

（5）其他费用的归集与分配

月末，编制“其他费用分配表”（见表 8.10）。

根据以上“要素费用的分配表”，一方面编制会计分录，以备登记总账。另一方面登记有关明细账。

各项费用的具体核算如下：

（1）材料费的分配。

根据领料单等领料凭证，月末编制“材料费用分配表”，如表 8.6 所示。

表 8.6　　材料费用分配表

2015 年 5 月

领料用途		成本项目	材料		
			产品定额耗料量	分配率	金额（元）
生产车间	生产甲产品	直接材料	840		80 000
	生产乙产品	直接材料	160		15 238
	小计		1 000	95.2	95 238
	一般耗用	材料			3 200

续表

领料用途		成本项目	材料		
			产品定额耗料量	分配率	金额（元）
辅助车间	蒸汽	材料			1 520
	机修	材料			1 000
厂部管理部门		材料			600
合计					101 558

① 根据表 8.6“材料费用分配表”编制会计分录。

借：生产成本　　97 758

　　制造费用　　3 200

　　管理费用　　600

　　贷：原材料　　101 558

② 根据表 8.6“材料费用分配表”登记有关成本明细账。登记基本生产车间的“基本生产成本明细账”（见表 8.1）的“直接材料”成本项目 95 238 元，登记基本生产车间的甲产品“产品成本计算单”（见表 8.2）的“直接材料”成本项目 80 000 元、登记基本生产车间的乙产品“产品成本计算单”的“直接材料”成本项目 15 238 元（略）；登记基本生产车间的“制造费用明细账”（见表 8.5）的“材料费”费用栏目 3 200 元；登记蒸汽车间的“辅助生产成本明细账”（见表 8.3）的“材料费”费用栏目 1 520 元；登记机修车间的“辅助生产成本明细账”（见表 8.4）的“材料费”费用栏目 1 000 元。

（2）人工费用的分配。

月末，根据职工工资单，编制工资费用分配表如表 8.7 所示。

表 8.7　　工资费用分配表

2015 年 5 月

领料用途		成本项目	人工费		
			实际工时	分配率	金额（元）
生产车间	生产甲产品	直接人工	1 138		9 104
	生产乙产品	直接人工	1 000		8 000
	小计		2 138	8	17 104
	一般耗用	人工费			2 280
辅助车间	蒸汽	人工费			2 350
	机修	人工费			1 596
厂部管理部门		人工费			3 420
合计					26 750

① 根据表 8.7“工资费用分配表”编制会计分录。

借：生产成本　　21 050

　　制造费用　　2 280

　　管理费用　　3 420

　　贷：应付职工薪酬　　26 750

② 根据表 8.7“工资费用分配表”登记有关成本明细账。登记基本生产车间的“基本生产成本明细账”（见表 8.1），登记基本生产车间的甲产品“产品成本计算单”（见表 8.2），登记基本生产车间的乙产品“产品成本计算单”（略），登记的成本项目为“直接人工”；登记基本生产车间的“制造费用明细账”（见表 8.5），登记在“人工费”费用栏目；登记蒸汽、机修车间的“辅助生产成本明细账” （见表 8.3、表 8.4），登记在“人工费”费用栏目。

（3）折旧费的分配。

月末，根据“固定资产折旧费用明细计算表”，编制全厂的“固定资产折旧费用计算表”如表 8.8 所示。

表 8.8　固定资产折旧费用计算表

2015 年 5 月

分配对象	费用项目	月初原始价值（元）	月折旧率	月折旧额（元）
基本生产车间	折旧费	1 400 000	0.6%	8 400
蒸汽车间	折旧费	800 000	0.6%	4 800
机修车间	折旧费	600 000	0.6%	3 600
企业管理部门	折旧费	900 000	0.5%	4 500
合计		3 700 000		21 300

① 根据表 8.8“固定资产折旧费用计算表”编制会计分录。

借：制造费用　8 400
　　生产成本　8 400
　　管理费用　4 500
　　贷：累计折旧　21 300

② 根据表 8.8“固定资产折旧费用计算表”登记有关成本明细账。登记基本生产车间的“制造费用明细账”（见表 8.5），登记在“折旧费”费用栏目；登记蒸汽、机修车间的“辅助生产成本明细账”（见表 8.3、表 8.4），登记在“折旧费”费用栏目。

（4）外购动力费的分配。

月末，根据供电单位的结算凭证，编制“外购动力费分配表”如表 8.9 所示。

表 8.9　外购动力费分配表

2015 年 5 月

分配对象	成本项目	实际用量	分配率	分配金额（元）
基本车间：				5 760
甲产品	燃料动力	20 000		3 600
乙产品	燃料动力	12 000		2 160
车间一般用	水电费	6 000		1 080
蒸汽车间	水电费	8 000		1 440
机修车间	水电费	5 720		1 029.6
合计		51 720	0.18	9 309.6

① 根据表 8.9“外购动力费分配表”编制会计分录。

借：生产成本　　　　8 229.6
　　制造费用　　　　1 080
　　贷：应付账款等　　　　9 309.6

② 根据表 8.9“外购动力费分配表”登记有关成本明细账。登记基本生产车间的“基本生产成本明细账”（见表 8.1），登记基本生产车间的甲产品“产品成本计算单”（见表 8.2），登记基本生产车间的乙产品“产品成本计算单”（略），登记的成本项目为“其他直接支出”；登记基本生产车间的“制造费用明细账”（见表 8.5），登记在“动力费”费用栏目；登记蒸汽、机修车间的“辅助生产成本明细账”（见表 8.3、表 8.4），登记在“动力费”费用栏目。

（5）其他费用的分配。

月末，根据有关凭证，编制其他费用分配表如表 8.10 所示。

表 8.10　　其他费用分配表

2015 年 5 月　　单位：元

分配对象	办公费	保险费	差旅费	修理费	合计
基本车间	280	800		700	1 780
机修车间	160	640	240		1 040
蒸汽车间	260	580		320	1 160
厂部	460	400	2 600		3 460
合计	1 160	2 420	2 840	1 020	7 440

① 根据表 8.10“其他费用分配表”编制会计分录。

借：制造费用　　　　1 780
　　生产成本　　　　2 200
　　管理费用　　　　3 460
　　贷：库存现金等　　　　7 440

② 根据表 8.10“其他费用分配表”登记有关成本明细账。登记基本生产车间的“制造费用明细账”（见表 8.5），登记在“其他费”费用栏目；登记蒸汽、机修车间的“辅助生产成本明细账”（见表 8.3、表 8.4），登记在“其他费”费用栏目。

2. 辅助生产成本的分配

要素费用分配完，下一步需要分配辅助生产成本。首先，在“辅助生成本明细账”上计算出机修、蒸汽车间的生产费用合计，然后采用直接分配法进行辅助生产费用的分配。通过要素费用的分配，本月应该由机修、蒸汽车间负担的辅助生产费用均归集在机修、蒸汽车间的“辅助生成本明细账”中，计算得出蒸汽、机修车间“辅助生成本明细账”的生产费用合计分别为 11 270 元和 8 265.6 元（见表 8.3、表 8.4 本月合计）。假设机修、蒸汽车间本月的劳务供应量资料如表 8.11 所示。根据以上有关资料采用直接分配法，编制“辅助生产费用分配表”（见表 8.12），进行辅助生产成本的分配。

表 8.11　　蒸汽、机修车间劳务供应量

2015 年 5 月

项目	蒸汽（百立方米）	机修（小时）
基本车间生产产品	2 550	
基本车间一般耗用	450	700
机修车间	320	
蒸汽车间		60
行政管理	680	240
合计	4 000	1 000

表 8.12　　辅助生产费用分配表（直接分配）

2015 年 5 月

项目	分配费用	分配数量	分配率	分配金额					
				生产成本		制造费用		企管部门	
				数量	金额（元）	数量	金额（元）	数量	金额（元）
蒸汽	11 270	3 680	3.06	2 550	7 803	450	1 377	680	2 090
机修	8 265.6	940	8.79			700	6 153	240	2 112.6
合计	19 535.6				7 803		7 530		4 202.6

假设，生产产品耗用的蒸汽以甲、乙产品的直接人工工资为分配标准进行分配，编制“辅助生产费用分配明细表”（见表 8.13）。

表 8.13　　辅助生产费用分配明细表

2015 年 5 月

项目	分配标准（直接工资）（元）	分配率	分配金额（元）
甲产品	9 104		4 151
乙产品	8 000		3 652
合计	17 104	0.456	7 803

① 根据表 8.12“辅助生产费用分配表”编制会计分录。

借：生产成本—基本生产成本　　7 803

　　制造费用　　7 530

　　管理费用　　4 202.6

　　贷：生产成本—辅助生产成本　　19 535.6

② 根据表 8.12“辅助生产费用分配表”和表 8.13“辅助生产费用分配明细表”登记有关成本明细账。登记基本生产车间的“基本生产成本明细账”（见表 8.1），登记基本生产车间的甲产品“产品成本计算单”（见表 8.2），登记基本生产车间的乙产品“产品成本计算单”（略），登记的成本项目为“其他直接支出”；登记基本生产车间的“制造费用明细账”（见表 8.5），登记在“动力费”费用栏目；以红字登记蒸汽、机修车间的“辅助生产成本明细账”（见表 8.3、表 8.4）。至此，蒸汽、机修车间的“辅助生产成本明细账”的余额为 0。

3. 制造费用的分配

辅助生产成本分配完，下一步需要进行基本车间制造费用的分配。首先，在“制造费用明细账”上计算出本月费用合计，然后采用实际分配率法，将基本车间的制造费用在甲、乙之间进行分配。计算“制造费用明细账”的费用合计为 24 270 元（见表 8.5），通过编制“制造费用分配表”（见表 8.14）进行分配。

表 8.14 制造费用分配表

2015 年 5 月

项目	分配标准（直接工资）（元）	分配率	分配金额（元）
甲产品	9 104		12 928
乙产品	8 000		11 342
合计	17 104	1.42	24 270

① 根据表 8.14“制造费用分配表”编制会计分录。

借：生产成本　　24 270

　　贷：制造费用　　24 270

② 根据表 8.14“制造费用分配表”登记有关成本明细账。登记基本生产车间的“基本生产成本明细账”（见表 8.1），登记基本生产车间的甲产品“产品成本计算单”（见表 8.2），登记基本生产车间的乙产品“产品成本计算单”（略），登记的成本项目为“制造费用”；以红字登记基本生产车间的“制造费用明细账”（见表 8.5）。至此，基本生产车间的“制造费用明细账”余额为 0。

4. 生产费用的分配

生产费用的分配，完工产品成本的计算。通过以上分配，凡是应该由基本生产车间甲产品、乙产品负担的费用均归集在甲产品的“产品成本计算单”、乙产品的“产品成本计算单”（略）。要求，采用约当产量法，将归集在甲产品“产品成本计算单”上的生产费用合计进行分配，乙产品全部未完工（资料略）。

首先，在甲产品“产品成本计算单”上，将生产费用合计在完工产品和月末在产品之间进行分配。然后，将“产品成本计算单”上完工产品成本资料填到“完工产品成本汇总计算表”（见表 8.15）中，计算本月完工产品总成本，根据“完工产品成本汇总计算表”编制产品完工入库的会计分录，并据此登记“基本生产成本明细账”完工产品成本。“基本生产成本明细账”月末在产品成本，根据“基本生产成本明细账”的生产费用合计扣减完工产品成本计算。

表 8.15 完工产品成本汇总计算表

2015 年 5 月　　单位：元

产品		直接材料	直接人工	其他直接支出	制造费用	合计
甲产品	总成本（150 件）	61 500	9 195	10 305	12 150	93 105
	单位成本	410	61.3	68.7	81	621
乙产品	总成本					
	单位成本					
合计						

二、简单品种法

例8-2 某火力发电厂以煤为燃料进行火力发电，工艺特点主要表现为：通过燃料煤燃烧对锅炉中的水进行加热，形成高温高压的蒸汽，推动汽轮机快速旋转，借以带动发电机转动，从而产生电力。由于整个工艺过程不能间断，又只生产电力一种产品，所以只能选择简单品种法计算电力产品成本，而且生产中发生的一切生产费用都是直接费用，可以直接计入电力产品成本，因此，成本项目可以按照生产费用的经济性质和经济用途结合的原则进行设置。

该发电厂属于单步骤的大量生产企业，只生产电力一种产品。工厂设有燃料车间、锅炉车间、汽机车间和电机车间四个基本生产车间，另外还设有一个修理辅助生产车间和若干个管理科室。

该火力发电厂为进行成本核算，设置了“生产成本”总账账户，并设置了“生产成本明细账”（表8.18），“生产成本明细账”按照“燃料费”“生产用水费”“材料费”“工资及福利费”“折旧费”“修理费”“其他费用”等费用项目设置专栏。

由于电力产品不能储存，不存在未完工的在产品，因而无需将生产费用在完工产品和在产品之间进行分配。该厂所产电力，除少量自用外，全部对为供应，因此，当月发生的全部生产费用，即为当月电力产品的总成本，除以对外供应的电力产量，即为电力产品的单位成本。

该发电厂2015年10月末，根据本月发生的经济业务编制“燃料费用分配表”、“材料费用分配表”、“工资及福利费分配表”（略）、“固定资产折旧计算表”（略）及“其他费用分配表”（略），根据分配表编制会计分录并登记明细账。

（1）据燃料车间提供的燃料耗用统计表编制“燃料费用分配表”（见表8.16）。

表 8.16 燃料费用分配表

2015 年 10 月

燃料名称	数量（吨）	单价（元/吨）	金额（元）
兖州原煤	600	350	210 000
枣庄原煤	400	300	120 000
合计	1 000	—	330 000

根据“燃料费用分配表”，编制会计分录如下：

借：生产成本—燃料费　　330 000

　贷：燃料　　330 000

（2）据不同生产车间各种用途的领料凭证（或领料凭证汇总表），编制“材料费用分配表”（见表8.17）。

表 8.17 材料费用分配表

2015 年 10 月

车间	材料名称	数量（千克）	单价（元/千克）	金额（元）
燃料车间	A 材料	400	50	20 000
锅炉车间	B 材料	80	40	3 200
汽机车间	C 材料	200	30	6 000
电机车间	D 材料	40	25	1 000
修理车间	E 材料	100	20	2 000
合计	—	—	—	32 200

根据“材料费用分配表”，编制会计分录如下：

借：生产成本—材料费　　32 200

　　贷：原材料　　32 200

（3）结转本月完工电力总成本523 150元（见表8.18），编制会计分录：

借：营业成本　　523 150

　　贷：生产成本　　523 150

生产量扣除厂用电量即为厂供电量；电力成本除以厂供电量，即为电力单位成本。

表8.18　生产成本明细账

2015年10月　　单位：元

摘要	燃料费	生产用水费	材料费	人工费	折旧费	修理费	其他费用	合计
分配燃料费	330 000							330 000
分配材料费			32 200					32 200
分配工资福利费				75 450				75 450
分配水费		31 000					2 000	33 000
分配折旧费					35 000			35 000
分配修理费						15 000		15 000
分配保险费							2 500	2 500
本月合计	330 000	31 000	32 200	75 450	35 000	15 000	4 500	523 150
本月转出	330 000	31 000	32 200	75 450	35 000	15 000	4 500	523 150

课后练习

一、名词解释

品种法

二、单项选择题

1．区分各种成本计算基本方法的主要标志是（　　）。

A．成本计算对象

B．成本计算日期

C．间接费用的分配方法

D．完工产品与在产品之间分配费用的方法

2．品种法的成本计算期与（　　）是不一致的，一般是按月进行的。

A．生产周期　B．会计核算周期　C．会计分期　D．生产日期

3．造船、服装的生产，其成本计算一般应采用（　　）。

A．品种法　B．分步法　C．分批法　D．分类法

4．采用品种法计算产品成本时，成本计算单应按（　　）开设。

A．产品批别　B．产品品种　C．产品类别　D．产品生产步骤

三、计算题

某工业企业有一个基本生产车间，供电和机修两个辅助生产车间，大量生产甲、乙两种产品，其生产工艺属于单步骤生产。根据生产特点和管理要求，确定采用品种法计算产品成本。产品成本包括“直接材料”“燃料动力”“直接人工”“制造费用”和“废品损失”五个成本项目。

原材料开工时一次投料，生产费用分配采用约当产量法。以该企业2015年3月的费用资料为例，说明甲、乙两种产品的成本计算程序和有关账务处理：（其中1－6笔业务涉及的乙废品为可修复废品）

首先，开设甲、乙产品成本计算单、废品损失明细账（乙产品）、基本生产成本明细账、辅助生产成本明细账和制造费用明细账；然后，进行费用的归集与分配。

（一）要素费用分配

根据各项费用的原始凭证和其他有关资料，编制各种费用分配表，分配各种要素费用，根据分配表登记有关明细账。

（1）根据3月银行存款付款凭证汇总的本月货币支出如表8.19所示。

表8.19　　2015年3月货币支出

单位：元

项目			金额
部门		费用项目	
辅助生产	供电车间	外购半成品	17 000
	供电车间	办公费	700
	机修车间	劳保费	180
	小计		17 880
车间管理	基本生产车间	办公费	1 000
		劳动保护费	400
		其他	200
管理部门		办公费	3 000
		差旅费	1 500
		其他	3 000
	小计		7 500
财务部门	手续费等		6 000
合计			32 980

（2）根据领料凭证汇总的3月的材料费用如表8.20所示。

表8.20　　材料费用分配表

2015年3月　　单位：元

项目			原料及主要材料	辅助材料	其他材料	合计
地点	用途	项目				
基本车间	甲产品	原材料	20 000	4 000		24 000
	乙产品	原材料	4 000	2 000		6 000
	小计		24 000	6 000		30 000

续表

项目			原料及主要材料	辅助材料	其他材料	合计
地点	用途	项目				
辅助车间	供电车间	机物料		450		450
	机修车间	机物料		500		500
	小计			950		950
基本生产车间	一般耗用	机物料		5 500	500	6 000
	小计			5 500	500	6 000
管理部门		机物料		900	600	1 500
废 品	乙产品	原材料	550	150		700
合计			24 550	13 500	1 100	39 150

（3）根据 3 月各车间、部门的工资计算单和福利费计提办法，归集本月工资费用与职工福利费如表 8.21 所示。

表 8.21　　工资及福利费分配表

2015 年 3 月　　单位：元

项目		生产工人工资	管理人员工资	工资合计	应付福利费（工资 14%）	合计
地点	明细					
基本车间	甲产品	6 500		6 500	910	7 410
	乙产品	10 000		10 000	1 400	11 400
	小计	16 500		16 500	2 310	18 810
废品	乙产品	900		900	126	1 026
	合格品和废品小计	17 400		17 400	2 436	19 836
辅助车间	供电车间	1 600	900	2 500	350	2 850
	维修车间	1 000	400	1 400	196	1 596
	小计	2 600	1 300	3 900	546	4 446
基本车间	车间管理		3 000	3 000	420	3 420
管理部门			5 000	5 000	700	5 700
合计		20 000	9 300	29 300	4 102	33 402

（4）根据各车间、部门 2 月固定资产的折旧额和 2 月增加、减少固定资产的折旧额，编制折旧费用分配表如表 8.22 所示。

表 8.22　　固定资产折旧费用分配表

2015 年 3 月　　单位：元

车间、部门	2 月初固定资产折旧额	2 月增加固定资产的折旧额	2 月减少固定资产的折旧额	本月固定资产折旧额
基本生产车间	7 500	600	250	7 850
供电车间	800	100		900
维修车间	150	50		200
车间小计	8 450	750	250	8 950
行政管理部门	3 000	900	700	3 200
合计	11 450	1 650	950	12 150

（二）部门费用分配

1．编制“辅助生产费用分配表”归集和分配辅助生产费用，根据分配表登记有关明细账。

（1）该企业采用交互分配法分配辅助生产费用。供电车间本月供电 100 000 度，分别给基本生产车间生产产品、基本生产车间照明、维修车间和企业行政管理部门供电 60 000 度、25 000 度、10 000 度和 5 000 度；维修车间本月共提供劳务 1 000 小时，分别给基本生产车间、供电车间、企业行政管理部门提供劳务 600 小时、300 小时和 100 小时。供电车间费用按供电数量分配、维修车间费用按维修工时分配。

（2）基本生产车间生产产品耗用的电力费用，假定不能分设电表计量，还应编制“辅助生产费用明细分配表”在甲产品、乙产品及废品乙之间，按实际机器小时比例进行分配。已知甲产品、乙产品及废品乙的实际机器小时分别为 1 400 小时、843 小时和 74 小时。

要求：编制“辅助生产费用分配表”和“辅助生产费用明细分配表”，并根据“辅助生产费用分配表”编制会计分录，登记有关明细账。

2．归集和分配基本生产车间的制造费用。编制“制造费用分配表”，并根据“制造费用分配表”编制会计分录，登记有关明细账。

假设甲、乙两种合格产品和废品（乙产品）的实际生产工时分别为 2 700 小时、4 000 小时、2 100 小时。要求：编制基本生产车间“制造费用分配表”，分配该车间制造费用，登记有关明细账。

（三）结转废品净损失

1．根据有关可修复废品的修复费用资料，登记废品损失明细账，归集全部废品损失。

2．将“废品损失明细账”的净损失结转到“产品成本计算单（乙）”和“基本生产成本明细账”的“废品损失”成本项目，由本月完工的乙合格品负担。

（四）生产费用的分配

根据各种费用分配表和其他有关资料，登记“产品成本计算单”，分别归集甲、乙两种产品成本，并选择适当的方法，分配计算两种产品的完工产品成本和月末在产品成本。

“产品成本计算单”中，月初在产品费用，加上本月生产费用小计，即为生产费用累计，应在本月完工产品与月末在产品之间分配。

生产费用分配采用约当产量法进行，原材料开工时一次投入，加工程度为 50%。

假设甲产品月初在产品成本为 20 000 元（其中：“直接材料”9 000 元、“直接人工”5 000 元、“燃料动力”2 000 元、“制造费用”4 000 元）。月初在产品 600 件，本月投产 1 200 件，完工 1 100 件，月末在产品 700 件。

乙产品月初在产品成本为 18 000 元（其中：“直接材料”7 000 元、“直接人工”6 000 元、“燃料动力”2 000 元、“制造费用”3 000 元），月初在产品 400 件，本月投产 800 件，完工 1 000 件，月末在产品 200 件。

要求：1．建账。2．要素费用分配。3．部门费用分配。4．废品损失计算。5．生产费用分配。6．根据甲、乙产品“产品成本计算单”完工产成品成本资料，汇编“完工产品成本汇总计算表”，结转完工产成品成本。有关表格见表 8.23～表 8.33。

表 8.23　　　　基本生产成本明细账

车间：　　　　年　月

年		凭证	摘要						
月	日								

表 8.24　　　　废品损失明细账

产品：　　　　年　月

年		凭证	摘要					
月	日							

表 8.25　　　　产品成本计算单

产品：　　　　年　月

年		凭证	摘要						
月	日								

表 8.26　　产品成本计算单

产品：　　　　　　　　　　　　年　月

年		凭证	摘要						
月	日								

表 8.27　　辅助生产费用分配表（交互分配）

年　月

项目		分配费用	分配数量	分配率	分配金额									
									生产成本		制造费用		管理费用	
					数量	金额	数量	金额	数量	金额	数量	金额	数量	金额

表 8.28　　辅助生产成本明细账

车间：　　　　　　　　　　　　年　月

年		凭证	摘要						
月	日								

表 8.29　　辅助生产成本明细账

车间：　　年　月

年		凭证	摘要						
月	日								

表 8.30　　制造费用明细账

车间：　　年　月

年		凭证	摘要						
月	日								

表 8.31　　制造费用分配表

年　月

表 8.32　　完工产品成本汇总计算表

年　月

产品						
甲	总成本（　件）					
	单位成本					
乙	总成本（　件）					
	单位成本					
合计						

表 8.33　　辅助生产费用明细分配表

年　月

产品	分配标准	分配率	分配金额

第九章 分批法

学习目标：

1．了解、掌握分批法的定义、适应范围、特点及核算程序。

2．掌握分批法的计算原理。

关键词：

分批法　核算程序

第一节 概述

一、分批法的概念

（一）概念

分批法是按照产品批别归集生产费用、计算产品成本的一种方法。在小批单件生产的企业中，企业的生产活动基本是根据订货单位的订单签发工作号来组织生产的，按产品批别计算产品成本，往往与按订单计算产品成本相一致，因而分批法也叫订单法。

（二）适用范围

分批法适用于单件、小批生产类型的企业，主要包括：

（1）单件、小批生产的重型机械、船舶、精密工具、仪器等制造企业。

（2）不断更新产品种类的时装等制造企业。

（3）新产品的试制、机器设备的修理作业以及辅助生产的工具、器具、模具的制造等，亦可采用分批法计算成本。

二、分批法的特点

（一）成本计算对象

分批法的成本计算对象是产品的批别。由于在单件小批生产类型的企业中，生产多是根据购货单位的订单组织的，因此，分批法也称订单法。但严格说来，按批别组织生产，并不一定就是按订单组织生产，还要结合企业自身的生产负荷能力，来合理组织安排产品生产的批量与批次。比如说：

（1）如果一张订单中要求生产好几种产品，为了便于考核分析各种产品的成本计划执行情况，加强生产管理，就要将该订单按照产品的品种划分成几个批别组织生产。

（2）如果一张订单中只要求生产一种产品，但数量极大，超过企业的生产负荷能力，或者购货单位要求分批交货的，也可将该订单分为几个批别组织生产。

（3）如果一张订单中只要求生产一种产品，但该产品属于价值高、生产周期长的大型复杂产品（如万吨轮），也可将该定单按产品的零部件分为几个批别组织生产。

（4）如果在同一时期接到的几张订单要求生产的都是同一种产品，为了更经济合理地组织生产，也可将这几张订单合为一批组织生产。

（二）以产品的生产周期作为成本计算期

采用分批法计算产品成本的企业，虽然各批产品的成本计算单仍按月归集生产费用，但是只有在该批产品全部完工时才能计算其实际成本。由于各批产品的生产复杂程度不同、质量数量要求也不同，生产周期就各不相同。有的批次当月投产，当月完工；有的批次要经过数月甚至数年才能完工。可见完工产品的成本计算因各批次的生产周期而异，是不定期的。所以，分批法的成本计算期与产品的生产周期一致，与会计报告期不一致。

（三）生产费用一般不需要在完工产品和在产品之间分配

在单件或小批生产，购货单位要求一次交货的情况下，每批产品要求同时完工。这样该批产品完工前的成本明细账上所归集的生产费用，即为在产品成本；完工后的成本明细账上所归集的生产费用，即为完工产品成本。因此在通常情况下，生产费用不需要在完工产品和在产品之间分配。

但是如果产品批量较大、购货单位要求分次交货时，就会出现批内产品跨月陆续完工的情况，这时应采用适当的方法将生产费用在完工产品和月末在产品之间分配。采用的分配方法视批内产品跨月陆续完工的数量占批量的比重大小多少而定。

三、分批法的类别

分批法因其采用的间接计入费用的分配方法不同，划分为一般分批法和简化分批法。

（一）一般分批法

采用当月分配率来分配间接计入费用的分批法称为一般的分批法（分批法），也称分批计算在产品成本的分批法。一般分批法的特点是分配间接费用（主要为制造费用）时，不论各批次或各订单产品是否完工，都要按当月分配率分配其应负担的间接费用。采用一般分批法，各月份月末间接费用明细账没有余额，未完工批次或订单也要按月结转间接费用，如果企业在投产批次比较多而多数为未完工批次或订单时，按月结转未完工批次产品的间接费用意义不大，而且手续烦琐，在这种情况下，就应考虑采用“简化分批法”分配间接费用。

（二）简化分批法

采用累计分配率来分配间接计入费用的分批法称为简化的分批法，也称不分批计算在产品成本的分批法，是一般的分批法的简化形式。“累计分配法”的特点是分配间接费用时，只对当月完工的批次或订单按累计分配率进行分配，将未完工批次或订单的间接费用总额保留在间接费用明细账中不进行分配，但在各批产品成本计算单中要按月登记发生的工时，以便计算各月的累计分配率和在某批次产品完工时，按其累计工时汇总结转应负担的间接费用总额。采用“累计分配法”，间接费用明细账月末留有余额，完工批次或订单一次负担其间接费用，因此，可以简化成本核算工作。

在采用分批法进行成本计算的企业中，特别是小批单件生产的企业或车间，有时会出现在同一条生产线（车间）上同时生产多批产品的情况（例如：食品企业等），而且各批产品的成本计算期都跨越几个月份。在实务工作中可以采用简化的分批法来进行计算，即“不分批计算在产品成本的简化分批法”。在发生完工产品的月份，才对完工产品，按照其累计工时的比例对间接计入费用进行分配，计算完工产品成本，计算的结果登记到基本生产成本明细账中。没有完工产品的月份，不进行间接费用的分配。

简化的分批法特点：简化的分批法与一般的分批法相比较，具有以下特点：

（1）采用简化的分批法必须设立基本生产成本二级账；

（2）每月发生的间接计入费用，不是按月在各批产品之间进行分配；

（3）采用这种方法，到产品完工时合并在一起进行累计间接计入费用分配。但是，如果各月份的间接费用水平相差悬殊，采用这种方法会影响到各月成本计算的准确性。

四、分批法的成本计算程序

（一）开设成本明细账

基本车间开设“基本生产成本明细账”，按照批别开设“产品成本计算单”，账内按照成本项目开设专栏；基本车间开设“制造费用明细账”，辅助车间开设“辅助生产成本明细账”，账内按照费用项目开设专栏。

（二）分配各种要素费用

根据各生产费用的原始凭证或原始凭证汇总表和其他有关资料，编制各种要素费用分配表，分配各要素费用并登账。主要包括：材料费用的分配、人工费用的分配、折旧费用的分配、其他费用的分配。月末编制“要素费用分配表”，并根据“要素费用分配表”编制会计分录，登记有关明细账。

对于直接计入费用，应按产品批别列示并直接计入各个批别的“产品成本计算单”；对于间接计入费用，应按生产地点归集，并按适当的方法分配计入各个批别的“产品成本计算单”。

（三）分配辅助生产费用

月末，计算各“辅助生产成本明细账”的本月费用合计，结合辅助车间提供劳务量的资料，采用一定的分配方法编制“辅助生产费用分配表”进行费用的分配，并根据“辅助生产费用分配表”编制会计分录，登记有关明细账。

（四）分配基本生产车间制造费用

采用一般分批法的企业，月末编制“制造费用分配表”，并根据“制造费用分配表”编制会计分录，登记有关明细账。采用简化分批法的企业，有产品完工的月末编制“制造费用分配表”，并根据“制造费用分配表”编制会计分录，登记有关明细账。

（五）归集分配完工批别和未完工批别成本

月末根据完工批别产品的完工通知单，将计入已完工的该批产品的“产品成本计算单”上所归集的生产费用，按成本项目加以汇总，计算出该批完工产品的总成本和单位成本，并转账。如果出现批内产品跨月陆续完工并已销售或提货的情况，这时应采用适当的方法将生产费用在完工产品和月末在产品之间分配，计算出该批已完工产品的总成本和单位成本。

成本的明细分类核算程序见图 9.1。

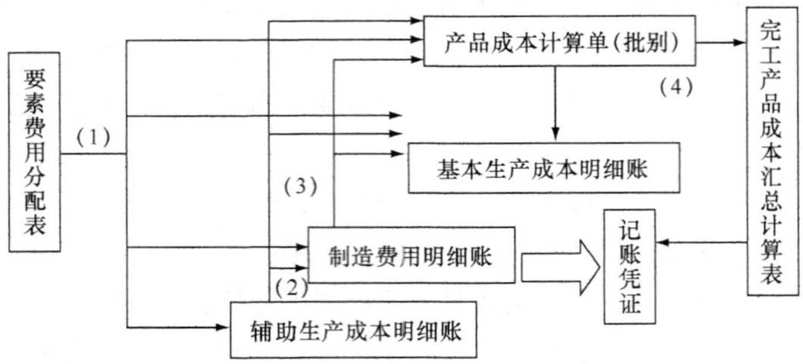

图 9.1　成本的明细分类核算程序

注：（1）编制“要素费用分配表”分配各要素费用进入有关成本费用账户。

（2）编制“辅助生产费用分配表”，分配辅助生产费用进各有关成本费用账户。

（3）编制基本生产车间“制造费用分配表”，分配基本生产车间制造费用进各基本生产成本账户。

（4）编制“完工产品成本计算表”，计算完工产品和在产品成本。

第二节　分批法举例

一、一般分批法

一般分批法是指采用当月分配率来分配间接计入费用分批法，也称分批计算在产品成本的分批法。一般分批法的特点是分配间接费用（主要为制造费用）时，不论各批次或各订单产品是否完工，都要按当月分配率分配其应负担的间接费用。

例9-1　某单件小批生产企业有第一、第二两个基本生产车间和机修辅助车间。2015年5月第一基本车间有关资料如下（第二基本车间资料略）：

（1）401号甲产品2台，3月份投产，本月全部完工。3、4两个月累计费用为：直接材料50 000元，直接人工12 000，累计工时6 800小时，制造费用8 800元。本月发生费用：直接材料10 000元，直接人工9 600元，累计工时3 200小时，制造费用3 400元。

（2）402号丙产品4台，4月份投产，本月全部未完工。4月生产费用为：直接材料35 000元，直接人工6 400元，累计工时3 400小时，制造费用4 000元。本月发生费用：直接材料15 000元，直接人工9 800元，累计工时3 600小时，制造费用3 800元。

（3）502号丁产品6台，5月份投产，5月份502订单完工交货3台，另3台尚未完工，完工程度50%。502本月发生费用：直接材料48 000元，直接人工6 750元，累计工时2 250小时，制造费用2 250元。

假设，401、402、502订单的原材料于开工时一次投足。要求：计算完工订单产品成本。

解答：（1）开设有关明细账。

开设第一车间的“基本生产成本明细账（见表9.1）”，开设401、402、502计算单，如表9.2、表9.3、表9.4所示，根据完工订单产品成本，编制“完工产品成本汇总计算表（见表9.5）”。

（2）要素费用的分配（略）。

（3）部门费用的分配（略）。

表 9.1　　　　基本生产成本明细账

车 间：第一基本车间　　　　2015 年 5 月

		摘要	直接材料	直接人工	制造费用	合计
5	1	月初在产品成本	85 000	18 400	12 800	116 200
	31	分配材料费用	73 000			73 000
	31	分配的人工费		26 150		26 150
	31	分配的制造费			9 450	9 450
	31	本月合计	73 000	26 150	9 450	108 600
	31	合计	158 000	44 550	22 250	224 800
	31	结转完工产品成本	84 000	26 100	13 700	123 800
	31	月末在产品成本	74 000	18 450	8 550	101 000

表 9.2　　　　产品成本计算单

产品批号：401　　　　车间：一车间

产品名称：甲产品　　　　开工日期：3

产品批量：2 台　　　　2015 年 5 月　　　　完工日期：5　　　　单位：元

		摘要	直接材料	直接人工		制造费用	合计
				工时	金额		
4		略					
5	1	月初在产品成本	50 000	6 800	12 000	8 800	70 800
	31	本月分配材料费	10 000				10 000
	31	本月分配人工费		3 200	9 600		9 600
	31	本月分配制造费				3 400	3 400
	31	本月合计	10 000	3 200	9 600	3 400	23 000
	31	合计	60 000	10 000	21 600	12 200	93 800
	31	转出产成品成本	60 000	10 000	21 600	12 200	93 800

表 9.3　　　　产品成本计算单

产品批号：402　　　　车间：一车间

产品名称：丙产品　　　　开工日期：4

产品批量：4 台　　　　2015 年 5 月　　　　完工日期：6　　　　单位：元

		摘要	直接材料	直接人工		制造费用	合计
				工时	金额		
4		略					
5	1	月初在产品成本	35 000	3 400	6 400	4 000	45 400
	31	本月分配材料费	15 000				15 000
	31	本月分配人工费		3 600	9 800		9 800
	31	本月分配制造费				3 800	3 800
	31	本月合计	15 000	3 600	9 800	3 800	32 200
	31	合计	50 000	10 000	16 200	78 000	74 000
	31	月末在产品成本	50 000	10 000	16 200	78 000	74 000

表 9.4　　　　产品成本计算单

产品批号：502　　　　车间：一车间

产品名称：丁产品　　　　开工日期：5

产品批量：6 台　　　　2015 年 5 月　　　　完工日期：5、6　　　　单位：元

		摘要	直接材料	直接人工		制造费用	合计
				工时	金额		
5	31	本月分配材料费	48 000				48 000
	31	本月分配人工费		2 250	6 750		6 750
	31	本月分配制造费				2 250	2 250
	31	合 计	48 000	2 250	6 750	2 250	57 000
5	31	转出产成品成本	24 000	1 500	4 500	1 500	30 000
	31	月末在产品成本	24 000	750	2 250	750	27 000

表 9.5　　　　完工产品成本汇总计算表

2015 年 5 月　　　　单位：元

产品		直接材料	直接人工	制造费用	合计
甲	总成本（2 台）	60 000	21 600	12 200	93 800
丁	总成本（3 台）	24 000	4 500	1 500	30 000
合 计		84 000	26 100	13 700	123 800

根据表9.5，编制会计分录：

借：库存商品　　　　123 800

　　贷：生产成本　　　　123 800

二、简化分批法

简化分批法是指采用累计分配率来分配间接计入费用的分批法，也称不分批计算在产品成本的分批法，是一般分批法的简化形式。如果企业在投产批次比较多而多数为未完工批次或订单时，按月结转未完工批次产品的间接费用意义不大，而且手续繁琐，在这种情况下，应考虑采用“简化分批法”分配间接费用。

例9-2　某企业有一个基本生产车间和机修、蒸汽两个辅助生产车间，基本生产车间生产2010、2012、4018、4019、4020、5010、5011共7批产品，各批产品投产及完工日期见表9.6，本月2010批次产品完工，其他6批均未完工。产品成本计算采用分批法，由于该企业投产批次比较多，完工批次较少，因此，制造费用的分配采用累计分配率法。2015年5月末有关成本资料见表9.7，2015年6月其他有关资料见表9.8～表9.11。

表 9.6　　　　各批产品生产情况资料　　　　2015 年 6 月

批号	产品名称	产量（件）	投产日期	完工情况
2010	甲	60	4 月 5 日	本月末全部完工
2012	乙	40	5 月 3 日	未完工
4018	丙	20	6 月 1 日	未完工
其他批次			6 月 1 日	未完工

表 9.7　　2015 年 5 月末各批产品生产成本累计余额　　单位：元

批号	产品	累计工时	直接材料	直接人工	燃料动力	制造费用
2010	甲	10 000	110 000	18 000	11 000	
2012	乙	4 000	60 000	7 000	4 000	
合计		14 000	170 000	25 000	15 000	39 000

表 9.8　　各批产品本月生产工时资料

2015 年 6 月　　单位：小时

批号（产品）	生产工时
2010（甲）	12 000
2012（乙）	10 000
4018（丙）	9 000
其他批次	36 000
合计	67 000

表 9.9　　材料费用分配表

2015 年 6 月

批号	直接耗用	共同耗用					耗用总额（元）
		产量（件）	单位定额	定额耗用量	分配率	分配金额	
2010	50 000	60	120	7 200		11 628	61 628
2012	10 000	40	80	3 200		3 876	13 876
4018	4 000	20	40	800		1 296	5 296
小计	64 000	120		10 400	1.615	16 800	80 800
其他批次	略	略	略	略		略	略
基本车间消耗材料							5 700
机修车间消耗材料							2 000
蒸汽车间消耗材料							1 500
厂部行政管理部门消耗材料							2 500
合计							92 500

表 9.10　　工资及福利费分配表

2015 年 6 月　　单位：元

部门		工资	福利费（14%）
基本车间	生产工人：2010.2012.4018	40 000	5 600
	其他批次	略	略
	管理人员	5 500	770
机修车间		10 000	1 400
蒸汽车间		15 000	2 100
行政管理人员		10 000	1 400
合计		80 500	11 270

表 9.11　　外购动力费用分配表

2015 年 6 月

受益单位			用电费用（元）
基本车间	生产产品	2010	8 000
		2012	6 000
		4018	4 000
		其他批次	略
	车间一般		2 500

续表

受益单位	用电费用（元）
机修车间	5 500
蒸汽车间	4 500
行政管理	2 000
合计	32 500

要求：开设2010、2012、4018三批“产品成本计算单”和“制造费用明细账”；根据上述资料进行要素费用的分配，进行制造费用分配，计算并结转完工产品成本。

解答：

（1）开设有关明细账。

设置基本生产成本明细账（略），设置机修、蒸汽两个辅助生产车间的“辅助生产成本明细账”（略），设置“制造费用明细账”见表9.14，设置2010、2012、4018三张“产品成本计算单”见表9.15、表9.16、表9.17。

（2）要素费用分配。

① 材料费用分配。

根据表9.9“材料费用分配表”，编制会计分录：

借：生产成本—基本生产成本　　80 800
　　制造费用　　5 700
　　生产成本—辅助生产成本　　3 500
　　管理费用　　2 500
　　贷：原材料　　92 500

根据表9.9“材料费用分配表”登记有关明细账。

② 根据表9.10“工资及福利费分配表”，编制会计分录：

借：生产成本—基本生产成本　　45 600
　　制造费用　　6 270
　　生产成本—辅助生产成本　　28 500
　　管理费用　　11 400
　　贷：应付职工薪酬　　91 770

根据“工资及福利费分配表”（见表9.10）、“工资及福利费明细分配表”（见表9.12），登记有关明细账。

表 9.12　　工资及福利费明细分配表

2015 年 6 月

单位：元

批号	生产工人工资			生产工人福利费（14%）
	生产工时（小时）	分配率	分配金额	分配金额
2010	12 000		15 480	2 167
2012	10 000		12 900	1 806
4018	9 000		11 620	1 627
合计	31 000	1.29	40 000	5 600

注：工资的分配标准为各批号产品 6 月份生产工时。

③ 根据表9.11“外购动力费用分配表”，编制会计分录：

借：生产成本—基本生产成本　　18 000

制造费用　　2 500
管理费用　　2 000
生产成本—辅助生产成本　　10 000
贷：应付账款　　32 500

根据表9.11“外购动力费用分配表”，登记有关明细账。

（3）辅助生产费用的分配（略）。

（4）制造费用的分配。

根据表9.14“制造费用明细账”的月末合计数53 470元，结合表9.8“各批产品本月生产工时资料”，采用累计分配率法编制“制造费用分配表”（见表9.13），根据表9.13“制造费用分配表”，将完工2010批次产品应负担的制造费用分配计入其生产成本，编制会计分录。

借：生产成本—基本生产成本　　14 520
贷：制造费用　　14 520

表9.13　制造费用分配表

2015年6月

批号		生产工时（小时）	分配率	分配金额（元）
完工	2010	22 000		14 520
未完工	2012	14 000		
	4018	9 000		
	其他批次	36 000		
	小计	59 000		38 950
合计		81 000	0.66	53 470

根据表9.13“制造费用分配表”，登记有关明细账。

表9.14　制造费用明细账

2015年6月　　单位：元

摘要	职工薪酬	机物料	水电费		合计
期初余额					39 000
本月发生额	6 270	5 700	2 500		14 470
合计					53 470
本月转出					14 520
月末余额					38 950

（5）完工产品成本计算与结转。

根据有关分配表，登记2010、2012、4018批“产品成本计算单”见表9.15、表9.16、表9.17，计算并结转完工2010批次完工产品成本。

表9.15　产品成本计算单

产品批号：2010　　订货单位：
产品名称：甲产品　　开工日期：2015.4.5
产品批量：60件　　完工日期：2015.6.3　　单位：元

摘要	直接材料	直接人工	燃料动力	制造费用	合计
月初在产品成本	110 000	18 000	11 000		139 000
本月发生费用	61 628	17 647	8 000	14 520	101 795

续表

摘要	直接材料	直接人工	燃料动力	制造费用	合计
合计	171 628	35 647	19 000	14 520	240 795
转出完工产品成本	171 628	35 647	19 000	14 520	240 795
单位成本	2 860.47	594.12	316.67	242	4 013.25

结转2010批次完工产品成本240 800元，编制会计分录。

借：库存商品　　　　240 795

　贷：生产成本—基本生产成本　　　　240 795

表 9.16　　产品成本计算单

产品批号：2012　　订货单位：

产品名称：乙产品　　开工日期：2015.5.3

产品批量：40 台　　完工日期：　　单位：元

摘要	直接材料	直接人工	燃料动力	制造费用	合计
月初在产品成本	6 000	7 000	4 000		17 000
本月发生的费用	13 876	14706	6 000		34 582
合计	73 876	21 706	10 000		51 582
月末在产品成本	73 876	21 706	10 000		51 582

表 9.17　　产品成本计算单

产品批号：4018　　订货单位：

产品名称：丙产品　　开工日期：2015.6.1

产品批量：20 台　　完工日期：　　单位：元

摘要	直接材料	直接人工	燃料动力	制造费用	合计
分配材料费	5 296				5 296
分配工资及福利费		13 247			13 247
分配动力费			4 000		4 000
合计	5 296	13 247	4 000		22 543
月末在产品成本	5 296	13 238	4 000		22 543

课后练习

一、名词解释

分批法

二、单项选择题

1．分批法的主要特点是（　　）。

A．以产品批别为成本计算对象

B．生产费用不需要在批内完工产品与在产品之间进行分配

C．费用归集与分配比较简便

D．成本计算期长

2．分批法适用于（　　）。

A．大批生产　B．单件小批生产　C．大量生产　D．多步骤生产

三、计算题

某企业根据购买单位订货单小批生产 A、B、C 三种产品。采用分批法计算产品成本。2015 年 7 月份有关资料如下：

1. 本月生产产品的批号

308 号 A 产品 4 台，5 月投产，7 月全部完工。

402 号 B 产品 10 台。6 月投产，本月完工 6 台，4 台未完工，预计 8 月份完工。402 批 A 产品，本月完工数量较大，生产费用的分配采用约当产量法，原材料开工时一次投入，月末在产品完工程度 50%。

504 号 C 产品 6 台，7 月投产，计划 9 月完工。

2. 本月成本资料

本月成本资料如表 9.18、表 9.19 所示。

要求：根据上述资料，登记各批“产品成本计算单”，填制表 9.20、表 9.21 和表 9.22。

表 9.18　各批产品的月初在产品费用表　单元：元

批号	直接材料	燃料动力	直接人工	制造费用	合计
308	6 500	7 000	3 600	1 800	18 900
402	13 000	11 000	6 000	3 500	33 500

表 9.19　各批产品本月发生的生产费用表　单元：元

批号	直接材料	燃料动力	直接人工	制造费用	合计
308		3 100	3 000	950	7 050
402		3 800	6 000	2 800	12 600
504	9 500	8 100	5 500	3 050	26 150

表 9.20　产品成本计算单

产品批号：　　订货单位：

产品名称：　　开工日期：

产品批量：　　完工日期：　　单位：元

年		凭证	摘要						
月	日								

表 9.21　　产品成本计算单

产品批号：　　订货单位：

产品名称：　　开工日期：

产品批量：　　完工日期：　　单位：元

年		凭证	摘要						
月	日								

表 9.22　　产品成本计算单

产品批号：　　订货单位：

产品名称：　　开工日期：

产品批量：　　完工日期：　　单位：元

年		凭证	摘要						
月	日								

第十章 分步法

学习目标：

1．了解分步法的定义、分类、适应范围、特点、核算程序。

2．掌握逐步结转分步法的计算原理及成本还原的方法原理。

3．掌握平行结转分步法的计算原理。

关键词：

逐步结转分步法　平行结转分步法　成本还原

第一节 概述

一、分步法的概念

分步法是以产品生产步骤和产品品种为成本计算对象，来归集和分配生产费用、计算产品成本的一种方法。分步法主要适用于大量大批复杂生产企业，如冶金、水泥、纺织、酿酒、机床制造等企业。这些企业，其生产过程是由若干个在技术上可以间断的生产步骤所组成，从原材料投入到产品完工，要经过若干连续的生产步骤，除最后一个步骤生产的是产成品外，其他步骤生产的都是完工程度不同的半成品。这些半成品，除少数可能出售外，都是下一步骤加工的对象。因此，应按步骤、按产品品种设置产品成本明细账，分别按成本项目归集生产费用。为了适应生产的这一特点，企业不仅要计算每一种产品的成本，还要按产品经过的生产步骤，计算各步骤的成本。

二、分步法的特点

采用分步法计算产品成本时，既要计算出最终产品的成本，还要计算每一生产步骤的成本，因此，分步法的成本计算对象是每种产品以及每种产品所经过的生产步骤的成本。在进行成本计算时，需要为每种产品及所经过的生产步骤设置“产品成本计算单”，来归集生产费用，计算产品成本。

分步法下生产步骤的划分，有时生产步骤与生产车间相同，有时并不完全一致。为了成本计算的方便，有时一个车间就是一个步骤，有时将几个车间合并为一个生产步骤，有时一个车间又分为几个生产步骤。

对于生产过程中发生的费用，凡是直接费用，应直接计入各步骤成本计算单中，间接费用则应先行归集，然后，再采用适当的方法，分配计入各步骤成本计算单中。

由于分步法适用于大量大批生产的企业，经常有完工产品产出，不能于产品完工时就计算其成本，因而，其成本计算期一般是定期于月末进行，其产品成本计算期与产品生产周期不一致，而与会计结算期相同。

总之，分步法是按照产品的生产步骤归集生产费用，计算产品成本的一种方法。主要适用于大量、大批的多步骤生产且管理上要求分步骤核算的企业，如纺织、冶金、造纸等。分步法的具体特点如下：

（1）成本计算对象为各种产品及其所经过的生产步骤。产品成本明细账应按照每种产品的各个生产步骤开设。实际工作中，成本计算各步骤与实际的生产步骤并非完全一致。

（2）成本计算期与会计报告期一致，与产品的生产周期不一致。成本计算定期于每月月末进行。

（3）一般需要进行生产费用在完工产品与在产品之间的分配。

（4）各步骤之间结转成本。

（5）最终产成品成本的计算建立在前面各生产步骤成本计算的基础之上。

三、分步法的分类

分步法按是否计算各步骤半成品的成本，可分为逐步结转分步法和平行结转分步法。

在分步法下，连续加工式的生产，生产过程较长，过程中的各个步骤可以间断，月终计算成本时，各步骤均有在产品，因此要将费用在半成品（最终步骤为产成品）和在产品之间进行分配，各步骤的半成品及其成本是连续不断地向下一步骤移动，各步骤成本的结转采用逐步结转和平行结转两种方法。逐步结转法还可分为综合结转和分项结转，综合结转需要进行成本还原，分项结转则不必进行成本还原。平行结转法适用于不需要分步计算半成品成本的企业，平行结转法对上一步骤的半成品成本不进行结转，只计算每一步骤中应由最终完工产品成本负担的那部分份额，然后平行相加即可求得最终完工产品的成本。在连续式复杂生产的企业中，半成品具有独立经济利益的情况下，成本计算不宜选择平行结转分步法，应采用逐步结转分步法。

四、分步法的成本计算程序

（一）开设成本明细账

基本车间开设“基本生产成本明细账”，按照产品的品种及步骤开设“产品成本计算单”，开设“制造费用明细账”；辅助车间开设“辅助生产成本明细账”。

（二）分配各种要素费用

费用主要包括：材料费用的分配、人工费用的分配、外购动力费用的分配、折旧费用的分配和其他费用的分配。

月末，编制“要素费用分配表”，根据“要素费用分配表”编制会计分录，并登记有关明细账。

（三）分配辅助生产成本

月末，编制“辅助生产费用分配表”，根据“辅助生产费用分配表”编制会计分录，并登记有关明细账。

（四）分配基本生产车间制造费用

月末，编制“制造费用分配表”，根据“制造费用分配表”编制会计分录，并登记有关明细账。

（五）分配生产费用

分配计算各步骤完工半成品（最后步骤为产成品）成本和月末在产品成本。月末，采用约当产量法、定额比例法等分配方法将“产品成本计算单”上归集的生产费用合计进行分配，计算出各步骤完工半成品（最后步骤为产成品）成本和月末在产品成本。

（六）结转完工产成品成本

根据各种产品“产品成本计算单”中完工产品的数据资料，编制“完工产品成本汇总计算表”，根据“完工产品成本汇总计算表”编制会计分录，并登记有关明细账。

成本的明细分类核算程序见图 10.1。

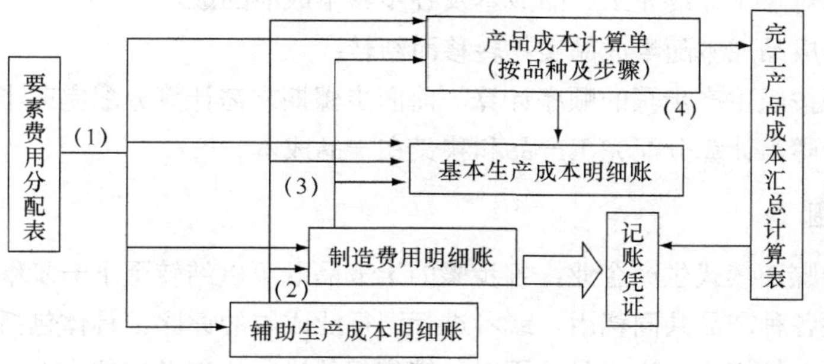

图 10.1　成本的明细分类核算程序

注：（1）编制“要素费用分配表”分配各要素费用进入有关成本费用账户。

（2）编制“辅助生产费用分配表”，分配辅助生产费用进各有关成本费用账户。

（3）编制基本生产车间“制造费用分配表”，分配基本生产车间制造费用进各基本生产成本账户。

（4）编制“完工产品成本计算表”，计算完工产品和在产品成本。

第二节　逐步结转分步法

一、逐步结转分步法概述

（一）概念

逐步结转分步法也称顺序结转分步法，它是按照产品连续加工的先后顺序，根据生产步骤所汇集的成本，费用和产量记录，计量自制半成品成本，自制半成品成本随着半成品在各加工步骤之间移动而顺序结转的一种方法。逐步结转分步法是按照产品加工步骤的顺序，逐步计算并结转半成品成本，直至最后步骤计算出产成品成本的一种方法。逐步结转分步法主要适用于成本管理中需要提供各个生产步骤半成品成本资料的企业。

逐步结转分步法的成本计算对象是各种产品成本及所经过各生产步骤半成品的成本。逐步结转分步法是根据产品生产工艺流程，按产品的生产步骤先计算半成品成本，再随实物依次逐步结转，最终计算出产成品成本。即从第 1 步骤开始，先计算该步骤完工半成品成本，并转入第 2 步骤，加上第 2 步骤的加工费用，算出第 2 步骤半成品成本，再转入第 3 步骤，依此类推，到最后步骤算出完工产品成本。逐步结转分步法下如果半成品完工后，不是立即转入下一步骤，而是通过中间半成品库周转时，应设置“自制半成品”账户。当完工半成品入库时，借记“自制半成品”账户，贷记“生产成本—基本生产成本”账户。

（二）特点

在逐步结转分步法下，各步骤所耗用的上一步骤半成品的成本，要随着半成品的实物发生转移，从上一步骤的“产品成本计算单”转入下一步骤相同产品的“产品成本计算单”中，以便逐步计算各步骤的半成品成本和最后步骤的产成品成本。即半成品成本的计算程序与半成品实物结转的程序相同。逐步结转分步法的具体特点如下：

（1）成本计算对象是最终完工产品成本及各步骤半成品的成本；

（2）各步骤半成品成本随半成品实物转移而结转；

（3）计算程序按照生产步骤的顺序计算，前面步骤期末需计算分配完工半成品成本和狭义在产品成本，最后一步骤需计算分配完工产品和狭义在产品成本。

（三）适用范围

大量大批多步骤连续式生产企业，各步骤的半成品既可以结转至下一步继续生产，也可以直接对外出售，或者供各种产品共同耗用，或者进行同行业成本的评比。具体包括下列企业。

（1）半成品可对外销售或半成品虽不对外销售但须进行比较考核的企业。例如：纺织企业的棉纱、坯布，冶金企业的生铁、钢锭、铝锭，化肥企业的合成氨等半成品都属于这种情况。

（2）一种半成品同时转作几种产成品原料的企业。例如：生产钢铸件、铜铸件的机械企业，生产纸浆的造纸企业。

（3）实行承包经营责任制的企业。对外承包必然在内部也要承包或逐级考核，需要计算各步骤的半成品成本。

二、半成品的流转方式

根据自制半成品的流转方式，逐步结转分步法又分为 2 种情况。

（一）第 1 种情况

第 1 步骤生产的半成品直接转到第 2 步骤进行再加工，以此类推，企业不设置“自制半成品明细账”。

（二）第 2 种情况

企业设置“自制半成品明细账”，用以核算自制半成品的收入、发出及结存情况，第 1 步骤生产的半成品验收入库，登记在“自制半成品明细账”中，第 2 步骤按生产需要从半成品仓库领用半成品，进行再加工，以此类推。

三、逐步结转分步法的分类

根据半成品成本在“自制半成品明细账”和下一步骤“产品成本计算单”中登记方式的不同，

逐步结转分步法又分为综合结转分步法和分项结转分步法两种。

（一）综合结转分步法

1. 综合结转分步法的概念

综合结转分步法，是指各生产步骤耗用上一步骤的半成品成本，以其综合成本（不分成本项目）记入下一步骤成本计算单中的“直接材料”项目，或是设立“半成品”项目。采用综合结转法结转半成品成本时，可按实际成本结转，也可按计划成本结转。

综合结转分步法是指半成品成本在自制半成品明细账和下一步骤“产品成本计算单”中只登记半成品综合成本，不再分别登记各个成本项目的半成品成本结转方法（见图 10.2）。

上一步骤半成品成本

项目	金额
直接材料	1 000
直接人工	1 500
制造费用	500
合 计	**3 000**

下一步骤产品生产成本

项目	上步转来	本步发生	合计
直接材料	**3 000**	500	3 500
直接人工		2 100	2 100
制造费用		900	900
合 计	3 000	3 500	6 500

图 10.2 半成品成本结转（综合结转）

计算出完工产品成本后，出于成本分析的要求，需要进行成本还原。

2. 成本计算程序

采用综合结转分步法计算产品成本的成本计算程序如下：

（1）根据确定的成本计算对象，设置“产品成本计算单”；

（2）第 1 步骤根据本步骤发生的各种生产费用，计算该步骤完工半成品成本，直接转入下一步骤“产品成本计算单”的“半成品”或“直接材料”成本项目或半成品仓库；

（3）第 2 步骤以后的各生产步骤，将从上一步骤或半成品库转入的半成品成本，以“半成品”或“直接材料”成本项目计入本步骤“产品成本计算单”中，再加上本步骤发生的费用，计算出本步骤完工半成品成本，再以综合项目转入下一步骤“产品成本计算单”的“半成品”或“直接材料”成本项目；

（4）最后步骤计算出完工产成品的成本。

即按照加工顺序，先计算出第 1 步骤的半成品成本，然后再计算出第 2 步骤的半成品成本，依次类推，计算出最后步骤的产成品成本（见图 10.3）。

第 1 步骤计算单

成本项目	月初	本月
直接材料	160	1 730
直接人工	8	172
制造费用	12	208
合计	180	2 112
半成品成本	**1 908**	
在产品成本	384	

第 2 步骤计算单

成本项目	月初	本月
1 步骤半成品	200	**1 908**
直接人工	10	208
制造费用	20	154
合计	230	2 270
半成品成本	2 500	
在产品成本		

第 3 步骤计算单

成本项目	月初	本月
2 步骤半成品	650	2 500
直接人工	10	90
制造费用	15	125
合计	675	2 715
产成品成本	2 070	
在产品成本	1 320	

图 10.3 综合结转分步法成本计算顺序

例10-1 某企业生产甲产品，甲产品经过3个生产步骤连续加工制成，1步骤生产A半成品，直接转入2步骤加工制成B半成品，B半成品直接转入3步骤加工成甲产成品。原材料于生产开始时一次投入，各车间生产费用的分配采用约当产量法，各车间月末在产品完工率均为50%。2015年5月有关产量如表10.1所示，成本资料如表10.2所示。要求：采用综合结转分步法计算完工产品成本，编制各步骤“产品成本计算单”。

表 10.1　　各步骤产量资料

2015 年 5 月　　单位：件

摘要	1 步骤	2 步骤	3 步骤
月初在产品数量	20	20	50
本月投产数量或上步转入	200	180	200
本月完工产品数量	180	200	150
月末在产品数量	40	0	100

表 10.2　　各步骤生产费用资料

2015 年 5 月　　单位：千元

成本项目	月初在产品成本			本月发生费用		
	1 步骤	2 步骤	3 步骤	1 步骤	2 步骤	3 步骤
直接材料	160	200	650	1 732		
直接人工	8	10	10	172	208	90
制造费用	12	20	15	208	154	125
合 计	180	230	675	2 112	362	215

根据以上资料编制3个步骤的“产品成本计算单”如表10.3、表10.4、表10.5所示。

解答：

第1步骤产品成本计算：

直接材料的分配率＝（160＋1 732）÷（180＋40）＝8.6（千元/件）

完工半成品应分配的直接材料费＝180×8.6＝1 548（千元）

月末在产品应分配的直接材料费＝40×8.6＝344（千元）

直接人工的分配率＝（8＋172）÷（180＋40×50%）＝0.9（千元/件）

完工半成品应分配的直接人工费＝180×0.9＝162（千元）

月末在产品应分配的直接人工费＝40×50%×0.9＝18（千元）

制造费用的分配率＝（12＋208）÷（180＋40×50%）＝1.1（千元/件）

完工半成品应分配的制造费＝180×1.1＝198（千元）

月末在产品应分配的制造费＝40×50%×1.1＝22（千元）

据此，编制“第一步骤产品成本计算单”（见表10.3）。

将“第1步骤产品成本计算单”中完工半成品成本1 908千元转“第2步骤产品成本计算单”的“半成品”成本项目。

第2步：产品成本计算。

直接材料的分配率＝（200＋1 908）÷（200＋0）＝10.54（千元/件）

完工半成品应分配的直接材料费＝200×10.54＝2 108（千元）

月末在产品应分配的直接材料费＝0×10.54＝0（千元）

直接人工的分配率＝（10＋208）÷（200＋0×50%）＝1.09（千元/件）

完工半成品应分配的直接人工费＝200×1.09＝218（千元）

月末在产品应分配的直接人工费＝0×50%×1.09＝0（千元）

制造费用的分配率＝（20＋154）÷（200＋0×50%）＝0.87（千元/件）

完工半成品应分配的制造费＝200×0.87＝174（千元）

月末在产品应分配的制造费＝0×50%×0.87＝0（千元）

表 10.3　第 1 步骤产品成本计算单

产品名称：A 半成品　2015 年 5 月　单位：千元

摘要		直接材料	直接人工	制造费用	合计
月初在产品成本		160	8	12	180
本月发生费用		1 732	172	208	2 112
费用合计		1 892	180	220	2 292
约当产量	完工产品	180	180	180	
	月末在产品	40	40×50%=20	20	
	合计	220	200	200	
单位成本		8.6	0.9	1.1	10.6
完工半成品成本		1 548	162	198	1 908
月末在产品成本		344	18	22	384

据此，编制“第2步骤产品成本计算单”（见表10.4）。

将“第2步骤产品成本计算单”中完工半成品成本2 500千元转“第3步骤产品成本计算单”的“半成品”成本项目。

表 10.4　第 2 步骤产品成本计算单

产品名称：B 半成品　2015 年 5 月　单位：千元

摘要		一步骤半成品	直接人工	制造费用	合计
月初在产品成本		200	10	20	230
本月发生费用		1 908	208	154	2 270
费用合计		2 108	218	174	2 500
约当产量	完工产品	200	200	200	
	月末在产品				
	合计	200	200	200	
单位成本		10.54	1.09	0.87	12.5
完工半成品成本		2 108	218	174	2 500
月末在产品成本		0	0	0	0

第3步骤产品成本计算：

直接材料的分配率＝（650＋2 500）÷（150＋100）＝12.6（千元/件）

完工半成品应分配的直接材料费＝150×12.6＝1 890（千元）

月末在产品应分配的直接材料费＝100×12.6＝1 260（千元）

直接人工的分配率＝（10＋90）÷（150＋100×50%）＝0.5（千元/件）

完工半成品应分配的直接人工费＝150×0.5＝75（千元）

月末在产品应分配的直接人工费＝100×50%×0.5＝25（千元）

制造费用的分配率＝（15＋125）÷（150＋100×50%）＝0.7（千元/件）

完工半成品应分配的制造费＝150×0.7＝105（千元）

月末在产品应分配的制造费＝100×50%×0.7＝35（千元）

据此，编制"第3步骤产品成本计算单"（见表10.5）。

表 10.5　　第 3 步骤产品成本计算单

产品名称：甲产品　　2015 年 5 月　　（千元）

摘要		第二步骤半成品	直接人工	制造费用	合计
月初在产品成本		650	10	15	675
本月发生费用		2 500	90	125	2 715
费用合计		3 150	100	140	3 390
约当产量	完工产品	150	150	150	
	月末在产品	100	100×50%＝50	100×50%＝50	
	合计	250	200	200	
单位成本		12.6	0.5	0.7	13.8
完工半成品成本		1 890	75	105	2 070
月末在产品成本		1 260	25	35	1 320

如果半成品经过半成品库收发，半成品入库和出库时需要编制会计分录。假设第1步骤的半成品经过半成品库收发。

第1步骤完工180件半成品入库时，编制会计分录。

借：自制半成品—A　　1 908

　　贷：生产成本—基本生产成本　　1 908

同时，在"A自制半成品明细账"（见表10.6）登记成本增加，在第一车间"产品计算单"登记成本减少。

表 10.6　　自制半成品明细账

半成品：A 半成品　　2015 年 5 月　　单位：千元

2015 年		凭证	摘要	借方			贷方			余额		
月	日			数量	单价	金额	数量	单价	金额	数量	单价	金额
5	1		期初余额							150	10.1	1 515
5	31		入库	180	10.6	1 908				150 180	10.1 10.6	3 423
5	31		出库				180	10.6	1 908	150	10.1	1 515

假设第二车间领用A半成品时，发出存货的计价采用后进先出法，则，领用180件半成品的成本为：180×10.6＝1 908千元，编制会计分录。

借：生产成本—基本生产成本　　1 908

　　贷：自制半成品—A　　1 908

同时，在“A自制半成品明细账”登记成本减少，在第二车间“产品计算单”登记成本增加。

例10-2 某企业采用综合结转分步法计算甲产品成本。甲产品生产分3个生产步骤进行，第1步骤生产的A半成品直接转第2步骤进行加工，第2步骤生产的B半成品入B半成品库，第3步骤从B半成品库领用B半成品进行加工生产甲产品。材料在第1步骤开始生产时一次投入，月末各步骤在产品完工程度均为60%，各生产步骤的产量资料见表10.7，各生产步骤的成本资料见表10.8。

表 10.7　　产量资料　　单位：件

项目	第 1 生产步骤	第 2 生产步骤	第 3 生产步骤
月初在产品数量	20	40	140
本月投产数量	200	170	200
本月完工数量	170	200	250
月末在产品数量	50	10	90

表 10.8　　成本资料

产品：甲产品　　2015 年 4 月　　单位：千元

项目		半成品	直接材料	直接人工	制造费用	合计
第 1 步	月初在产品成本		400	100	100	600
	本月发生费用		1 800	900	500	
	合计		2 200	1 000	600	
第 2 步	月初在产品成本	300		308	410	1 018
	本月发生费用			1 340	620	
	合计			1 648	1 030	
第 3 步	月初在产品成本	1 000		890	582	2 472
	本月发生费用			2 150	1 850	
	合计			3 040	2 432	

要求：将归集在各个步骤成本计算单中的生产费用合计，采用约当产量法进行分配，并将计算结果填入表10.9、表10.10和表10.12中。

解答：

表 10.9　　第 1 生产步骤成本计算单

2015 年 4 月　　单位：千元

项目		直接材料	直接人工	制造费用	合计
月初在产品成本		400	100	100	600
本月发生费用		1 800	900	500	3 200
合计		2 200	1 000	600	3 800
约当产量	完工产品产量	170	170	170	
	在产品约当量	50	30	30	
	合计	220	200	200	
单位成本		10	5	3	18
完工产品成本		1 700	850	510	3 060
月末在产品成本		500	150	90	740

表 10.10　　第 2 生产步骤成本计算单

2015 年 4 月　　单位：千元

项目		直接材料	直接人工	制造费用	合计
月初在产品成本		300	308	410	1 018
本月发生费用		3 060	1 340	620	5 020
合计		3 360	1 648	1 030	6 038
约当产量	完工产品产量	200	200	200	
	在产品约当量	10	6	6	
	合计	210	206	206	
单位成本		16	8	5	29
完工产品成本		3 200	1 600	1 000	5 800
月末在产品成本		160	48	30	238

第2步骤完工200件B半成品入库时，编制会计分录。

借：自制半成品—B　　5 800

　　贷：生产成本—基本生产成本　　5 800

同时，在“B自制半成品明细账”（见表10.11）登记成本增加。

表 10.11　　自制半成品明细账

半成品：B 半成品　　2015 年 5 月　　单位：元

2015 年		凭证	摘要	借方			贷方			余额		
月	日			数量（件）	单价	金额	数量(件）	单价	金额	数量（件）	单价	金额
4	1		期初余额							100	32	3 200
4	30		入库	200	29	5 800				300		9 000
4	30		出库				200	30	6 000	100	30	3 000

假设发出存货的计价采用加权平均法，B半成品的加权平均单价＝（3 200＋5 800）÷（100＋200）＝30（元/件），第3步骤领用200件B半成品的成本为：200×30＝6 000（元），编制会计分录。

借：生产成本—基本生产成本　　6 000

　　贷：自制半成品—B　　6 000

同时，在“B自制半成品明细账”登记成本减少。

表 10.12　　第 3 生产步骤成本计算单

2015 年 4 月　　单位：千元

项目		直接材料	直接人工	制造费用	合计
月初在产品成本		1 000	890	582	2 472
本月发生费用		6 000	2 150	1 850	9 800
合计		7 000	3 040	2 432	12 272
约当产量	完工产品产量	250	250	250	
	在产品约当量	90	54	54	
	合计	340	304	304	
单位成本		20.6	10	8	38
完工产品成本		5 150	2 500	2 000	9 650
月末在产品成本		1 800	540	432	2 770

3. 综合结转分步法的成本还原

（1）进行成本还原的目的

采用综合结转分步法结转半成品成本，各步骤所耗半成品的成本是以“半成品”或“直接材料”成本项目综合反映，这样计算出来的产成品成本，不能提供按原始成本项目反映的成本资料，因而不能反映产品成本的实际构成和水平。因此，为了从整个企业角度分析和考核产品成本的构成，应将按综合结转分步法计算出的产成品成本进行成本还原，即将产成品成本还原为按原始成本项目反映的成本。

（2）成本还原的方法

从最后一个步骤起，把各步骤所耗上一步骤半成品的综合成本，逐步分解，还原成“直接材料”“直接人工”“制造费用”等原始成本项目，从而求得按原始成本项目反映的产成品成本。

第 1 种方法。按半成品的成本结构进行还原。一般按本月所产半成品的成本结构进行还原，即：从最后一个步骤起，把各步骤所耗上一步骤半成品的综合成本，按上一步骤所产半成品成本的结构，逐步分解，还原成按原始成本项目反映的产成品成本。

第 2 种方法。按照完工产品中半成品成本占上一步骤完工半成品的比重进行还原。

例10-3 依照例10-1资料，进行成本还原。

第1种方法，按半成品的成本结构进行还原（见表10.13）。

表 10.13 产品成本还原计算表

产品：甲产品　　2015 年 5 月　　单位：千元

项目	成本结构（%）				还原前产成品成本	成本还原		还原后产成品成本
	第 1 步骤		第 2 步骤			第 1 步	第 2 步	
		（1）		（2）	（3）	（4）＝（3）×（2）	（5）＝（4）×（1）	（6）＝（3）＋（4）＋（5）
直接材料	1 548	81.13					1 293	1 293
半成品			2 108	84.32	1 890	1 594		
直接人工	162	8.49	218	8.72	75	165	135	375
制造费用	198	10.38	174	6.96	105	131	166	402
合计	1 908	100	2 500	100	2 070	1 890	1 594	2 070

第2种方法，按照完工产品中半成品成本占上一步骤完工半成品的比重进行还原（见表10.14）。

表 10.14 产品成本还原计算表

产品：甲产品　　2015 年 5 月　　单位：千元

项目	还原前甲产品成本	第 2 步骤半成品成本	还原分配率	第 1 次成本还原	第 1 步骤半成品成本	还原分配率	第 2 次成本还原	还原后甲产品成本
	（1）	（2）	（3）	（4）＝（3）×（2）	（5）	（6）	（7）＝（5）×（6）	（8）＝（1）＋（4）＋（7）
直接材料					1 548		1 293	1 293
半成品	1 890	2 108		1 594				
直接人工	75	218	1 890÷2 500＝0.756	165	162	1 594÷1 908＝0.835 4	135	375
制造费用	105	174		131	198		166	402
合 计	2 070	2 500		1 890	1 908		1 594	2 070

4. 综合结转分步法的优缺点

（1）优点。采用逐步结转分步法计算产品成本，由于其实物结转与半成品的成本结转相一致，因而各成本计算单上月末在产品成本，就是各步骤该产品实际占用的生产资金，将各步骤占用的生产资金进行汇总，就可以计算出企业实际占用的生产资金数额，便于考核生产资金的占用情况，有利于加强对生产资金的管理；同时，采用逐步结转分步法，还可以为各步骤消耗半成品、同行业进行半成品成本的对比、企业内部成本分析和考核等提供了半成品成本资料。即可在各生产步骤的产品成本明细账中，反映各该步骤完工产品所耗半成品费用的水平和本步骤加工费用的水平，有利于各生产步骤的成本管理。

（2）缺点。采用综合结转法时，若需提供按原始成本项目反映的各产品成本项目的金额，还需进行成本还原，计算工作较为复杂。按实际成本计价结转时虽比较准确，但影响了成本计算的及时性，不利于考核和分析各步骤成本的升降原因。

（二）分项结转分步法

1. 分项结转分步法的概念

分项结转分步法是将各生产步骤所耗上一步骤的半成品成本，按其成本项目分别计入各生产步骤“产品生产成本计算单”相同的成本项目内，以计算按成本项目反映的各步骤产品生产成本的方法。采用这种方法，如果半成品是通过半成品库收发，其自制半成品明细账还必须按成本项目设专栏登记。分项结转，可以按实际成本结转，也可以按计划成本结转，然后按成本项目分项调整成本差异。由于后一种作法计算工作量较大，因而一般多采用按实际成本分项结转的方法。

分项结转分步法是指上一步骤半成品成本在“自制半成品明细账”和下一步骤“产品成本计算单”中分别成本项目进行登记的半成品成本结转方法（见图 10.4）。这种方法的优点是产成品成本直接按原始成本项目反映出来，不需要进行成本还原。

上一步骤
半成品成本

项目	金额
直接材料	1 000
直接人工	1 500
制造费用	500
合 计	3 000

→

下一步骤
产品生产成本

项目	上步转来	本步发生	合计
直接材料	1 000	500	1 500
直接人工	1 500	2 100	3 600
制造费用	500	900	1 400
合 计	3 000	3 500	6 500

图 10.4 半成品成本结转（分项结转）

2. 分项结转分步法的优缺点

（1）优点。可直接、正确地提供按原始成本项目反映的企业产品成本资料，便于从整个企业的角度考核和分析产品成本计划的执行情况，不需要进行成本还原。

（2）缺点。成本结转工作较复杂；各步骤完工产品成本不能反映所耗上一步骤半成品费用和本步骤加工费用信息，不便于进行各步骤完工产品的成本分析。

例10-4 某企业生产甲产品，由两个车间进行加工，产品成本计算采用分项结转分步法，在产品按定额成本计算，原材料在第一车间开始生产时一次投入，各车间完工程度均为50%。2015年9月甲产品产量资料见表10.15，甲产品定额及生产费用资料如表10.16所示。根据上述资料，编制“一车间产品成本计算单”(见表10.17)。根据一车间转出完工半成品成本，分成本项目转入二车间成本计算单中相同成本项目中，编制“二车间产品成本计算单”(见表10.18)。

表 10.15　产量资料

2015 年 9 月　单位：件

项目	一车间	二车间
月初在产品	150	110
本月投产	200	300
本月完工	300	350
月末在产品	50	60

表 10.16　定额及生产费用资料

2015 年 9 月　单位：元

项目	单位产品定额成本		月初在产品成本（定额成本）		本月生产费用	
	一车间	二车间	一车间	二车间	一车间	二车间
直接材料	220		30 000	24 000	42 000	—
直接人工	60	40	3 500	3 400	15 000	22 000
其他直接支出	80	50	2 500	1 200	6 400	6 800
制造费用	70	30	3 000	900	6 800	3 200
合计	430	120	39 000	29 500	70 200	32 000

表 10.17　一车间产品成本计算单

2015 年 9 月　产品：甲产品　单位：元

项目	直接材料	直接人工	其他直接支出	制造费用	合计
月初在产品成本	30 000	3 500	2 500	3 000	39 000
本月发生费用	42 000	15 000	6 400	6 800	70 200
合计	72 000	18 500	8 900	9 800	109 200
完工半成品成本	61 000	17 000	6 900	8 050	92 950
月末在产品成本	11 000	1 500	2 000	1 750	16 250

表 10.18　二车间产品成本计算单

2015 年 9 月　产品：甲产品　单位：元

项目	直接材料	直接人工	其他直接支出	制造费用	合计
月初在产品成本	24 000	3 400	1 200	900	29 500
本月发生费用		22 000	6 800	3 200	32 000
上车间转入	61 000	17 000	6 900	8 050	92 950
合计	85 000	42 400	14 900	12 150	154 450
完工产品成本	71 800	37 600	8 600	7 050	125 050
月末在产品成本	13 200	4 800	6 300	5 100	29 400

四、逐步结转分步法的优缺点

1. 优点

（1）不仅提供产成品成本资料，而且提供各步骤半成品成本资料；（2）半成品成本随实物转移而结转，有利于加强半成品和在产品的实物和资金管理；（3）综合结转法下，有利于对各加工步骤完工产品成本进行分析、考核；（4）分项结转法下，可直接提供按原始成本项目反映的产品成本资料，不必进行成本还原。

2. 缺点

（1）核算工作较复杂，成本计算的及时性差；（2）综合结转法下，成本还原工作量较大，分项结转法下，各步骤半成品成本结转的工作量较大，转账手续比较麻烦；（3）分项结转法下，不利于对各加工步骤完工产品成本进行分析、考核。

第三节 平行结转分步法

一、平行结转分步法概述

（一）概念

平行结转分步法是指半成品成本并不随半成品实物的转移而结转，而是在哪一步骤发生就留在该步骤的“产品成本计算单”内，直到最后加工成产成品，才将其成本从各步骤的“产品成本计算单”转出，平行汇总计算完工产品成本的方法。在平行结转分步法下，不计算各步骤的半成品成本，而只计算本步骤发生的费用和应由完工产成品承担的份额，将各步骤成本计算单中产成品应负担的份额平行汇总来计算产品成本的一种方法。平行结转分步法也称不计算半成品成本法，它是各步骤不计算半成品成本，而只归集各步骤本身所发生的费用及各步骤应计入产成品成本的份额，将各步骤应记入产成品成本的份额平行加以汇总，即可计算出完工产品成本的一种方法。平行结转分步法是平行结转各步骤生产费用中应计入产成品成本的份额，并汇总计算产成品成本的分步法。

（二）特点

平行结转分步法下半成品成本并不随半成品实物的转移而结转，各生产步骤只归集计算本步骤直接发生的生产费用，不计算结转本步骤所耗用上一步骤的半成品成本；各生产步骤分别与完工产品直接联系，本步骤只提供在产品成本和加入最终产品成本的份额，平行独立、互不影响地进行成本计算，平行地把份额计入完工产品成本。特点如下。

（1）成本计算对象是最终完工产品，不计算各步骤完工半成品成本，只计算该步骤计入产品成本的份额。

在平行结转分步法中，各生产步骤的半成品都不作为成本计算对象，各步骤的成本计算都是为了算出最终产品的成本。

（2）成本计算期是每月的会计报告期，这是大批量生产的组织特点所决定的。

（3）半成品实物流转与半成品成本的结转相分离。

各生产步骤之间没有成本结转关系，而是将成本总额一起汇总，计算出完工产品的成本。

（4）在计算各步骤的成本份额时，需要将各步骤的生产费用合计在计入产品成本的份额和广义在产品之间进行分配。

（三）适用范围

平行结转分步法主要在半成品种类较多，又很少对外销售的企业里采用。在这样的企业里，半成品种类较多，而且很少对外销售，一般不需计算各步骤半成品成本，而只需计算最终产品的成本，就可以满足成本管理的要求，这时，为了简化分步成本的计算，则可采用平行结转分步法计算成本。

平行结转分步法适用于大量大批多步骤装配式生产企业。从总的说，只要不要求提供各步骤半成品成本，前面举例运用逐步结转分步法的企业都可运用平行结转分步法。随着我国企业经济责任制的推行，企业普遍实行内部经济责任制和责任会计，尤其是在建立社会主义市场经济的进程中，大量的企业要按公司法的规定进行规范化改组，企业内部的责权利的实施在很大程度上依赖于各车间的成本指标考核，必然要求各车间要计算半成品成本，平行结转分步法的运用范围大大缩小，更多采用逐步结转分步法。平行结转分步法具体运用于下列企业：（1）半成品无独立经济意义或虽有半成品但不要求单独计算半成品成本的企业，如砖瓦厂、瓷厂等；（2）一般不计算零配件成本的装配式复杂生产企业，如大批量生产的机械制造企业。

二、平行结转分步法成本计算的程序

平行结转分步法成本计算程序如图 10.5 所示。

第 1 步骤计算单	
成本项目	费用合计
直接材料	2 452
直接人工	236
制造费用	304
合计	2 992
计入产品成本份额	1 568
在产品成本	1 424

第 2 步骤计算单	
成本项目	费用合计
直接材料	
直接人工	268
制造费用	274
合计	542
计入产成品成本份额	324
在产品成本	218

第 3 步骤计算单	
成本项目	费用合计
直接材料	
直接人工	100
制造费用	140
合计	240
计入产成品成本份额	180
在产品成本	60

产品成本汇总计算单	
第一步骤	1 568
第二步骤	324
第三步骤	180
合计	2 072

图 10.5　平行结转分步法成本计算程序

（1）按每种产品的品种及其所经过的生产步骤设置“产品成本计算单”归集生产费用。各步骤“产品成本计算单”仅归集本步骤发生的费用，不反映耗用上一步骤半成品成本。

（2）各步骤不计算完工半成品成本，只计算本步骤生产费用中应计入产品成本的“份额”。月末，采用一定的分配方法，将归集在各步骤“产品成本计算单”上的生产费用合计，在完工产品应负担的“份额”和广义在产品之间进行分配，从而计算出每一生产步骤应计入产品成本的“份额”。

（3）月末，各步骤要从“产品成本计算单”上转销应由本月完工产品负担的“份额”，平行汇总，计算出完工产品成本。

（4）将各步骤“产品成本计算单”上归集的生产费用合计，扣除应计入产品成本的份额，其余额就是月末广义在产品成本。

三、各步骤应计入产成品成本份额的计算

（一）有关概念

1. 完工产品

此处指狭义的完工产品，即最终产成品。

2. 某步骤完工产品费用

指该步骤生产费用中计入产品成本的“份额”。

3. 在产品

在产品是指广义的在产品，即尚未完工的全部在产品和半成品。包括：（1）尚处在本步骤加工过程中的在产品，即狭义在产品；（2）本步骤已加工完工留存在半成品库的半成品；（3）本步骤已完工转入以后步骤进一步加工、尚未最后制成的半成品（以后步骤的在产品）。

4. 某步骤在产品费用

某步骤在产品费用是指以上广义在产品的三部分的费用之和。各步骤生产费用应在该步骤生产费用中计入产品成本的“份额”与本步骤月末广义在产品之间进行分配。

（二）各步骤应计入产成品成本份额的计算

某步骤计入产成品份额

＝产成品数量×单位产成品耗用该步骤半成品数量×该步骤单位

半成品费用＝产成品耗用该步骤半成品数量×该步骤单位半成品费用

生产费用的分配可采用约当产量法、定额比例法、定额成本法。分配时，应按成本项目分别进行。本章重点介绍约当产量法。

约当产量法下各步骤应计入产品成本份额的计算方法如下：

1. 分别按成本项目，计算各步骤的约当产量

某步骤约当产量（分别成本项目）＝产成品耗用该步骤半成品数量 ＋ 该步骤月末广义在产品约当产量＝产成品耗用该步骤半成品数量＋该步骤月末狭义在产品约当产量＋该步骤已完工留存在半成品库和以后步骤半成品数量

2. 分别按成本项目，计算各步骤的单位半成品成本

某步骤单位半成品成本（分别成本项目）＝（该步骤月初在产品费用＋本月发生的生产费用）÷该步骤的约当产量

3. 计算各步骤应计入完工产品成本的份额

某步骤计入产成品的份额（分别成本项目）＝产成品数量×单位产成品耗用该步骤半成品数量×该步骤单位半成品成本＝产成品耗用该步骤半成品数量×该步骤单位半成品成本

例10-5 某企业生产的甲产品经过三个步骤加工制成，原材料于生产开始时一次投入，各步骤生产费用的分配采用约当产量法，各步骤月末在产品完工率均为50%。2015年5月有关产量和成本资料如表10.19、表10.20所示。

1．本月各车间产量资料（见表10.19）

表10.19 各步骤产量资料

2015年5月

单位：件

摘要	1步骤	2步骤	3步骤
月初在产品数量	20	40	30
本月投产数量或上步转入	200	180	200
本月完工产品数量	180	200	150
月末在产品数量	40	20	80

2．各车间月初及本月费用资料（见表10.20）

表10.20 各步骤生产费用资料

2015年5月

单位：千元

成本项目	月初在产品成本			本月发生费用		
	1步骤	2步骤	3步骤	1步骤	2步骤	3步骤
直接材料	720			1 732		
直接人工	64	60	10	172	208	90
制造费用	96	120	15	208	154	125
合计	880	180	25	2 112	362	215

要求：采用平行结转法计算完工产品成本，编制各步骤“产品成本计算单”及“产品成本汇总表”。

解答：编制3个步骤的甲产品成本计算单，如表10.21、表10.22、表10.23所示。

第1步：产品成本计算。

（1）计算约当量

直接材料分配时的约当量＝150＋（20＋80）＋40＝290（件）

直接人工等分配时的约当量＝150＋（20＋80）＋40×50%＝270（件）

（2）分配直接材料

直接材料的分配率＝2 452÷290＝8.455（千元/件）

完工产品应负担该步骤半成品的份额＝150×8.455＝1 268（千元）

月末在产品应分配的直接材料费＝2 452—1 268＝1 184（千元）

（3）分配直接人工

直接人工的分配率＝236÷270＝0.874（千元/件）

完工产品应负担该步骤半成品的份额＝150×0.874＝131（千元）

月末在产品应分配的直接材料费＝236－131＝105（千元）

（4）分配制造费用

制造费用的分配率＝304÷270＝1.126（千元/件）

完工产品应负担该步骤半成品的份额＝150×1.126＝169（千元）

月末在产品应分配的直接材料费＝304－169＝135（千元）

据此，编制“第1步骤产品成本计算单”（见表10.21）。

将“第1步骤产品成本计算单”完工产品应负担该步骤半成品的份额转“完工产品成本计算表”

平行汇总，计算完工产品成本。

表 10.21　　　　第 1 步骤甲产品成本计算单

2015 年 5 月　　　　单位：千元

	摘要	直接材料	直接人工	制造费用	合计
1	月初在产品成本	720	64	96	880
2	本月发生费用	1 732	172	208	2 112
3	合计	2 452	236	304	2 992
4	月末结存以后步骤半成品	20＋80	20＋80	20＋80	
5	产成品所耗该步骤半成品	150	150	150	
6	月末狭义在产品约当量	40	40×50%＝20	40×50%＝20	
7	产量合计（4＋5＋6）	290	270	270	
8	单位成本（3÷7）	8.455	0.874	1.126	10.46
9	计入产品成本份额（150 件）	1 268	131	169	1 568
10	月末在产品成本（3－9）	1 184	105	135	1 424

第2步：产品成本计算。

（1）计算约当量

直接人工等分配时的约当量＝150＋80＋20×50%＝240（件）

（2）分配直接人工

直接人工的分配率＝268÷240＝1.117（千元/件）

完工产品应负担该步骤半成品的份额＝150×1.117＝168（千元）

月末在产品应分配的直接材料费＝268－168＝100（千元）

（3）分配制造费用

制造费用的分配率＝274÷240＝1.142（千元/件）

完工产品应负担该步骤半成品的份额＝150×1.142＝171（千元）

月末在产品应分配的直接材料费＝274－171＝103（千元）

据此，编制“第2步骤产品成本计算单”（见表10.22）。

将“第2步骤产品成本计算单”完工产品应负担该步骤半成品的份额转“完工产品成本计算表”平行汇总，计算完工产品成本。

表 10.22　　　　第 2 步骤甲产品成本计算单

2015 年 5 月　　　　单位：千元

	摘要	直接材料	直接人工	制造费用	合计
1	月初在产品成本		60	120	180
2	本月发生费用		208	154	362
3	合计		268	274	542
4	月末结存以后步骤半成品		80	80	
5	产成品所耗该步骤半成品		150	150	
6	月末狭义在产品约当量		20×50%＝10	20×50%＝10	
7	产量合计（4＋5＋6）		240	240	
8	单位成本（3÷7）		1.117	1.142	2.168
9	计入产品成本份额（150 件）（5×8）		168	171	339
10	月末在产品成本（3－9）		100	103	203

第3步骤产品成本计算：

（1）计算约当量

直接人工等分配时的约当量＝150＋80×50%＝190（件）

（2）分配直接人工

直接人工的分配率＝100÷190＝0.526（千元/件）

完工产品应负担该步骤半成品的份额＝150×0.526＝79（千元）

月末在产品应分配的直接材料费＝100－79＝21（千元）

（3）分配制造费用

制造费用的分配率＝140÷190＝0.737（千元/件）

完工产品应负担该步骤半成品的份额＝150×0.737＝111（千元）

月末在产品应分配的直接材料费＝140－111＝29（千元）

据此，编制“第3步骤产品成本计算单”（见表10.23）。

将“第3步骤产品成本计算单”完工产品应负担该步骤半成品的份额转“完工产品成本计算表”平行汇总，计算完工产品成本。

表 10.23　第 3 步骤甲产品成本计算单

2015 年 5 月　单位：千元

	摘要	直接材料	直接人工	制造费用	合计
1	月初在产品成本		10	15	25
2	本月发生费用		90	125	215
3	合计		100	140	240
4	月末结存以后步骤半成品		—	—	
5	产成品所耗该步骤半成品		150	150	
6	月末狭义在产品约当量		80×50%＝40	80×50%＝40	
7	产量合计（4＋5＋6）		190	190	
8	单位成本（3÷7）		0.526	0.737	
9	计入产品成本份额（150 件）（5×8）		79	111	190
10	月末在产品成本（3－9）		21	29	50

3．将 3 个步骤应计入产品成本的“份额”平行汇总，编制“完工产品成本汇总计算表”（见表10.24）

表 10.24　完工产品成本汇总计算表

产品：甲产品　2015 年 5 月　单位：千元

项目	数量	直接材料	直接人工	制造费用	合计
1 步骤		1 268	131	169	1 568
2 步骤			168	171	339
3 步骤	150		79	111	190
合计	150	1 268	378	451	2 097
单位成本		8.45	2.52	3.01	13.98

四、平行结转分步法的优缺点

1. 优点

可简化和加速成本计算工作；能够直接提供按原始成本项目反映的产品成本资料，不必进行成本还原。

采用平行结转分步法计算产品成本，由于各步骤不计算所耗上一步骤半成品的成本，只计算本步骤所发生的费用应计入产成品成本中的份额，将这一份额平行汇总即可计算出产成品成本。因此，各生产步骤月末可以同时进行成本计算，不必等待上一步骤半成品成本的结转从而加快了成本计算工作的速度，缩短了成本计算的时间；同时，采用平行结转分步法，能直接提供按原始成本项目反映的产品成本的构成，有助于进行成本分析和成本考核。

2. 缺点

（1）不能提供半成品成本资料及各步骤耗用上一步骤半成品费用资料，因而不能全面反映各步骤生产耗费的水平，不利于各步骤的成本管理；（2）各步骤不计算、不结转半成品成本，不能为在产品的实物管理和资金管理提供资料。半成品成本的结转同其实物结转相脱节，各步骤月末在产品成本不仅包括本步骤正在加工中的在产品，而且也包括转入下一步骤但尚未最后制成为产成品的那些半成品在本步骤中发生的费用，这样，各步骤成本计算单上的月末在产品成本与实际结存在该步骤的在产品成本就不一致，因而，不利于加强对生产资金的管理。所以，平行结转分步法一般适用于不需提供各步骤半成品成本资料的企业采用。

第四节 逐步结转分步法和平行结转分步法的区别

逐步结转分步法要求各步骤计算出半成品成本，由最后一步计算出完工产品成本，所以又称为“半成品成本法”。平行结转分步法各步骤只计算本步骤生产费用应记入产成品成本的“份额”，最后将各步骤应记入产成品成本的“份额”平行汇总，计算出最终完工产品的成本，因此又称为“不计算半成品成本法”。

（一）各步骤提供的资料不同

在逐步结转分步法下，各步骤产品成本计算单中所归集的生产费用不仅有本步骤发生的，而且还包括随半成品实物转来的以前步骤的生产费用（第 1 步骤除外），因而能够为各生产步骤在产品的实物管理和资金管理提供资料；在平行结转分步法下，各步骤产品成本计算单中所归集的生产费用只是各该步骤发生的生产费用，不包括以前步骤发生的生产费用，因而不能为各个步骤在产品的实物管理和资金管理提供资料。

逐步结转分步法下能提供各步骤所占用的生产资金数额。但在综合逐步结转分步法下不能提供按原始成本项目反映的成本结构，有时需要进行复杂的成本还原；平行结转分步法下不能提供各步骤所占用的生产资金数额，但它能直接提供按原始成本项目反映的产品成本构成，不需进行成本还原。

（二）生产费用分配的对象不同

在逐步结转分步法下，各步骤产品成本计算单中所归集的生产费用是在各该步骤的半成品（或产成品）与狭义在产品之间分配的；在平行结转分步法下，各步骤产品成本计算单中所归集的生产费用是在产成品份额与广义在产品（最后一个步骤为狭义在产品）之间分配的。

（三）在产品的含义不同

在逐步结转分步法下，在产品是狭义的，也就是指本步骤正在加工的在产品，它的成本是按所在地反映的，有利于在产品资金的管理；在平行结转分步法下，在产品是广义的，它不仅包括正在本步骤加工的在产品和本步骤已完工转入半成品库的半成品，而且还包括已从半成品库转到以后各步骤进一步加工、尚未最后产成的在产品，它的成本集中留在成本发生地的成本计算单内，也就是按发生地反映的。

（四）产成品成本计算的方法不同

在逐步结转分步法下，产成品成本是将最后加工步骤成本计算单内的半成品成本，加上最后步骤加工费用求得，所以在综合结转分步法下，有成本还原问题；在平行结转分步法下，产成品成本是由原材料加上各步骤应计入产成品的工费求得，所以没有成本还原问题。

（五）半成品成本处理的方法不同

在逐步结转分步法下，由于半成品可能对外销售，所以每月要计算各步骤完工半成品成本，并随着半成品实物移转而结转；在平行结转分步法下，一般不计算半成品成本，半成品实物向下一步骤转移，它的成本仍留在发生地的成本计算单内，所以不便于半成品资金的管理。如果半成品需要出售，要另行计算半成品成本。

（六）成本计算的及时性不同

在逐步结转分步法下，要按加工步骤的顺序来累计产品成本，要等上一步骤成本计算完毕，才能计算后一步骤的成本，且在综合结转法下，最后还要进行成本还原，会影响成本计算的及时性；在平行结转分步法下，各步骤可以同时结转成本，平行计入产品成本，而且不需要进行成本还原，因此成本计算比较及时。

（七）成本计算程序不同

逐步结转分步法在计算成本时是按产品的生产过程逐步计算并结转半成品及其成本，在最后步骤计算出完工产成品成本；而平行结转分步法各步骤只计算该步骤应计入产成品成本的份额，将各步骤应计入产成品成本的份额平行地加以汇总，才能计算出完工产成品的成本。

（八）各步骤所包括的费用不同

逐步结转分步法下，其每一步骤应分配的费用（第 1 步骤除外）既包括本步骤发生的费用，也包括上一步骤转入的半成品的成本；平行结转分步法下各步骤应分配的费用，只包括本步骤发生的费用，不包括上一步骤转入半成品的成本。

（九）完工产品的概念不同

逐步结转分步法下的完工产品不仅包括最后步骤完工的产成品，而且还包括各步骤完工的半成品；平行结转分步法下的完工产品只包括最后步骤的完工产成品。

（十）成本与实物的关系不同

在逐步结转分步法下，成本与实物是相一致的，即半成品实物转入哪个步骤，其成本也转入那个步骤；平行结转分步法下成本与实物是不一致的，当半成品转入下一步骤加工时，其成本并不转入下一步骤。

课后练习

一、名词解释

1．分步法

2．逐步结转分步法

3．平行结转分步法

4．成本还原

二、单项选择题

1．成本还原的对象是（　　）。

A．本步骤生产费用　　B．上步骤转来的生产费用

C．产成品成本　　D．各步骤所耗上一步骤半成品的综合成本

2．在产品成本计算的分步法下，假设本月产成品所耗半成品费为 a 元，而本月所产半成品成本为 b 元，则还原分配率为（　　）。

A．$a/(a-b)$　　B．$(a-b)/a$　　C．a/b　　D．b/a

3．成本还原是指从（　　）生产步骤起，将其耗用上一步骤的自制半成品的综合成本，按照上一步骤完工半成品的成本项目的比例分解还原为原来的成本项目。

A．最前一个　　B．中间一个　　C．最后一个　　D．随意任选一个

4．在逐步结转分步法下，其完工产品与在产品之间的费用分配，是指在（　　）之间的费用分配。

A．产成品与广义的在产品

B．完工半成品与月末加工中的在产品

C．产成品与月末在产品

D．前面各步骤完工半成品与加工中的在产品，最后步骤的产成品与加工中的在产品

5．在逐步结转分步法下，根据半成品入库单等原始凭证，应编制会计分录为（　　）。

A．借：产成品　　贷：半成品费用

B．借：自制半成品　　贷：基本生产成本

C．借：半成品费用　　贷：产成品

D．借：基本生产成本　　贷：自制半成品

6．分项结转分步法的缺点是（　　）。

A．成本结转工作比较复杂　　B．需要进行成本还原

C．不能提供原始项目的成本资料　　D．不便于加强各生产步骤的成本管理

7．采用平行结转分步法，不论半成品是在各生产步骤之间直接结转还是通过半成品库收发，都（　　）。

A．不通过自制半成品科目进行总分类核算　B．通过自制半成品科目进行总分类核算

C．不通过产成品科目进行总分类核算　　　D．通过产成品科目进行总分类核算

8．在平行结转分步法下，其完工产品与在产品之间的费用分配，是指下列两者之间的费用分配（　　）。

A．完工半成品与广义在产品　　　　　　　B．广义在产品与狭义在产品

C．产成品与月末广义在产品　　　　　　　D．产成品与月末狭义在产品

9．采用平行结转分步法（　　）。

A．不能全面地反映各个生产步骤产品的生产耗费水平

B．能够全面地反映最后一个生产步骤产品的生产耗费水平

C．能够全面地反映各个生产步骤产品的生产耗费水平

D．能够全面地反映第 1 个生产步骤产品的生产耗费水平

三、问答题

1．试比较逐步结转分步法和平行结转分步法?

2．什么是成本还原？为什么要进行成本还原?

四、计算题

（一）综合结转分步法

某企业生产甲产品，设有第一、二、三 3 个基本生产车间，成本计算采用综合结转分步法，各步骤完工半成品直接转入下一步骤，各车间月末在产品按约当产量法计算，各步骤在产品的完工程度均为 50%，原材料于生产开始时一次投入。2015 年 1 月有关资料如下表 10.25、表 10.26 所示，要求：采用综合结转分步法计算成本并进行还原。将计算结果填入表 10.27、表 10.28、表 10.29、表 10.30。

表 10.25　　产量资料

2015 年 1 月

项目	单位	一车间	二车间	三车间
月初在产品	件	40	60	80
本月投产或上车间转入	件	80	100	130
本月完工	件	100	130	160
月末在产品	件	20	30	50

表 10.26　　成本资料

2015 年 1 月　　单位：元

成本项目	月初在产品成本			本月发生费用		
	一车间	二车间	三车间	一车间	二车间	三车间
直接材料	1 800	2 500	5 290	24 000		
直接人工	1 000	1 125	1 360	7 910	2 500	3 400
制造费用	700	875	1 130	4 250	1 300	2 100
合计	3 500	4 500	7 780	36 160	3 800	5 500

表 10.27　　　　产品成本计算单

车间：　　　　年　月　　　　产品：

年		凭证	摘要	直接材料	直接人工	制造费用	合计
月	日						

表 10.28　　　　产品成本计算单

车 间：　　　　年　月　　　　产品：

年		凭证	摘要	直接材料	直接人工	制造费用	合计
月	日						

表 10.29　　　　产品成本计算单

车间：　　　　年　月　　　　产品：

年		凭证	摘要	直接材料	直接人工	制造费用	合计
月	日						

表 10.30　　成本还原表

年　月

项目	成本结构（%）		还原前产成品成本	成本还原		还原后产成品成本
	第一步	第二步		第三步	第二步	
	（1）	（2）	（3）	（4）＝（3）×（2）	（5）＝（4）×（1）	（6）＝（3）＋（4）＋（5）

（二）平行结转分步法

某企业生产甲产品，设有第一、二、三 3 个基本生产车间，成本计算采用平行结转分步法，各车间月末在产品按约当产量法计算，原材料在生产开始时一次投入，各步骤在产品的完工程度均为 50%，2015 年 6 月有关产量和成本资料如表 10.31、表 10.32 所示。要求：采用平行结转分步法计算完工产品成本，将计算结果填入表 10.33、表 10.34、表 10.35、表 10.36。

表 10.31　　产量记录

2015 年 6 月

项目	单位	一车间	二车间	三车间
月初在产品	件	16	24	40
本月投产或上车间转入	件	152	144	152
本月完工	件	144	152	160
月末在产品	件	24	16	32

表 10.32　　成本资料

2015 年 6 月　　单位：元

成本项目	月初在产品成本			本月发生费用		
	一车间	二车间	三车间	一车间	二车间	三车间
直接材料	64 000			121 600		
直接人工	1 440	1 480	200	2 960	4 120	2 440
燃料动力	5 760	6 240	800	11 840	17 760	4 480
制造费用	7 200	7 880	1 000	14 800	22 520	9 560
合 计	78 400	15 600	2 000	151 200	44 400	16 480

表 10.33　　产品成本计算单

产品：　　年　月　　车间：　　单位：元

年		凭证	摘要					
月	日							

续表

年		凭证	摘要					
月	日							

表 10.34　　产品成本计算单

产品：　　年　月　　车间：　　单位：元

年		凭证	摘要					
月	日							

表 10.35　　产品成本计算单

产品：　　年　月　　车间：　　单位：元

年		凭证	摘要					
月	日							

表 10.36　　产品成本汇总计算表

年　月　　单位：元

项目	直接材料	直接人工	燃料动力	制造费用	合计
一车间					
二车间					
三车间					
合 计					
单位成本					

第十一章 分类法

学习目标：

1. 了解分类法的概念、特点以及核算程序，熟悉分类法的应用范围。
2. 掌握分类法的计算方法。

关键词：

分类法　系数法　定额比例法

第一节 概述

一、分类法的概念

分类法是按产品的类别归集生产费用，在计算出某类完工产品总成本的基础上，按一定标准分配计算类内各种产品成本的一种成本计算方法。分类法是一种简化的成本计算方法，属于成本计算的辅助方法，必须与成本计算的各种基本方法如品种法、分批法、分步法结合使用，才能完成成本核算工作。

分类法主要适用于产品品种或规格较多的企业或车间。凡是产品品种、规格繁多，又可以按照一定标准划分为若干类别的企业或车间，均可以采用分类法计算成本。如电子元件厂、制鞋厂等。联产品最适合并只能采用分类法计算产品成本。

二、分类法的特点

采用分类法计算产品成本时，应当根据产品的性质、结构、所用原材料以及工艺过程的特点等进行产品类别的划分。即产品的性质、结构、耗用原材料、工艺过程大体相似的才能归为一类。

分类法下某类产品的总成本是采用成本计算的各种基本方法计算出来的。

三、分类法的成本计算程序

分类法下某类产品的总成本是采用成本计算的各种基本方法计算出来的，关键是类内各种完工产品的计算。

（一）开设成本明细账

根据产品特点进行分类。基本车间开设“基本生产成本明细账”，按照产品的类别开设“产品成本计算单”，开设“制造费用明细账”；辅助车间开设“辅助生产成本明细账”。

（二）分配各种要素费用

费用主要包括：材料费用的分配、人工费用的分配、折旧费用的分配和其他费用的分配。

月末编制“要素费用分配表”，并根据“要素费用分配表”编制会计分录，登记有关明细账。

（三）分配辅助生产费用

月末编制“辅助生产费用分配表”，并根据“辅助生产费用分配表”编制会计分录，登记有关明细账。

（四）分配基本生产车间制造费用

月末编制“制造费用分配表”，并根据“制造费用分配表”编制会计分录，登记有关明细账。

（五）分配计算该类别的完工产品成本和月末在产品成本

月末采用约当产量法、定额比例法等分配方法将“产品成本计算单”上归集的生产费用合计进行分配，计算出该类别的完工产品成本和月末在产品成本。

（六）完工产品成本的类内分配

采用系数法等方法将该类完工产品成本，在类内各种产品之间进行分配。

（七）计算完工产品成本

编制“完工产品成本汇总计算表”，根据“完工产品成本汇总计算表”编制会计分录，登记有关明细账。

成本的明细分类核算程序见图 11.1。

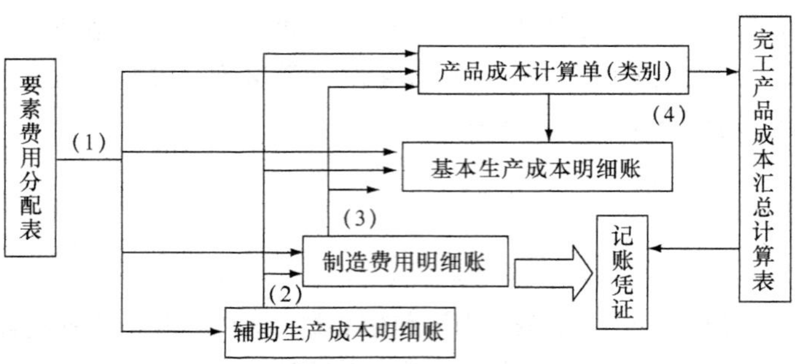

图 11.1　成本的明细分类核算程序

注：（1）编制“要素费用分配表”分配各要素费用进入有关成本费用账户。

（2）编制“辅助生产费用分配表”，分配辅助生产费用进各有关成本费用账户。

（3）编制基本生产车间“制造费用分配表”，分配基本生产车间制造费用进各基本生产成本账户。

（4）编制“完工产品成本计算表”，计算完工产品和在产品成本。

四、类内完工产品成本的分配

（一）按定额比例法进行分配

1. 定义

按定额比例法进行类内产品成本分配，是指在计算出类内产品的总成本后，按类内各种产品的定额比例进行成本分配，从而计算出类内每一种产品成本的一种方法。这种方法一般适用于定额比较健全、稳定的企业。具体进行计算时，材料费用可按各种产品材料定额耗用量比例进行分配，加工费用可采用定额工时比例进行分配。可比照原材料费用的定额耗用量比例法或定额费用比例法。

2. 按定额分配的计算程序

（1）计算 A 类完工产品总成本。首先，将 A 类产品成本计算单中归集的总生产费用在 A 类完工产品和在产品之间进行分配，计算出 A 类完工产品总成本。

（2）计算类内每种产品的成本。然后，再将计算出的 A 类完工产品的总成本在类内的甲、乙、丙、丁四种产品之间进行分配，计算出甲、乙、丙、丁各种产品的成本。

（二）按系数法进行分配

在实际工作中采用分类法计算产品成本时，为了简化类内不同品种、规格产品成本分配的计算工作，一般是将类内产品的分配标准折合为系数，按系数分配计算类内每种产品的成本。具体来说，系数法是指将类内各种产品的分配标准折合为系数，按系数将实际产量折算成标准产量，以类内各种产品的标准产量作为分配标准进行费用分配的方法。

系数法成本的计算程序：确定标准产品；计算单位系数；计算产品的总系数；计算类内每种产品的成本。

1. 按单项系数进行费用分配

按单项系数进行费用分配的特点：材料、人工分别按系数计算。

（1）确定分配标准

直接材料：包括定额消耗量、定额成本、计划成本、售价等；直接人工：包括定额工时、定额成本等。

（2）确定系数

① 类内选择一种有代表性的产品作为标准产品（产量大、生产稳定或规格折中的产品，把这种产品的分配系数确定为 1）。

② 以标准产品为参照物，计算类内其他产品的系数。

系数＝类内某种品种、规格产品的单位产品的分配标准÷标准产品单位产品分配标准

例11-1 甲类包括A、B、C、D四种零件，A、B、C、D四种零件的直接材料单位产品定额成本分别为100、80、85、70元，设A为标准产品，则：直接材料成本系数分别为：A＝100/100＝1；B＝80/100＝0.8；C＝85/100＝0.85；D＝70/100＝0.7。

③ 标准产量的计算。

标准产量＝各种产品的实际产量×系数

接例11-1，设本月A、B、C、D完工零件的实际产量分别为31、30、20、40件，则：A、B、C、D标准产量分别为A＝31；B＝30×0.8＝24；C＝20×0.85＝17；D＝40×0.7＝28。共为100件。

④ 计算分配率。

直接材料的分配率＝分配对象÷分配标准＝该类完工产品直接材料费用÷∑标准产量

类内某种产品的成本＝标准产量×分配率

接例11-1，设甲类产品本月完工直接材料费用总额为10 000元，则，直接材料分配率＝10 000/100＝100，类内各产品的成本：A＝31×100＝3 100（元）B＝24×100＝2 400（元）C＝17×100＝1 700（元）D＝28×100＝2 800（元）

2. 按综合系数进行成本分配

按综合系数进行成本分配的特点：料、工、费只按一个系数计算。

（1）计算综合系数

某产品综合系数＝某种产品单位定额成本（或售价）÷类内标准产品单位定额成本（或售价）

（2）在此基础上，计算产品总系数（标准产量）

某种产品综合总系数＝该种产品产量×该种产品的综合系数

（3）计算出综合总系数后，按成本项目进行费用分配

某成本项目费用分配率＝分配对象÷分配标准＝某类产品某成本项目费用总额÷类内各种产品总系数（标准产量）之和

（4）计算某种产品应分配的成本项目费用

某种产品应分配的某成本项目费用＝该种产品综合总系数（标准产量）×某成本项目费用分配率

第二节 分类法举例

一、按系数法分配

例11-2 某企业甲类产品包括a、b、c三种产品，a产品为标准产品，材料计划单价10元/公斤，定额小时工资率1.2元/小时，定额小时制造费用率0.8元/小时。假设2015年5月，该类完工产品的总成本为85 000元，其中，直接材料40 000元，直接人工25 000元，制造费用20 000元。本月产量及定额资料如表11.1所示。

表 11.1 产量及定额资料

2015 年 5 月

项目	a	b	C
材料消耗定额（千克/件）	12	13.2	9.6
工时消耗定额（小时/件）	15	18	13.6
产成品数量（件）	200	150	120

要求：1. 计算各产品单项系数和综合系数。2. 各产品按单项系数、综合系数计算的标准产量。3. 采用单项系数进行类内完工产品成本分配。4. 采用综合系数进行类内完工产品成本分配。

解答：1. 计算各产品单项系数和综合系数（见表11.2）。

表 11.2 单项系数和综合系数系数表

2015 年 5 月

产品	材料系数		工时系数		综合系数	
	单位定额成本（元）	系数	单位定额成本（元）	系数	单位定额成本（元）	系数
a	12	1	15	1	150	1
b	13.2	1.1	18	1.2	168	1.12
c	9.6	0.8	13.6	0.9	123.2	0.8

注：综合系数中 a 产品的定额成本＝12×10＋15×（1.2＋0.8）＝150（元/件）

2. 各产品按单项系数、综合系数计算的标准产量。a、b、c 3种产品实际产量分别为200件、150件、120件。

按单项系数计算：a、b、c 3种产品直接材料标准产量分别为：200件；165件（150×1.1）；96件（120×0.8）；合计461件。a、b、c 3种产品直接人工标准产量分别为：200件；180件（150×1.2）；108件（120×0.9）；合计488件。

a、b、c 3种产品按综合系数计算的标准产量分别为：200件；168件（150×1.12）；96件（120×0.8）；合计464件。

3. 采用单项系数进行类内完工产品成本分配（见表11.3）。

表 11.3　　甲类产品成本计算表（单项系数）

2015 年 5 月　　单位：元

项目	产量	原材料费用系数	原材料费用总系数	工时系数	工时总系数	直接材料	直接人工	制造费用	成本合计
分配率						86.8	51.2	41	
a	200	1	200	1	200	17 360	10 240	8 200	35 800
b	150	1.1	165	1.2	180	14 322	9 216	7 380	30 918
c	120	0.8	96	0.9	108	8 318	5 544	4 420	18 282
合计			461		488	40 000	25 000	20 000	85 000

4. 采用综合系数进行类内完工产品成本分配（见表11.4）。

表 11.4　　甲类产品成本计算表（综合系数）

2015 年 5 月　　单位：元

项目	产量	综合系数	标准产量	直接材料	直接人工	制造费用	成本合计
分配率				86.2	53.88	43.1	
a	200	1	200	17 241	10 776	8 621	36 638
b	150	1.12	168	14 483	9 052	7 241	30 776
c	120	0.8	96	8 276	5 172	4 138	17 586
合计			464	40 000	25 000	20 000	85 000

二、按定额比例法分配

例11-3　某企业生产甲、乙、丙3种产品。根据产品的生产特点，可将这3种产品作为一类产品计算成本，这类产品称为A类产品。在A类产品完工产品和在产品之间进行费用分配及分配类内3种产品成本时，均采用定额比例法，直接材料费用按材料定额成本分配，其他费用项目按定额工时分配。A类产品成本计算单资料见表11.5，有关A类产品产量及定额资料见表11.6。

表 11.5　　A 类产品成本计算单

2015 年 5 月　　单位：元

项目	直接材料	直接人工	制造费用	合计
月初在产品成本	6 879	958	997	8 834
本月发生生产费用	38 354	37 436	34 437	110 227
合计	45 233	38 394	35 434	119 061

表 11.6　　A类产品产量及定额资料

2015年5月

产品名称		产量（件）	材料定额成本		定额工时	
			单位定额（元/件）	总成本（元）	工时定额（小时/件）	合计（小时）
产成品	甲	200	70	14 000	18	3 600
	乙	100	100	10 000	16	1 600
	丙	300	40	12 000	20	6 000
小计		—	—	36 000	—	11 200
在产品	甲	60	70	4 200	9	540
	乙	80	90	7 200	8	640
	丙	70	40	2 800	10	700
小计		—	—	14 200	—	1 880
合计		—	—	50 200	—	13 080

解答：（1）计算A类完工产品总成本。首先，将A类产品成本计算单中归集的总生产费用在A类完工产品和在产品之间进行分配，计算出A类完工产品总成本；（2）计算类内每种产品的成本。然后，再将计算出的A类完工产品的总成本在类内的甲、乙、丙3种产品之间进行分配，计算出甲、乙、丙各种产品的成本。具体计算结果见表11.7。

表 11.7　　产品成本计算单

2015年5月　　单位：元

项目		产量	直接材料		定额工时	直接人工	制造费用	合计
			定额成本	实际成本				
月初在产品成本		—	7 085	6 879	1 907	958	997	8 834
本月发生生产费用		—	43 115	38 354	11 173	37 436	34 437	110 227
合计		—	50 200	45 233	13 080	38 394	35 434	119 061
费用分配率		—	—	0.901		2.935	2.709	—
月末在产品成本		—	14 200	12 797	1 880	5 522	5 093	23 412
完工产品成本	总成本	—	36 000	32 436	11 200	32 872	30 341	95 649
	甲产品成本	200	14 000	12 614	3 600	10 566	9 752	32 932
	乙产品成本	100	10 000	9 010	1 600	4 696	4 334	18 040
	丙产品成本	300	12 000	10 812	6 000	17 610	16 255	44 677

总之，分类法计算产品成本，其实就是在成本计算基本方法的基础上为简化同类产品成本计算过程而采用的一种辅助成本计算方法，关键点就是两步：先按基本的成本计算方法计算大类产品的总成本，再采用适当的标准在同类产品中进行产品成本的分配。

第三节　联产品、副产品、等级品成本的计算

一、联产品成本计算方法

（一）联产品的概念

联产品是指企业在生产过程中，利用同一种原材料，经过同一个生产过程，同时生产出几种产

品，并且这些产品都是企业的主要产品。联产品成本计算的特点：在联产品分离之前，不可能按照每种产品归集和分配生产费用，只能将其归为一类，按照分类法的成本计算原理计算其总成本；联产品的成本应该包括其所应负担的联合成本和分离后的继续加工成本。

联产品是指在生产过程中对同一原料经过相同工艺过程的加工，同时生产出来的几种主要产品。

（二）联产品的主要特征

（1）联产品都是企业的主要产品；

（2）联产品成本计算的关键是联合成本的分配计算；

（3）销售价格较高，对企业收入有较大贡献；

（4）生产一种产品，通常要生产所有联产品。

（三）联产品成本的计算方法

由于联产品都是企业的主要产品，具有较高的经济价值，这些联产品所用原材料和工艺技术过程相同，因而最适合并也只能采用分类法计算产品成本。联合成本的分配方法主要是实物计量分配法、标准产量分配法、销售价值分配法。

应注意的问题：（1）确定分离点；（2）分离点是联合成本，需进行分配；（3）分离点后进一步加工发生的成本是可归属成本；（4）联产品在整个生产过程中的生产成本应为分配到的联合成本与该种产品的可归属成本之和。

二、副产品成本计算方法

（一）概念

副产品是指企业在生产主要产品的过程中附带生产出来的一些非主要产品。 成本计算的特点：一般是将副产品和主要产品归为一类，按照分类法归集费用，计算其总成本；主、副产品分离前的成本可视为联合成本。副产品的价值相对较低，可将副产品按照简化的方法计价，从主、副产品的总成本中扣除，从而确定主要产品的成本。

（二）副产品的特点

在企业的生产中，在生产主要产品的同时，还附带生产出一些副产品，这些副产品可以作为独立的产品对外出售。副产品有以下特点：（1）在企业的生产中所占的比重较小；（2）不是独立的生产过程，与主产品的生产状况密切相关；（3）可以作为产品独立出售。

（三）副产品成本的计算

副产品的计价方法包括：副产品不计价；副产品按分离后的成本计价；副产品按固定成本计价；副产品按销售价格扣除销售税金、销售费用后的余额计价等。在计算副产品的成本时，一般是将主、副产品合并为一类产品，按类归集生产费用，月末采用一定的标准进行类内产品的分配。副产品的成本有以下 2 种分配方法：（1）与一般的分类法相同，月末将生产部门发生的共同费用按照一定的标准在主、副产品之间进行分配；（2）事先确定副产品的固定成本，月末按固定成本计算副产品成本，总成本减去副产品的成本即为主产品成本。这种方法比较简单，但是计算的结果有一定的假设性，副产品成本估算的过高或过低，都会影响主产品的成本水平。

三、等级品成本的计算

（一）等级品的概念

等级品是指品种相同，但在质量上有差别的产品。按造成产品质量差别的原因不同，等级品可以分为两种，一种是由于材料的质量、工艺过程不同或由于自然的原因造成的等级品；另一种是由于经营管理或技术操作的原因形成的等级品。

（二）等级品的成本计算

如果产生等级品是由于材料质量、工艺过程本身等特点或自然原因造成的，则应采用适当的方法计算各种等级品的产品成本。可将各种等级品作为一类产品，计算分类产品的联合成本，再根据按各种等级品的售价等标准确定的系数，将各等级品产量折合为标准产量，采用标准产量比例法分配联合成本，以分配的联合成本作为各等级产品的成本。

如果是由于生产管理不当、操作失误造成的等级品，因为等级品用料相同，工艺过程也相同，则其成本也应相同，所以，应采用实际产量比例法，将等级品的联合成本直接按各等级产品实际产量平均计算，从而使各等级产品单位成本水平一致。

课后练习

一、单项选择题

1．产品成本计算的辅助方法有（　　）。

A．品种法　　B．分步法　　C．分类法　　D．分批法

2．按照系数比例分配同类产品中各种产品成本的方法（　　）。

A．是一种完工产品和月末在产品之间分配费用的方法

B．是一种单独的产品成本计算方法

C．是一种简化的分类法

D．是一种分配间接费用的方法

3．采用系数法时，被选定作为标准产品的应该是（　　）。

A．盈利较多的产品

B．亏损较多的产品

C．成本计算工作量较大的产品

D．产量较大、生产稳定或规格比较适中的产品

二、简答题

简述分类法的特点，它适用于哪些类型的企业？

三、计算题

2015 年 3 月，某企业大量生产甲、乙、丙 3 种产品。这 3 种产品归为 A 类归集生产费用。类内各种产品之间分配费用的标准为：原材料费用按各种产品的原材料费用系数分配；原材料费用系数

按原材料费用定额确定（以乙产品为标准产品）；其他费用按定额工时比例分配。2015 年 3 月，该类完工产品总成本 118 770 元，其中：直接材料 90 060 元，直接人工 11 165 元，制造费用 17 545 元，资料如表 11.8 所示。要求：分别采用单项系数、综合系数法进行类内产品成本计算，填入表 11.9、表 11.10。

表 11.8 产量及定额资料

2015 年 3 月

产品名称	产量	原材料费用定额（元/件）	人工定额	
			工时消耗定额（工时/件）	小时工资率（元/工时）
甲产品	1 000	270	10	50
乙产品	1 200	300	12	30
丙产品	500	450	15	40

采用单项系数进行类内完工产品成本计算（将计算结果填入表 11.9）。

表 11.9 A 类产品成本计算表（单项系数）

2015 年 3 月 单位：元

项目	产量	原材料费用系数	原材料费用总系数	工时系数	工时总系数	直接材料	直接人工	制造费用	成本合计
分配率									
甲									
乙									
丙									
合 计									

采用综合系数进行类内完工产品成本计算（将计算结果填入表 11.10）。

表 11.10 A 类产品成本计算表（综合系数）

2015 年 3 月 单位：元

项目	产量	综合系数	直接材料	直接人工	制造费用	成本合计
分配率						
甲						
乙						
丙						
合计						

第十二章 定额法

学习目标：

1．了解定额法的概念、特点。

2．掌握定额法的计算原理。

关键词：

定额法　脱离定额差异　定额变动差异

第一节 概述

一、定额法的概念

定额法是以产品的品种（或批别）作为成本计算对象，根据产品的实际产量，计算产品的定额生产费用以及实际费用脱离定额的差异，用完工产品的定额成本，加上或减去定额差异、定额变动差异，从而计算出完工产品成本和在产品成本的一种方法。定额法是以定额成本为目标成本，及时揭示生产费用脱离定额的差异，加强成本控制，并根据定额成本、脱离定额差异和定额变动差异计算产品实际成本的一种成本管理和成本计算方法。

二、定额法的特点

定额法的主要特点包括以下几个方面。

（1）事先制订产品的各项消耗定额、费用定额和定额成本，作为成本控制的目标、成本计算的基础。

（2）在发生生产耗费的当时，就将符合定额的费用和发生的差异分别核算，以加强对生产费用的日常控制。

（3）在定额法下，成本计算建立在日常揭示差异的基础之上。月末计算产成品成本时，根据产品的定额成本，加减各种成本差异，调整计算出完工产品的实际成本，可为成本的定期分析和考核提供依据。

计算产品实际成本的基本公式为：

产品实际成本＝产品定额成本±脱离定额差异±材料成本差异±定额变动差异

（4）定额法不是一种独立的成本计算方法，必须与品种法、分步法、分批法等相结合使用。

三、定额法的适用范围

定额法与生产类型没有直接关系，无论何种生产类型，只要具备下列条件，都可采用定额法计算产品成本。

（1）企业的定额管理制度比较健全，定额管理工作基础较好；

（2）产品的生产已经定型，消耗定额比较准确稳定。

第二节 定额法的计算程序

一、基本程序

定额法计算产品成本，其程序如下：

（1）事先制订产品的定额成本

根据消耗定额和费用定额，按照产品品种和规定的成本项目，计算产品定额成本，编制产品定额成本计算表。

（2）按成本计算对象设置产品成本明细账

专栏内各成本项目应分设“定额成本”“脱离定额差异”“定额变动差异”等各小栏。

（3）调整月初在产品的定额成本

在定额成本修订的当月，应调整月初在产品的定额成本，计算月初定额变动。

（4）生产费用的核算

生产费用发生时，按成本项目将符合定额的费用和脱离定额的差异分别核算，并予以汇总。

（5）生产费用的分配

按确定的成本计算基本方法，汇集各项费用和定额成本差异，采用约当产量法等分配方法，按一定的分配标准在完工产品和在产品之间进行分配。

（6）计算完工产品成本

将本月完工产品的定额成本加减各种差异，调整计算出完工产品的实际成本。

产成品实际成本＝产成品定额成本±脱离定额差异±材料成本差异±定额变动差异

二、定额成本的制定

采用定额法，必须先制订单位产品的消耗定额、费用定额，并据以制订单位产品的定额成本。

（一）定额成本与计划成本的异同

1. 相同之处

二者都是以产品生产耗费的消耗定额和计划价格确定的目标成本，其计算公式均为：

原材料费用定额＝产品原材料消耗定额×原材料计划单价

生产工资费用定额＝产品生产工时定额×计划小时工资率

其他费用定额＝产品生产工时定额×计划小时费用率

2. 不同之处

计算计划成本的消耗定额是计划期内平均消耗定额，也称为计划定额，在计划期内通常不变。定额成本的消耗定额则是现行消耗定额，它应随着技术进步和劳动生产率提高不断修订。

计划成本一般是国家或上级机构对企业下达的指令性指标，企业可以不制订计划成本。定额成本则是企业自行制订的，是企业对当时的产品成本进行自我控制和考核的依据。

（二）产品定额成本的计算程序

产品的定额成本一般由企业的计划、技术、会计等部门共同制订。

若产品的零部件不多，一般先计算零件定额成本，然后再汇总计算部件和产品的定额成本。零部件定额成本还可作为在产品和报废零部件计价的依据。

若产品的零部件较多，可不计算零件定额成本，直接计算部件定额成本，然后汇总计算产品定额成本。或者根据零部件的定额直接计算产品定额成本。

（三）产品定额成本的计算

某产品直接材料定额成本＝该产品材料消耗定额×材料计划单位成本

某产品直接工资定额成本＝该产品工时定额×计划小时工资率

某产品制造费用定额成本＝该产品工时定额×计划小时费用率

某产品的定额成本＝直接材料定额成本＋直接工资定额成本＋制造费用定额成本

三、脱离定额差异的计算

发生生产费用时，应为符合定额的费用和脱离定额的差异，分别编制定额凭证和差异凭证，并在有关费用分配表和明细账中分别予以登记。

（一）原材料脱离定额差异（量差）的计算

原材料脱离定额差异的计算方法，一般有限额法、切割核算法和盘存法等。

原材料脱离定额差异的计算公式为：

原材料脱离定额差异＝原材料计划价格费用－原材料定额费用

＝实际消耗量×材料计划单价－定额消耗量×材料计划单价

＝（实际消耗量－定额消耗量）×材料计划单价（量差）

（二）生产工时和生产工资脱离定额差异的计算

计件工资制下，生产工人工资属于直接计入费用，其脱离定额差异的计算与原材料脱离定额差异的计算相似。

计时工资制下，生产工人工资属于间接计入费用，其脱离定额差异不能在平时按照产品直接计算，只有在月末实际生产工人工资确定以后，才可按以下公式计算：

某产品生产工资脱离定额的差异＝该产品实际生产工人工资额－该产品定额生产工资

＝该产品实际生产工时×实际小时工资率－该产品实际产量定额工时×计划小时工资率

其中：实际小时工资率＝某车间实际生产工人工资总额÷该车间实际生产工时总额

计划小时工资率＝某车间计划产量定额工人工资÷该车间计划产量定额工时

某产品实际完成的定额工时＝（该产品本月完工产品产量＋月末在产品约当产量－月初在产品约当产量）×单位产品工时定额

（三）制造费用脱离定额差异的计算

制造费用通常与计时工资一样，属间接计入费用，其脱离定额差异不能在平时按照产品直接计算，只有在月末按照以下公式计算：

某产品制造费用脱离定额差异＝该产品制造费用实际分配额－该产品实际产量定额工时×计划小时制造费用分配率

四、材料成本差异的计算

在定额法下，原材料的日常核算一般按计划成本进行，原材料脱离定额差异只是以计划单价反映的消耗量上的差异（量差），未包括价格因素。因此，月末计算产品的实际原材料费用时，需计算所耗原材料应分摊的成本差异，即所耗原材料的价格差异（价差）。公式如下：

某产品应分配的原材料成本差异＝（该产品原材料定额费用±原材料脱离定额差异）×材料成本差异率＝实际消耗量×材料计划单价×材料成本差异率

五、定额变动差异的计算

定额变动差异是指由于修订消耗定额或生产耗费的计划价格而产生的新旧定额之间的差额。定额变动差异是指由于对旧定额进行修改而产生的新旧定额之间的差额。定额变动差异的产生，说明企业生产技术水平的提高和生产组织的改善对定额的影响程度。定额变动差异的产生，是由于定额本身变动的结果，与生产费用的节约或超支无关。

定额成本的修订一般在月初、季初或年初定期进行，但在定额变动的月份，月初在产品的定额成本仍然按照旧的定额计算，应将月初在产品的定额成本进行调整，也就是月初在产品成本要按新定额计算，以便使其能与本月投产的新产品的定额成本相一致。为了保持月初在产品定额成本的金额不变，为此，需要按新定额计算月初在产品的定额变动差异，即在调整月初在产品的定额成本的同时，还应调整本月产品成本，这两个方面的金额相等，方向相反。如果消耗定额降低，月初在产品定额成本减少，定额调整为负数，此时定额变动差异增加为正数。由于该部分费用已经发生，在将其从月初在产品的定额成本中扣除的同时，还应将其计入本月生产费用中。实际上完工产品和月末在产品的总成本不变，只是其内部表现形式的改变。

定额调整的计算应分别按成本项目进行，公式如下：

月初在产品定额成本调整＝（新定额－旧定额）×月初在产品中定额变动的零部件数量

月初在产品定额成本调整与月初在产品定额变动差异金额相等，方向相反。

月初在产品定额成本调整＝按旧定额计算的月初在产品费用×（定额变动系数－1）

定额变动系数＝按新定额计算的单位产品费用÷按旧定额计算的单位产品费用

定额变动的计算应分别成本项目进行，公式如下：

月初在产品定额变动差异＝（旧定额－新定额）×月初在产品中定额变动的零部件数量

为简化计算工作，可按以下公式计算：

月初在产品定额变动差异＝按旧定额计算的月初在产品费用×（1－定额变动系数）

月初在产品定额变动差异通常表现为月初在产品价值的降低，即贬值。此时，应从月初在产品定额费用中扣除该项差异，加入本月产品成本中；反之，则月初在产品增值的差异则应加入月初在产品定额费用中，同时，从本月产品成本中扣除同等金额。

六、定额法下产品实际成本计算程序

定额法下产品实际成本的计算程序如下：

（1）设置产品成本计算单

定额法下，应按产品分别设置产品成本计算单。在该成本计算单中，月初在产品成本、本月生产费用、生产费用合计、完工产品成本和在产品成本各栏中，应分别设置“定额成本”“定额差异”和“定额变动差异”等栏目。

（2）计算定额变动差异

若本月份定额有变动，则应计算月初在产品的定额变动差异数额，并填入相应的栏目中。

（3）分配费用

在本月发生的费用中，应区别定额成本和定额差异两部分。对于定额成本，应列入本月费用的“定额成本”项目下；对于定额差异，则应列入“定额差异”栏中。

（4）计算费用合计

费用合计是在月初在产品成本的基础上，加上本月发生的费用计算的。在计算时，应分别按定额成本、定额差异和定额变动差异计算。

（5）计算完工产品和在产品的定额成本

完工产品的定额成本是按完工产品的数量乘上产品的定额成本计算的；在产品的定额成本是用定额成本合计减去完工产品的定额成本计算的。

（6）分配定额差异和定额变动差异

若定额差异和定额变动差异不大，为了简化成本核算工作，可将定额差异和定额变动差异全部计入完工产品，由完工产品成本负担，在产品不负担定额差异和定额变动差异。若定额差异和定额变动差异较大，则应将定额差异和定额变动差异按定额成本的比例，在完工产品和在产品之间进行分配。

（7）计算完工产品的成本

将完工产品的定额成本、定额差异和定额变动差异相加，就是完工产品的实际成本。

第三节 定额法举例

例12-1 某企业生产A产品，2015年8月有关资料如下。

1. 产量记录（见表 12.1）

表 12.1 产量记录

2015 年 8 月

单位：件

产品名称	月初在产品	本月投产	本月完工产品	月末在产品
A 产品	20	80	70	30

2. 定额成本资料（见表 12.2）

表 12.2 定额成本资料

2015 年 8 月

单位：元

成本项目	计划单价	消耗定额		定额成本		定额变动差异	
		上月	本月	上月	本月	数量	金额
直接材料	5	120 千克	114 千克	600	570	−6	−30
直接人工	2	100 小时	100 小时	200	200		
制造费用	1	100 小时	100 小时	100	100		
合计				900	870	−6	−30

3. 月初在产品成本资料（见表 12.3）

表 12.3 月初在产品成本资料

2015 年 8 月

单位：元

成本项目	月初在产品	
	定额成本	定额差异
直接材料	12 000	400
直接人工	2 000	100
制造费用	1 000	80
合计	15 000	580

4. 其他资料

（1）原材料于生产开始时一次投入；

（2）直接材料成本差异率为−1%，全部由完工产品负担；

（3）定额变动差异全部由完工产品负担；

（4）本期直接材料脱离定额差异（−1 000），直接人工脱离定额差异（+200），制造费用脱离定额差异（−70）。

要求：登记“A产品成本计算单”。

解答：在定额法下，产品实际成本的计算和其他成本计算方法一样，生产成本明细账也要列出产品成本项目。由于定额法下实际成本计算，是在定额成本基础上加减定额差异、定额变动差异和材料成本差异求得的，所以生产成本明细账还应设置“定额成本”“定额差异”“定额变动差异”“材料成本差异”专栏反映。“A产品成本计算单”如表12.4所示。

表12.4中有关专栏说明：

（1）、（2）栏根据图表1月初在产品成本资料填列；

（3）、（4）月初在产品定额成本

定额变动系数＝570÷600＝0.95

定额成本调整＝12 000×（0.95－1）＝－600

月初在产品定额变动差异＝12 000×（1－0.95）＝600（元）

表 12.4　　　　　　　　　　　　产品成本计算单

产品名称：A 产品　　　　　　　　　　　　　　　　　　　　　　　2015 年 5 月

完工产量：70 件　　　　　　　　　　　　　　　　　　　　　　　　单位：元

成本项目	月初在产品		月初在产品		本月生产费用			生产费用合计				脱离定额差异	产成品成本					月末在产品成本	
	定额成本	脱离定额差异	定额成本调整	定额变动差异	定额成本	脱离定额差异	材料成本差异	定额成本	脱离定额差异	材料成本差异	定额变动差异		定额成本	脱离定额差异	材料成本差异	定额变动差异	实际成本	定额成本	脱离定额差异
	（1）	（2）	（3）	（4）	（5）	（6）	（7）	（8）	（9）	（10）	（11）	（12）	（13）	（14）	（15）	（16）	（17）	（18）	（19）
直接材料	12 000	400	-600	+600	45 600	-1 000	-446	57 000	-600	-446	+600	- 1.05%	39 900	-419	-446	+600	39 635	17 100	-181
直接人工	2 000	100			16 000	+200		18 000	+300			1.67%	14 000	234			14 234	4 000	+66
制造费用	1 000	80			8 000	-70		9 000	+10			0.11%	7 000	8			7 008	2 000	+2
成本合计	15 000	580	-600	+600	69 600	-870	-466	84 000	-290	-446	+600		60 900	-177	-446	+600	60 877	23 100	-113

（5）栏根据本月投产量和图表2资料计算填列

直接材料＝570×80＝45 600（元）

直接人工＝200×80＝16 000（元）

制造费用＝100×80＝8 000（元）

（6）栏根据有关脱离定额差异资料填列

（7）栏＝[（5）栏＋（6）栏]×（－1%）

　　＝（45 600－1 000）×（－1%）

　　＝－446（元）

（8）栏＝（1）栏＋（3）栏＋（5）栏

（9）栏＝（2）栏＋（6）栏

（10）栏＝（7）栏

（11）栏＝（4）栏

（12）栏脱离定额差异率

直接材料脱离定额差异率＝－600÷57 000×100%＝－1.05%

直接人工脱离定额差异率＝300÷18 000×100%＝1.67%

制造费用脱离定额差异率＝10÷9 000×100%＝0.11%

（13）栏用完工产量分别乘以表12.2定额成本资料填列

直接材料＝570×70＝39 900（元）

直接人工＝200×70＝14 000（元）

制造费用＝100×70＝7 000（元）

（14）栏＝（12）栏×（13）栏

（15）栏＝（10）栏

（16）栏＝（11）栏

（17）栏＝（13）栏＋（14）栏＋（15）栏＋（16）栏

（18）栏＝（8）栏－（13）栏

（19）栏＝（9）栏－（14）栏

第十三章 成本报表的编制

学习目标：

1．了解工业企业成本报表的作用、种类、内容、编制要求。

2．掌握成本报表的编制方法。

关键词：

成本报表　成本报表的种类　商品产品成本表

第一节 成本报表的概述

成本费用报告是根据企业日常成本费用核算资料和其他有关资料定期编制的，用以反映和监督企业一定时期产品成本和期间费用的构成及其水平、考核和分析企业成本费用计划执行情况的报告性文件。编制和利用成本费用报告是企业成本管理的一项重要内容。

一、成本报表的作用

企业和主管企业的上级机构（或公司）利用成本报表，可以检查、考核和评价。

成本费用目标是企业成本费用管理的一个重要环节，一方面，成本费用报告所提供的实际成本和费用支出的资料，是制定未来成本目标的重要参考资料；另一方面，通过成本费用报告数据与成本目标对比分析，可以明确各有关部门和人员执行成本费用目标的成绩和差距，以便总结成本管理工作的经验和教训，改善成本效益关系。

通过成本报表分析，揭示原因、挖掘潜力、提高效益。通过成本费用报告分析，可以揭示成本费用变动趋势及规律，查明成本费用升降的影响因素及差异产生的原因和责任，寻求降低企业产品成本、节约期间费用的途径，以不断加强企业日常成本的控制。提供的资料，满足管理需要，编制各项计划。

通过成本费用报告，能够及时发现在生产、技术、质量和管理等方面取得的成绩和存在问题，可及时、全面地为各类成本报告使用者提供成本费用信息，促进其科学决策，有效控制、降低成本，提高经济效益。

二、成本报表的种类

按其所反映的内容进行分类。

1．反映产品成本情况的报表

成本报表主要反映企业为生产一定种类、数量和质量的产品所支出的生产费用及其构成情况。通过与同行业企业、本企业目标的比较分析，找出差距，明确薄弱环节，为进一步采取有效措施，挖掘降低成本费用的潜力提供有效的资料。该类成本费用报告主要包括全部产品生产成本表、主要产品单位成本表及销售成本表等。

2. 反映各种费用支出的报表

成本报表主要反映企业在一定时期内各项支出总额及其构成情况。通过对具体费用项目、金额的比较分析，可反映费用支出的合理性，有利于企业管理部门正确确定费用预算，控制费用支出。该类成本费用报告主要包括制造费用明细表、销售费用明细表、管理费用明细表和财务费用明细表等。

三、成本报表的特点

成本报表编制的目的主要是满足企业内部经营者的需要，因而内容更具有针对性。成本会计报表所提供的成本资料属于企业内部的商业秘密，一般不对外公布，同时新颁布的企业会计准则中，也没有把成本报表列为法定报表，不要求企业编制成本报表。由此可以看到企业成本会计报表是一种内部报表。成本报表的种类、内容和格式由企业自行决定，更具有灵活性。成本报表作为对内报表更注重时效。成本费用报告必须提供与使用者经济决策有用的信息，而经济决策又具有强烈的时效性，这就要求成本费用报告提供的信息必须具有及时性。

第二节 成本报表的编制、分析程序和方法

成本分析是指根据成本核算资料和成本计划资料及其他有关资料，运用一系列专门方法，对成本水平及其构成情况进行分析和评价，揭示企业费用预算和成本计划的完成情况，认识和掌握降低成本费用的规律，查明影响成本升降的各因素及其变动的原因，挖掘降低成本的潜力，提高企业成本效益的一种管理活动。

一、成本报表分析的一般程序

进行成本报表分析，首先必须占有资料，掌握情况，这是正确进行分析的基础。分析成本报表，应从全部产品生产成本计划和各项费用计划完成情况的总评价开始，然后按照影响成本计划完成情况的因素逐步深入、具体地分析。

二、成本报表的数量分析方法

1. 比较分析法

比较分析法指通过指标对比，从数量上确定差异的一种分析方法。指标主要包括：目标成本、历史最好、行业先进、行业平均等。

2. 比率分析法

比率分析法是指通过计算和对比经济指标的比率进行数量分析的一种方法。

（1）相关指标比率分析。将两个性质不同但又相关的指标对比求出比率，再以实际数与计划数进行对比分析，以便从经济活动的客观联系中，更深入地认识企业的生产经营状况。

产值成本率＝产品成本/商品产值×100%

销售成本率＝产品成本/产品销售收入×100%

成本利润率＝利润总额/产品成本×100%

（2）构成比率分析，指某项经济指标的各个组成部分占总体的比重。

原材料费用比率＝原材料费用/产品成本×100%

工资费用比率＝工资及福利费/产品成本×100%

制造费用比率＝制造费用/产品成本×100%

（3）动态比率分析，是将不同时期同类指标的数值对比求出比率，进行动态比较据以分析该项指标的增减速度和变动速度，从中发现企业在生产经营方面的成绩或不足。

3. 连环替代法

连环替代法是指计算几个相互来联系的因素对综合经济指标变动影响程度的一种分析方法。以材料费用总额变动分析为例，分析步骤为：

① 分解指标体系，确定分析对象。

② 连环顺序替代，计算替代结果。因素替代的顺序：先数量后质量，先实物量后货币量，先主要后次要指标。

③ 比较替代结果，确定影响程度。每一次替换计算结果，都与替代前比较，确定因素影响程度。

④ 加总影响数值，验算分析结果。各因素替代结果的影响数值相加应等于总差数。计算结果具有假定性。

4. 差额计算法

差额计算法是连环替代法的一种简化形式。

① 确定各因素的实际数与基数的差额。

② 用各因素的差额，乘以计算公式中该因素前面的各因素的实际数，以及列在该因素后面的其余因素的基数，就可求得各因素的影响值。

③ 将各个因素的影响值相加，其代数和应同该项经济指标的实际数与基数的差相符。

第三节 商品产品成本表

商品产品成本表是反映企业在报告期内生产的全部商品产品（包括可比产品和不可比产品）的总成本以及各种主要商品的单位成本和总成本的报表。根据商品产品成本表所提供的资料，可以考核全部商品产品和主要商品产品成本计划的执行结果，分析各种可比产品成本降低任务的完成情况。该表通常按月编制。商品产品成本表分为：

（1）按产品种类编制商品产品成本表。反映企业在报告期所产全部产品的总成本和各种主要产品单位成本及总成本。

（2）按成本项目编制商品产品成本表。反映企业在报告期发生的全部生产费用和全部产品总成本。

一、商品产品成本表（按产品种类反映）的编制和分析

（一）商品产品成本表的结构和内容

1. 结构

商品产品成本表将全部商品产品划分为可比产品和不可比产品两大类。分别列出它们的单位成本、本月总成本、本年累计总成本。

本表针对可比产品的单位成本、本月总成本和本年累计总成本，又分别列出上年实际平均数、本年计划数、本月实际数和本年累计实际平均数，这样做便于分析可比产品成本降低任务的完成情况。

可比产品成本降低额＝可比产品按上年实际平均单位成本计算的总成本－可比产品本年累计实际总成本

可比产品成本降低率＝可比产品成本降低额/可比产品按上年实际平均单位成本计算的总成本×100%

产值成本率＝产品总成本/商品产值×100%。

本表针对不可比产品的单位成本、本月总成本和本年总成本，以及全部商品产品的总成本，同时列出本年计划数、本月实际数和本年累计实际平均数。便于考核不可比产品以及全部商品产品成本计划的执行情况。

2. 内容

商品产品成本表的格式和内容（见表13.1）。

表13.1　　　商品产品成本表

××年12月　　　金额单位：元

产品名称	计量单位	实际产量		单位成本				本月总成本			本年累计总成本		
		本月	本年累计	上年实际平均	本年计划	本月实际	本年累计实际平均	按上年实际平均单位成本计算	按本年计划单位成本计算	本月实际	按上年实际平均单位成本计算	按本年计划单位成本计算	本年实际
		1	2	3	4	5=9/1	6=12/2	7=1×3	8=1×4	9	10=2×3	11=2×4	12
可比产品合计	件							43 050	40 600	37 025	476 200	448 400	417 000
其中：甲	件	30	320	1 010	970	880	900	30 300	29 100	26 400	323 200	310 400	288 000
乙		25	300	510	460	425	430	12 750	11 500	10 625	153 000	138 000	129 000
不可比产品合计									10 800	10 400		102 000	100 300
其中：丙	件	18	170		600	580	590		10 800	10 440		102 000	100 300
产品成本合计									51 400	47 465		550 400	517 300

3. 填制：商品产品成本表一般是根据企业成本核算资料汇总填列的。

为保证产品成本信息的可比性和管理的需要，全部商品产品成本按可比产品和不可比产品分列。所谓可比产品是指在以前年度生产过，且有完整历史成本资料的产品，具有连续性和完整性的特点。

（二）商品产品成本表的填列方法

商品产品成本表的填列方法如下。

1. 产品名称

产品名称应根据企业确定的可比产品和不可比产品，以及主要产品和非主要产品分项列示。

2. 实际产量

实际产量分为两栏分别反映本月和年初起到本月末的各种主要商品产品及非主要产品的实际产量，应根据“成本计算单”或“基本生产成本明细账”的记录计算填列。

3. 单位成本

单位成本反映各种主要商品产品的上年实际、本年计划、本月实际和本年累计实际单位成本。

4. 本月总成本

公式如下：

按上年实际平均单位成本计算的本月总成本＝本月实际产量×上年实际平均单位成本

按本年计划单位成本计算的本月总成本＝本月实际产量×本月计划单位成本

本月实际总成本＝本月实际产量×本月实际单位成本

由于在实际工作中，各月份的各种产品的总成本可以从各成本计算单中取得，所以本表中的第9栏和第12栏数字也可以根据有关账户实际成本资料进行填列。

5. 本年累计总成本

本年累计总成本反映各种主要商品产品本年累计实际产量的上年实际、本年计划、本月实际的总成本，以便考核年度内产品成本计划的完成情况。

会式如下：

按上年实际平均单位成本计算的本年累计总成本

＝本年累计实际产量×上年实际平均单位成本

按本年计划单位成本计算的本年累计总成本＝本年累计实际产量×本月计划单位成本

本月实际总成本＝本年累计实际产量×本月实际单位成本

同时为了考核企业生产耗费的经济效果和查明可比产品成本降低任务的完成情况，以及为财务管理提供必要数据，在全部商品产品成本表中还可列示若干补充资料，如可比产品成本降低额、可比产品成本降低率等指标，这取决于企业经营和管理的要求。

通过本表的编制，可以使企业经营管理者考核企业全部商品产品和主要商品产品成本计划的执行情况，以便分析产品成本增减变化的原因，寻求降低产品成本的途径以及了解产销动态。

（三）商品产品成本表（按产品种类反映）的分析

（1）对全部产品成本计划的完成情况进行总括评价。

（2）分析可比产品成本降低计划的完成情况。

① 分析可比产品成本降低计划的完成情况，首先应确定分析的对象，即以可比产品成本实际降低额、降低率指标与计划降低额、降低率指标进行对比，确定实际脱离计划的差异。

② 其次，确定影响可比产品成本降低计划完成情况的因素和各因素的影响程度。影响因素有：产品产量，产品品种构成，产品单位成本。

二、商品产品成本表（按成本项目反映）的编制

商品产品成本表（按成本项目反映）的结构和编制方法。商品产品成本表（按成本项目反映）

如表 13.2 所示。

表 13.2　　商品产品成本表（按成本项目反映）

编制：　　年　月　　单位：元

项目	行次	本年计划	本月实际	本年累计实际
生产费用：				
直接材料				
其中：原材料				
直接人工				
燃料及动力				
制造费用				
生产费用合计				
加：在产品、自制半成品期初余额				
减：在产品、自制半成品期末余额				
产品生产成本合计				

第四节　主要产品单位成本表的编制和分析

一、主要产品单位成本表（按成本项目反映）的编制

（一）主要产品单位成本表（按成本项目反映）

主要产品单位成本表按产品品种分别编制，除反映产品名称、规格、产量、售价外，更主要的是按成本项目反映单位产品成本及各成本项目的历史先进水平、上年实际平均水平、本年计划、本月实际和本年累计实际平均成本的构成。主要产品单位成本表（按成本项目反映）如表 13.3 所示。

表 13.3　　主要产品单位成本表

产品名称：甲产品　　月实际产量：300

规格：　　本年累计实际产量：3 150

计量单位：件　　单位：元　　××年 12 月

成本项目	历史先进水平	上年实际平均	本年计划	本年实际	本年累计实际平均
直接材料	313	365	343	318	325
直接人工	45	58	55	45	46
制造费用	60	110	96	71	72
产品生产水平	418	533	494	434	443

1. 产品名称及产量

产品名称及产量主要列示产品名称、规格型号、计量单位、销售单价、本月计划产量、本月实际产量、本年累计计划产量和本年累计实际产量等内容。

2. 单位成本情况

单位成本情况主要列示各种主要产品成本项目的历史先进水平、上年实际平均、本年计划、本月实际、本年累计实际平均等单位成本。

3. 主要技术经济指标

该指标主要列示与企业的生产技术特点有密切联系的经济指标。由于各企业生产技术特点不同，用来考核各企业的技术经济指标也不相同，一般包括各项消耗指标、设备利用率指标和生产率指标等。

（二）主要产品单位成本表（按成本项目反映）填列方法

（1）各成本项目的历史先进水平的数字，根据成本历史资料填列。

（2）各成本项目的上年实际平均单位成本的数字，根据上年度的成本资料填列。

（3）各成本项目的本年计划单位成本的数字，根据本年计划资料填列。

（4）各成本项目的本期实际单位成本的，根据实际成本资料填列。

（5）各成本项目的本年累计实际平均单位成本的数字，根据本年 1 月至本期为止该种产品的各该项目总成本除以累计产量后的商数填列。

二、主要产品单位成本表的分析

（一）主要产品单位成本变动情况的分析

主要产品单位成本变动情况的分析是对主要产品单位成本所作的一般分析。首先查明单位成本实际与计划、上年实际、历史先进水平的差异，确定单位成本是升高还是降低，升降幅度有多大。然后，按成本项目进行对比分析，分别确定各成本项目的用量差异和价格差异，以便针对成本升高和降低的主要项目再作进一步分析，使分析层层深入。主要产品单位成本变动情况的分析如表 13.4 所示。

表 13.4　　产品单位成本计划完成情况分析表

产品：甲产品　　2015 年　　单位：元

成本项目	单位成本			与上年实际比		与本年计划比	
	上年实际	本年计划	本年实际	成本降低额	成本降低率（%）	成本降低额	成本降低率（%）
直接材料	21	20	19	+2	+9.52	+1	+5
直接人工	16	14	18	−2	−12.5	−4	−28.57
制造费用	7	8	7.5	−0.5	−7.4	+0.5	+6.25
合计	45	42	44.5	−0.5	−1.11	−2.5	−5.95

以上分析表明：甲产品本年实际成本比计划超支了 2.5 元，主要是直接人工费用超支了 4 元，影响了单位成本降低任务的完成，因此还应对直接人工费用作进一步的分析。

（二）主要成本项目分析

下面以直接材料、直接人工和制造费用几个主要成本项目为例，说明分析的一般方法。

1. 直接材料项目的分析

直接材料的变动主要受单位产品原材料消耗数量和原材料价格两个变动因素的影响。其变动影响的计算方法如下：

原材料消耗数量变动的影响＝（实际单位耗用量－计划单位耗用量）×原材料计划单价

原材料价格变动的影响＝（原材料实际单价－原材料计划单价）×单位产品原材料实际耗用量

2. 直接人工项目的分析

工时耗用量变动对单位产品成本影响额＝（单位产品实际工时消耗－单位计划工时消耗）×计划平均小时工资率

平均小时工资率变动对单位产品成本影响额＝（实际平均小时工资率－计划平均小时工资率）×单位产品实际工时消耗

3. 制造费用项目的分析

单位产品制造费用的变动主要受制造费用总额变动和产品产量变动的影响。这两个因素对制造费用变动的影响程度可通过下列公式计算：

单位产量变动对单位成本的影响＝单位产品计划制造费用×计划产量实际产量－单位产品计划制造费用

费用总额变动对单位成本的影响＝单位产品实际制造费用－单位产品计划制造费用×计划产量实际产量

第五节 各种费用报表的编制和分析

一、制造费用明细表的编制及分析

制造费用明细表是反映企业在报告期内发生的各种制造费用情况的报表。制造费用明细表的结构是根据制造费用项目内容，分别反映各项目制造费用的“本年计划数”“上年实际数”和“本年实际数”资料。制造费用明细表如表 13.5 所示。

表 13.5 制造费用明细表

年

单位：元

项目	行次	上年实际	本年计划	本年实际
工资	1	14 000	13 500	15 500
职工福利费	2	3 000	2 200	2 350
折旧	3	21 000	21 000	21 500
修理费	4	10 500	11 000	10 200
办公费	5	1 600	1 750	1 550
机物料消耗	6	6 300	6 500	6 200
水电费	7	5 000	5 000	5 500
合计		61 400	60 950	62 800

表中各成本项目的本年计划栏数字，应根据企业本年度的财务计划、费用预算的有关数字进行填列；本表中各成本项目的上年实际栏的数字，应根据上年报表数字填列，但表内所列项目和上年

度的费用项目在名称或内容上不一致时，应对上年度数字按表内规定的项目进行调整，并在表后的附注中予以文字说明。本表中本年实际数字，填列自年初起至报告期末的累计实际数，应根据“制造费用”明细账有关项目累计数字进行填列。

利用该表可考核企业制造费用构成和变动情况。制造费用明细表中的各种明细项目的划分，可参照财政部有关制度的规定，也可根据企业经营管理的需要增加或减少。

对制造费用明细表的分析，主要采用“比较分析法”，对费用总额及各个费用项目的本年实际累计数与计划数相比较，可以了解各项费用比计划节约或超支，即计划的完成情况。通过“本年实际”与“上年实际水平”的比较，可了解制造费用各项目的变动，对于增减变动较大的费用项目，还应作重点分析，深入探究具体原因。

二、期间费用明细表的编制及分析

具体包括管理费用明细表、财务费用明细表和销售费用明细表，是反映企业在报告期内发生的各种期间费用情况的报表。期间费用明细表的结构和内容同制造费用明细表基本相同。

期间费用明细表各项目中的本年计划栏数字，应根据企业本年的财务成本计划资料进行填列；本表中各项目的上年实际栏的数字，应根据上年报表资料进行填列；本表中各项目的本年实际栏数字，应根据“销售费用”明细账或“管理费用”明细账有关项目的累计数进行填列。

注意的问题：对各种费用明细表进行分析，不能孤立地看费用是超支还是节约，而应结合其他有关情况，结合各项技术组织措施效果来分析，结合各项费用支出的经济效益进行评价。可将各项费用按以下分类方法归类进行研究：生产性费用，管理性费用，发展性费用，防护性费用，非生产性费用。

第十四章 作业成本法简介

学习目标：

1．了解作业成本法产生的背景，理解作业成本法的基本概念。

2．掌握作业成本法的基本原理和一般程序，理解作业成本法与传统成本计算方法的区别。

关键词：

资源　作业　成本动因　作业成本　作业成本管理

第一节 概述

一、作业成本法产生背景

作业成本法，是以作业为基础，对各种主要间接费用采用不同的分配标准或分配率，分配到成本计算对象（产品、服务、顾客等）上的一种成本计算方法。作业成本法可以简单理解为：是在前述传统成本计算方法基础上，对间接费用（制造费用）分配进行精确化改进的一种成本计算方法。

对作业成本的研究最早可追溯到 20 世纪 40 年代，由美国会计学家埃里克·科勒教授于 1941 年提出的“作业会计”。20 世纪 80 年代末，以美国会计学家罗宾·库珀为代表的会计学者，对作业成本法进行了提炼、研究和推广。随后，在西方国家的制造业中得到了广泛的应用。

我们知道，成本核算的目的是为企业成本管理提供相关、可靠的成本信息。提供高质量的成本信息，是成本会计人员追求的首要目标和责任。如何保证成本信息精确性，取决于成本计算方法。无论企业采用何种成本计算方法（品种法、分批法、分步法、分类法、定额法，作业成本法等），我们可以将成本计算过程分为两个基本环节：成本归集和成本分配。

“成本归集”取决于成本对象。而成本对象（如制造业中的品种、批别、类别、步骤等）又取决于管理者的要求，不是成本会计人员所能决定的，对成本计算来说可以视为既定的因素。

“成本分配”则取决于发生的这种资源耗费是否能直接计入到成本对象上。能够直接地计入成本计算对象的资源耗费，我们称为“直接成本”，如直接材料、直接人工等。这一类成本可以直接计入到成本计算对象上，不需要选择分配标准（或基础）分配计入。因此，这部分的成本信息是客观准确的。

对于不能直接计入到成本计算对象上的耗费，我们称为“间接成本”，如制造企业中的制造费用。由于间接成本是多个成本对象（如不同产品）共同发生的，因此不能直接认定每个成本对象负担多少，即不能直接计入到具体的成本对象上，必须选择一定的标准或基础，通过计算分配率，分配计入每种成本计算对象。因此成本信息精确与否，最终取决于间接成本的分配问题。

在传统的成本计算方法中，间接成本（制造费用）分配是简化进行的，间接成本通常采用单一的标准，即单一的分配率进行分配，如机器工时、人工工时、定额工时等，这是一种广泛的平均方法，其实质是将各种性质不同的间接成本采用同一种分配标准进行分配。这种方法的直接结果，会产生“产品成本交叉补偿”现象，即如果某一成本对象成本多计，则一定产生另一种或多种成本对象少计，从而造成成本信息不真实、不准确，甚至产生成本管理决策上的误导。当间接成本在产品成本构成中所占比重不大时，这种简单的成本分配方法是可行的。而当间接成本的比重较大，间接成本构成趋于复杂时，这种简单的分配方法，可能产生成本信息的失真和扭曲。作业成本法正是为了弥补传统成本计算方法这一缺陷而产生的。

从以数量为基础的传统的企业成本计算，发展到现代的以作业为基础的成本计算，是现代制造环境下，传统成本计算的局限性和作业成本法的优势共同选择的结果，也是成本会计科学发展的大趋势。

二、传统成本会计的局限性与作业成本实施的必然性

（一）成本结构变化对成本核算的影响

在传统制造业中，当技术稳定而且当产品的变动范围有限时，直接人工和直接材料作为最主要的生产要素，间接费用项目较少，传统的以工时数量为基础的间接成本计算具有较强的实用价值。

伴随制造环境的变化，企业生产要素的结构随之发生变化，直接人工与直接材料的比重越来越小，而制造费用的比重越来越大，产品成本结构的重大变化使得传统的“工时数量基础成本计算”不能正确反映产品的消耗。

（二）产品多样化对成本核算的要求

企业面临数量、规格和多样化程度不同的产品，对于消耗性资源也存在巨大的数量差异。多样化的产品与单一的间接费用分配模式显然产生巨大的差异，加剧了传统成本计算所导致的成本歪曲。

作业成本与传统成本核算的不同之处在于采用多元化制造费用分配标准。

三、作业成本法的有关概念

作业成本法涉及的主要概念有：资源、作业、成本动因及其相关的作业成本、作业中心、作业链和价值链、资源动因、作业动因、作业成本库等。

（一）资源

资源（resources）是指生产过程中所投入的要素，是成本的来源构成。一般制造企业的资源包括材料费用、人工费用、机器设备、生产维持费用等。无论是制造企业还是服务行业，在企业的日常经营过程中都必须耗费一定的资源。资源是作业的前提和基础，如果企业没有可供使用的资源，企业的作业无法执行，企业的生产经营活动就无法实现。实际上，产品成本就是所耗资源价值的总和。

（二）作业

作业是指企业为了达到其生产经营的目标所进行的与产品相关或对产品有影响的各项具体活动。如研发、设计、采购、运输、生产、制作、检验、配送等，其中每一项具体活动就是一项作业。

作业是基于一定目的，以人为主体，消耗了一定资源的特定范围内的工作，是构成产品生产、服务程序的组成部分。实际工作中可能出现的作业类型一般有：启动准备、购货订单、材料采购、物料处理、设备维修、质量控制、生产计划、工程处理、动力消耗、存货移动、装运发货、管理协调等。作业引发资源的耗用，而资源动因是作业消耗资源的原因或方式，因此，间接费用应当根据资源动因归集到代表不同作业的作业成本库中。

作业的范围可大可小，一项作业可以指一项非常具体的活动，如车工作业。作业也可能泛指一类活动，如机加工车间的车、铣、刨、磨等所有作业可以归为一类作业—机加工作业；甚至可以将机加工作业、产品组装作业等统称为生产作业。在作业成本法的应用中，常常将有共同资源动因的作业称为同质作业或作业中心，以减少成本分配的工作量。执行任何一项作业都需要耗费一定的资源。如人工、材料、能源和资本（厂房和设备等），某个作业上耗费的资源加总构成该作业的成本，称之为作业成本；同质作业的成本称之为作业成本库。

（三）作业成本

作业成本是根据“产品消耗作业、作业消耗资源”的指导思想建立的。作业成本是指产品消耗的作业所发生的成本和费用。

（四）成本动因

成本动因也称成本驱动因素，是指决定成本发生的那些重要的活动或事项。是作业成本计算法的核心内容。成本动因它可以是一种资源、一项活动或作业。成本动因支配着成本行动，决定着成本的产生，并可作为分配成本的基础（或称标准）。作业和成本动因的区别在于作业是为达到组织的目的和组织内部各部门的目标所需的各种行为；而成本动因是导致成本升降的因素。根据成本动因在成本流动中所处的位置，通常可将其分为资源动因和作业动因两类。

1. 资源动因

资源动因是引起作业成本变动的因素，是资源被各种作业消耗的方式和原因，它反映作业中心对资源的消耗情况，是资源成本分配到作业中心的标准。资源动因是用来计量各项作业对资源耗用的基础，运用资源动因可以将资源成本分配给各有关作业。例如，如果人工方面的费用主要与从事各项作业的人数相关，那么就可以按照人数作为各作业中心（作业成本库）分配人工方面费用的基础或标准。在这里，从事各项作业的人数就是一个资源动因。

2. 作业动因

作业动因是引起产品成本变动的因素。作业动因计量各种产品对作业耗用的情况，并被用来作为作业成本的分配基础。例如，某车间生产若干种产品，每种产品又分若干批次完成，每批产品完工后都需进行质量检验。假定对任何产品的每一批次进行质量检验所发生的成本相同，则检验的“次数”就是检验成本的作业动因，它是引起产品检验成本变动的因素。

第二节 作业成本管理的基本原理

一、作业成本法的原理

作业成本法最初作为一种正确分配制造费用、计算产品制造成本的方法被提出。其基本思想是在资源和产品之间引入一个中介—作业，基本原则是作业消耗资源，产品消耗作业；生产导致作业的发生，作业导致成本的发生。

作业成本法是将作业、作业中心、客户和市场纳入成本核算范围，形成以作业为核心的成本核算对象体系。这一方法是以资源流向为导向的成本计算方法，全面分析企业在特定产品、劳务、客户和市场的差别，为资源有效利用提供了依据。

二、作业成本管理的基本原理

企业生产产品或提供劳务消耗作业，作业消耗资源，而资源消耗的同时又是价值的积累过程，即价值从一个作业转移到下一个作业，最后全部累积到最终的商品或劳务上，最终产品或劳务既是全部作业的集合，也是全部价值的集合。

作业是资源耗费和产品成本之间的桥梁，按照资源动因将资源的耗费分配到各个作业中心，形成作业成本库，再按照作业动因将作业成本库中累积的成本分配到最终的产品和服务上。

三、作业成本法的计算过程

根据作业成本管理的基本原理，将作业成本法的计算过程划分为 2 个阶段：第 1 阶段，将作业执行中耗费的资源，依据资源动因，追溯到作业上，计算各作业成本，这个过程可以理解为作业成本的归集；第 2 阶段，将作业成本，根据作业动因进行成本分配，将作业成本追溯到各有关最终成本对象（如产品、服务等）。

（一）作业成本计算

第 1 步，确认作业、主要作业、作业中心，按同质作业设置作业成本库，以资源动因为基础将间接费用分配到作业成本库。将有共同资源动因的作业确认为同质作业，将同质作业引发的成本归集到同质作业成本库中以合并分配。按同质作业成本库归集间接费用不但提高了作业成本计算的可操作性，而且减少了工作量，降低了信息成本。

第 2 步，以作业动因为基础将作业成本库的成本分配到最终产品。

产品消耗作业，产品的产量、生产批次及种类等决定作业的耗用量，作业动因是各项作业被最终产品消耗的方式和原因。例如，启动准备作业的作业动因是启动准备次数，质量检验作业的成本动因是检验小时。明确了作业动因，就可以将归集在各个作业成本库中的间费用按各最终产品消耗的作业动因量的比例进行分配，计算出产品的各项作业成本，进而确定最终产品的成本。

作业成本计算以作业为联系资源和产品的中介，以多样化成本动因为依据，将资源追踪到作业，将作业成本追踪到产品，提供了适应现代制造环境的相对准确的成本信息。作业成本计算以财务为导向，从分类账中获得主要成本（如间接费用）项目，进而将成本追踪到作业成本库，再将作业成本库的成本分配到各产品，侧重于对历史成本费用进行分析，是成本分配观点的体现。

（二）作业管理

作业管理就是将企业看作由顾客需求驱动的系列作业组合而成的作业集合体，在管理中努力提高增加顾客价值的作业的效率，消除遏制不增加顾客价值的作业，实现企业生产经营的持续改善。不增加顾客价值的作业以及增加顾客价值但无效率的作业称为不增值作业，由不增值作业引发的成本称为不增值作业成本。作业管理一般包括确认作业、作业链和成本动因分析、业绩评价以及报告不增值作业成本四个步骤，主要采用如下方法降低成本。

1\. 作业消除

作业消除就是消除不增值的作业。即先确定不增值的作业，进而采取有效措施予以消除。例如，将前一车间生产的半成品、零件转移到下一个生产车间是不增值作业。可以通过优化车间布局，缩短运输距离，削减甚至消除该不增值作业。

2\. 作业选择

作业选择就是尽可能列举各项可行的作业并从中选择最佳的作业。不同的策略经常产生不同的作业，例如不同的采购策略会产生不同的采购作业，而作业引发成本，因此不同的采购策略，引发不同的作业及成本。在其他条件不变的情况下，选择作业成本最低的策略，可以降低成本。

3\. 作业减低

作业减低就是改善必要作业的效率或者改善在短期内无法消除的不增值的作业，例如减少整备次数，就可以改善整备作业及其成本。

4\. 作业分享

作业分享就是利用规模经济效应提高必要作业的效率，即增加成本动因的数量但不增加作业成本，这样可以减低单位作业成本及分摊于产品的成本。例如，新产品在设计时如果考虑到充分利用现有其他产品使用的零件，就可以免除新产品零件的设计作业，从而降低新产品的生产成本。

第三节 作业成本法的一般程序

一、认定作业

作业的认定就是对每项消耗企业资源的作业进行定义，识别每项作业在生产活动中的作用、与其他作业的区别，以及每项作业与耗用资源的联系。

各作业认定一般有两种形式：一种是根据企业总的生产流程，自上而下进行分解；另一种形式是通过与各责任部门（设计、生产、维护、质检、配送等）进行讨论，自下而上地确认他们所做的工作，并逐一认定各项作业。

企业的实际作业数量可以有上百个，但必须按照作业的“同质性”，将庞杂的实际作业归为一定数量的同质作业，每个部门一般需要确定若干个作业。

二、确定成本计算对象

对于制造企业的成本计算首先要根据企业的生产特点和企业管理要求，确定产品成本计算对象，如品种、批别、步骤、类别等，并设置相应的明细账。

三、确定直接成本

作业成本法下的直接成本包括了传统成本法的直接材料、直接人工等直接成本项目，同时还要将原来在制造费用归集的，但能直接追溯到产品成本的作业成本，归为直接成本。

四、选择作业成本分配基础

按成本动因将作业成本划分为产出单位作业、批量作业、产品（服务）维持作业及设施维护作业 4 类，其对应成本分配基础是产品数量、作业次数、产品种类、机器小时等。

五、确定每个作业的间接成本

每个作业的间接成本既是作业消耗资源的结果，同时又是被分配到最终成本对象（如产品）的内容或项目，类似于传统成本核算的制造费用的归集分配。作业成本法是按作业进行分配，一些成本可以直接认定由某个作业承担。比如，设计产品所用的材料成本、支付给设计师的酬劳以及设计部门设备的折旧都可以直接归集到设计作业上。而另外一些成本需要通过分配计入到多个作业上。如管理者的工资，需要根据其花在设计、安装以及机器运行上的时间作为分配基础，分配到设计作业、安装作业和机器运行作业上。

六、计算各间接成本分配率

当每个作业的间接成本与其对应的成本分配基础（标准）确定以后，就可以计算每个间接作业成本的分配率。其计算公式如下：

某作业的间接成本分配率＝该作业的间接成本总额÷该作业的成本分配基础。

七、计算各最终成本对象应负担的总间接成本

（1）根据每个作业的成本分配率，将作业的间接成本分配到每个最终成本计算对象（如各种产品）。其计算公式：

某成本对象（如产品）负担的某作业的间接成本＝该计算对象（如产品）的分配基础×该作业成本分配率

（2）将每个最终成本计算对象（如产品）所耗的各种作业的间接成本加总就是该计算对象（如产品）的间接成本总额。

八、计算各成本对象的总成本

将各种最终成本对象的直接成本加上其负担的间接成本总额就是最终成本对象的总成本，即产品成本＝直接成本＋间接成本。